Johann Rist

Die alleredelste Belustigung kunst- und tugendliebender Gemüter

Vermittelt eines anmutigen und erbaulichen Gespräches

Johann Rist

Die alleredelste Belustigung kunst- und tugendliebender Gemüter
Vermittelt eines anmutigen und erbaulichen Gespräches

ISBN/EAN: 9783743678149

Hergestellt in Europa, USA, Kanada, Australien, Japan

Cover: Foto ©Thomas Meinert / pixelio.de

Weitere Bücher finden Sie auf **www.hansebooks.com**

Die Aller Edelste

Belustigung

Kunst = und Tugendlie=
bender Gemühter/

Vermittelst eines anmühtigen
und erbaulichen Gespräches
Welches ist dieser Ahrt / die Vierte/
und zwahr Eine

Aprilens Unterredung/

beschrieben und fürgestellet

Dem Rüstigen.

Dem Wolgebornen Herren/

Herren Georg Wilhelm von Wehrtern/

Auff der Herrschafft Wiehe und Neu-
mark Erbherren/ des Heil. Röm. Reichs
Erb-Kammer Thürhühter / Käyserl. weitberühmten Poeten/ und des hochlöblichen Elbischen Schwahnen Ordens fürnehmen Mit-
gliede AGATHANDER genannt/

Als auch dem WolEdlen / Vesten und Hoch-
benahmten Herren/

Herren Daniel Neuberger/

Dero Römischen/ Käyserlichen Majestät
wolbesteltem Kammer-Künstlern/ wie auch
Kuhr-Pfalzischen und Fürstlichem Würtenber-
gischen Kammer-Raht / vorbesagten / ruhm-
würdigsten Schwahnen-Ordens hochan-
sehnlichen Gesellschaffter/ INGE-
NIANDER genannt/

Denn auch / dem WolEdlen / Vesten und
Weitberühmten Herren/

Herren Matthäus Merian.

Fürnehmen Bürgern in der Käyserlichen
Reichs-und Wahl-Stadt Franckfurt am
Mayn / Hoch-und Weltbelobten Künstler/ und
der vorgedachten Elbischen Schwahnen-Ge-
sellschafft fürtreflichen Ordens-Genossen/
ARTISANDER genannt/

Meinen samt und sonders großgünstigen/ hochgeehrten Herren und vielvertrauten / sehr
wehrten lieben Freunden.

Wohlgebohrner Herr
AGATHANDER,
Wol Edler Herr
INGENIANDER.
Wol Edler Herr
ARTISANDER.

Enn jener Römischer Dichter wil darthun und erweisen/ daß ein jedweder gern von solchen Sachen redet womit er fast alle Tage und Stunden ümme gehet/ ja/ die er auch von seiner zahrten Jugend an hat erlernet/ so gebraucht er in seiner/ das ist/ Lateinischer Sprache/folgende Worte oder nachdenkliche Dichtereyen:

Navita de ventis, de Tauris narrat Arator,
Enumerat miles vulnera, Pastor oves.

Welches ohngefehr in Teutscher Sprach also könte gegeben werden:

Ein Schiffer spricht vom Wind'/ ein Akkersmann vom Pflügen/
Ein Schäffer von der Heerd'/ und ein Soldat vom Kriegen.

A ij   Daß

Daß dieses wahr sey / bezeuget die Erfahrung / man komme in eine Geselschaft / wo etliche Schiff-Leute bey einander sitzen / da wird einer seine Lust höhren / wie ahrtig sie von ihren Schifffahrten zu reden wissen / da hat einer so guhten Wind gehabt / daß er innerhalb 48. Stunden von Hamburg nach Amsterdam kat können segelen / dagegen ist einem andern / der starcke West-Wind so sehr zu wiedern gewesen / daß er einsmahlen drey gantzer Wochen auff einer solchen Reise hat zubringen müssen. Mit den Akkersleuten hat es eben eine solche Beschaffenheit / ihre Gespräche / so sie führen / sind gemeiniglich nicht nur vom Akker und dem mercklichen Unterscheid ihrer Ländereyen; Sondern auch von ihren Pferden und Ochsen / wie gut oder starck die sind / und wenn sie sich derselben ihr Land zu pflügen / müssen gebrauchen. Kommen wir zu den Schaff-Hirten / so werden uns solche Leúte erzehlen / was für Ahrt Schaffe / grosse oder kleine / Rheinische oder gemeine / (welche sie auch sonst Heidböhtlinge nennen /) sie itzo in ihrer Trifft haben / imgleichen ob sie dieses Jahr guht gethan / oder häuffig sind weg-

ge-

gestorben/ daß sie also gezwungen werden/
eine andere und neue Heerde zuzulegen /
dafern sie sonst Schäffer bleiben wollen.
Lassen wir uns finden in Gesellschafft der
Soldaten und Krieges-Leute/ hilff du lieber Gott/ was für Thaten und erschrekk-
liche Sachen höhret man alsdenn/ die sich
im Kriege begeben und zugetragen! Einer
erzehlet / daß/ wie sie da und da/ recht für
dem Feinde oder auch sonst in den Quar-
tieren gestanden/ (es muß allezeit Gestanden heissen / wenn sie gleich gelegen
oder gesessen/ oder gelauffen) da sey die Gefahr so groß gewesen / daß sie alle Augen-
blicke den bittern Tod für sich gesehen/ und
sie Tag und Nacht deßwegen haben müssen scharffe Wacht halten.   Ein ander
erzehlet die grausahme Noht/ in der sie sich
befunden / wie sie eine offne Feldschlacht
gehalten/ da ist einer durch und durch geschossen / aber so gar glücklich wieder ge-
heilet / daß man auch die Narben des
Schusses nicht einmahl kan sehen.   Ein
ander hat noch unterschiedliche Kugeln im
Leibe / sonderlich derer drey im Magen si-
tzen/ welche nicht haben können herauß geschnitten werden.   Ein ander erzehlet/ wie

ihme

ihme mit einer Karthaunen - Kugel sechs
Zähne zugleich aus dem Maule sind geschossen / welche er aber doch alle/ glücklich
habe wiederum einsetzen lassen / massen solches klährlich annoch zu sehen.   Ein ander ist mit der Picque oder langem Spiesse
zu einem Ohre ein und zum andern wiederum herauß gerennet / wovon er noch
oftmahlen ein Sausen und Brausen im
Haupt empfindet.   Einem anderen sind
beyde Knie zugleich auff dem Pferde hinweg geschossen / welches ihme gleichwol
am Gehen / ja Tantzen und Springen
nichtes hindere / und sey dieser Schuß so
wunderlich gewesen/ daß/ unangesehen seine beyde Knie also herhalten müssen / das
Pferd gleichwol im geringsten nicht sey be-
schädiget/ ja auch nicht einmahl getroffen
worden/ welches trauen eine Sache / die
sich wol hören lässet.   Und was vermeinet
man/ wann einsmal etliche der Hn. Soldaten / welche jetzo dem Bischoffe oder
Fürsten von Münster/ in seinem weitaus-
sehenden und dem gantzen Römischen
Reiche hochschädlichen Kriege dienen/ wiederum zu Hause kommen/ (wie sie dann
vielleicht wol bald ihre Abfertigung daselbst

Zuſchrifft.

selbſt kriegen möchten) für grauſahme und
erſchreckliche Dinge werden erzehlet / die
ſich in Frießland / als ſie daſelbſt den Bauren die Kälber mit den Kühen und die
Hühner mit den Eyern hinweg getrieben
haben / zugetragen / da wird man Wunder hören / wie ſie bißweilen bey dieſer be-
trübten Winter-Zeit / im Waſſer ſpatzi-
ren / und mit einem kalten Bade haben
müſſen vor lieb nehmen / welches ihnen
gleichwol nicht zum Beſten bekommet.

In Summa / ein jedweder redet gerne
von ſolchen Sachen / wo er mit ümmege-
het / dadurch denn oberwehnten Römiſchen Tichters wolgeſetzete Verſe / würcklich beſtätiget und bey ihren Würden rich-
tigſt erhalten werden.

Wann nun dieſem allem alſo / was
Wunder iſt es denn / Wohlgebohrner
Herr AGATHANDER, Wohl-Edler
Herr INGENIANDER, auch Wohl-
Edler Herr ARTISANDER, ſampt und
ſonders / Hochgeehrte Herren Geſellſchafftere und liebwehrte Freunde / daß auch wir /
die wir alle / Kunſt und Tugend höchlich /
und nechſt Gott / über alles lieben / von derogleichen unſchätzbahren Sachen uns

mit einander unterreden / und solche Gespräche führen / womit vielleicht manchem
trefflich wol gedienet / ja / durch welche wir
auch selber etlicher massen können erbauet werden? Herr AGATHANDER, ob
er gleich von hohem Herkommen und aus
dem weltberühmten Geschlechte derer von
Wehrtern/welche die unsterbliche Ehre haben / daß sie des Heiligen / Römischen
Reichs Erb-Cammer-Thürhühter genen-
net/und dafür von jedermänniglichen geehret und respectiret werden / rühmlichst
entsprossen; So ist er doch niemahlen des
Sinnes gewesen/wie offt die meiste/ so eines hohen und fürnehmen Geschlechtes /
zu seyn pflegen / daß er gute Künste und
Wissenschafften wenig oder auch wol
nichtes wolte achten; Sondern vielmehr
hat er dieselbe hertzlich geliebet / hoch geschätzet / ja auch von seiner zahrten Kindheit an / mit solchem Eiffer und Fleisse sich
darinn geübet / daß er nunmehr in demselben eine fürtreffliche Erfahrenheit zu wege
gebracht / wie solches seine Sinnreiche
Schrifften / die er an das offne Licht hat
kommen lassen/ und nunmehr mit grosser
Lust und Verwunderung von vielen hoch-
gelehr-

gelehrten und fürtrefflichen Leuten werden gelesen und gelobet/ Sonnenklahr erweisen.

Ich wil aber aus vielen unterschiedli-
chen/ ruhmwürdigen Wissenschafften / in
welchen mein Herr von Wehrtern sonderlich ist geübet / nur die eintzige Poesie oder
göttliche Dichtkunst dem Kunst-und Tugendliebenden Leser fürstellen / in welcher
mein hochwehrter AGATHANDER
sich dergestalt geübet/ daß Er darinn zu einer grossen und sonderlichen Färtigkeit ist
gelanget / ja so schöne Sinn-und Geist-
reiche Sachen/ von Epigrammatibus oder
Uberschrifften/ von Anagrammatibus oder
Letterwechselen / von Liedern / Sonnetten
und dergleichen anmuhtigen Sachen her-
ausgegeben/ daß auch ein Hoch-Edler und
Weitberühmter Comes Palatinus , oder
Käyserlicher Pfaltz-Hoff-Grafe / aus vollenkommener Käyserl. Macht und Ge-
walt/ Ihme die Poetische Lorbeer-Broh-
ne hat auffgesetzet/ welche er auch als ein ge-
doppelter Rittersmann/ dann nicht weniger die unschätzbahre Kunst/ als sein hoher
Adel und Uhraltes Herkommen/ so trefflich hat erhoben / mit unterthänigstem

Danck angenommen / und es (wie ja billich) für eine sehr hohe Gnade und Ehre
geschätzet/ daß Er also nunmehr unter die
allerfürtrefflichste/ Käyserliche/ Gekröhnte
Poeten mag gerechnet / und sein wolver-
dientes hohes Lob / durch unser gantzes
Teutsches Reich freudigst außgeschrien
worden/ und versichere Ich hiemit meinen
theuren Herrn AGATHANDER, daß/
wie ich vernommen/ daß der Wohlgebohr-
ne Herr von Wehrtern/ mit der Poetischen
Lorbeer-Krohn / aus Käyserlicher Macht
dermassen ansehnlich verehret worden/ mir
solches viellieber gewesen / als wann ich
etwan einen grossen Schatz hätte gefunden / angesehen er dadurch klärlich be-
hauptet/ daß es wahr sey/ was schon für
unseren Zeiten viele hocherleuchtete Männer geredet und geschrieben / daß der un-
verwelklicher Lorbeer-Krantz nur den
Käysern und Poeten solle und müsse gegeben und auffgesetzet werden/ denn nur
diese von Ankunfft / Muht und Wissenschafft tapfere Helden/ haben es verdienet/
daß Sie auff eine solche ungemeine Ahrt
angesehen / geehret und begabet werden/
mag sich demnach jener hochintonirter
Schul-

Schul-Fuchs/ der sich von etlichen / welchen er über maße sehr in seinen Dichtereyen geheuchelt/ und ihnen den Fuchs rechtschaffen gestrichen / hat überreden lassen / daß der ein unvergleichlicher Poet/ ja ein solcher Mann sey/ daß er auch den Ruhm der allerfürtrefflichsten Dichter in gantz Teutschland verdunckle/ wol in sein Hertz schämen/ daß er nicht nur von den höchstlöblichen/ Käyserlichen / Gekröhnten Poeten/ sondern auch von deroselben würdigen Kröhnern/ den Herrn Comitibus Palatinis , oder Käyserlichen Pfaltz-Hoff-Grafen/ so gar schimpfflich schreibet / in deme er in einem seiner Heuchel-Gedichte solche hochverdiente Männer/ die größern Theils Käysern/ Königen und Fürsten / als hochbetraute geheime Rähte/ Cantzler/ Richter und dergleichen treulichst sind bedienet/ sehr höhnisch hält/ nennet sie Pfältzer/ die schöne Diplomata aber/ welchen sie den Gekröhnten / als ein herrliches Zeugnüß ihres Verstandes / Kunst und Wissenschafften / aus Käyserlicher Macht und Gewalt ertheilen / müssen ihme weisse Kälber-Häute seyn / ja er darff kühnlich schreiben/ daß solche Briefe/ wenn sie gleich

mit

mit güldenen Lettern geschrieben / wie
auch der alzeit grühne Krantz sampt des
Pfältzers eigenen Band sehr übel sey angewendet / und was der närrischen Rede
mehr in seinen Schmeichel = Gedichten
(von welchen ich doch nur etliche wenige
gesehn) zu finden. Es bezeuget aber dieser ruhmrähtiger Mensch /(in welches Gedichten gleichwol fast ja so viele Fehler /als
Verse können gezeiget werden)mit solchen
unbesonnenen Worten / daß der grösseste
Theil / (sage nicht von allen) der jenigen /
die im Schul-Staube fast alle ihre Tage
zugebracht / gemeiniglich eines schlechten
Verstandes sind / und demnach sehr unge-
schicket / von wichtigen Sachen ein recht
gültiges Urtheil zu fällen / weßwegen man
billig nur Erbärmde und Mitleiden mit
solchen Leuten muß tragen.

Viel ein anders urtheilet mein Wolge-
bohrner Herr AGATHANDER, von derogleichen hochgültigen Sachen / vermittelst welcher / Kunst und Tugend /von dem
höhestem Haupt der Christenheit allergnädigst wird verehret und belohnet / in deme
mein liebster Herr Gesellschaffter gar zu
wol verstehet / daß dem Wolgebohrnen
Herren

Herren von Wehrtern/ unter andern seinen hohen Ehren-Titulen auch dieser/ daß
man Ihn einen Käyserlichen Gekröhnten
Poeten nennet/ ja so wenig schimpfflich ist/
als es dem großmächtigsten Könige Ja-
cobo in Engelland/ höchstseligsten Andenckens zum Spott hat gereichet/ daß Er auff
der hohen Schule zu Ochsfuhrt der freyen
Künste Magister worden/ welchen Ehren-
Grad auch dieser itziger König Karl der
Ander/ (wie ich von fürnehmen Personen
glaubwürdig bin berichtet worden) ebenmässig sol angenommen haben. Und/
was ist es von nöhten/ daß ich viele Ursachen anführe/ die mich gereitzet/ gegenwär-
tiges Büchlein unserm fürtrefflichen A-
GATHANDER zuzueignen? Es wird
ja dieses Gespräch die Aller-Edelste Belustigung Kunst-und Tugendliebender
Gemühter genennet. Nun ist es ja fast
jedermänniglich gnugsahm bekant / daß
mein hochgeliebter AGATHANDER
der rühmlichsten Künste und Wissenschaf-
ten nicht weniger auch aller löblichen Tugenden sich dergestalt beflissen/ daß Er mit
Fuge und Billigkeit ein AGATHAN-
DER, das ist/ Ein wehrter / tapferer und
hoch-

hochnützlicher Mann mag genennet werden / man nehme nur seine in offenen Druck außgelassene schöne Schrifften und Sinnreiche Gedichte für sich / so wird man bald spühren / daß unser Herr von Wehrtern / zur Nachfolge seines grossen und weltberühmten nahen Anverwandtens / Herrn Dieterichs von Wehrtern hochseligen Andenckens / und anderer mehr / die eben denselben Nahmen führen / so wol in unser teutschen Helden- und Mutter- als in der Lateinischen / Ja auch der Griechischen Sprache trefflich wohl sey gegründet / wil hie nichts sagen / wie sein auffrichtiges Hertz und Gemühte der Tugend so gar ergeben / daß er von allen den jenigen / die Ihn anderer Oerter / sonderlich auff der hochlöblichen hohen Schule zu Jehna gekennet / deßwegen nicht genug kan gerühmet werden / unter welchen nicht der geringste unser Edler Cleothor, der auffrichtige Preusse / oder Mag. Marti. Kempius, der H. Schrifft Candidat / und Käyserl. Gekröhnter Poet / vieler anderen allhier zu geschweigen / wozu letzlich noch dieses komt / daß mein hoch-Edler Herr von Wehrtern seine gute Gewogenheit / die Er

zu

zu dem Rüstigen träget/nicht nur in seinen
an mich abgelassenen gar höflichen Schreiben / sondern auch in einigen gedruckten
sehr schönen / Lateinischen Epigrammatibus deutlich genug zu erkennen giebet /
durch welches alles Ich bin veranlasset und
gereitzet / diese schlechte Schrifft/ meinem
hochgeneigten AGATHANDER dienst-
lich zu überreichen/des festen Vertrauens/
daß eine solche geringe Gabe / von einem
so wehrten/ Kunst- und Tugendliebenden
Herrn nicht werde verschmähet/ sondern
vielmehr mit günstigen Augen und Hertzen
auff und angenommen werden/ warümb
Ich zum unterdienstlichen wil gebehten /
auch mich hinführs / aller beständigen
Gunst versehen haben.

Ich wende mich nun ferner zu Ihme/
mein hochwehrter B. INGENIANDER,
und zeige hiemit kürtzlich an/ was mich gereitzet und bewogen/ daß Ich auch Ihme/
diese meine Aller-Edelste Belustigung
Kunst- und Tugendliebender Gemühter
habe übergeben und zueignen wollen / da
ich nur bloß und allein auff den Titul des
Buches darff sehen: Denn/ lebt heute zu
Tage

Tage jemand in der Welt / der über alles
das jenige / was unter dem Himmel zu
finden / Kunst und Tugend liebet / so ist es
gewißlich mein großwehrter INGENI-
ANDER. Kunst und Tugend / welche
einßig und allein die wahre Gottesfurcht
zum Grunde haben / sind die beyde helle
Leit-Sterne / vermittelst welcher Er für viel
tausend andere so hoch gestiegen / Kunst
und Tugend haben es zu wege gebracht /
daß das allerhöchste Haupt der ganßen
Christenheit / der Allerunüberwind-
lichster Römischer Käyser / meinen hoch-
gepriesenen Herrn INGENIANDER,
für einen / von Kunst und Geschickligkeit
weitberühmten Diener / und zwar in dero
Käyserlichen / geheimen Kammer hat be-
stellet und angenommen. Kunst und Tugend haben es gemachet / daß die beyde
Durchläuchtige / und in der ganßen Christenheit hochberuffen / Chur- und Fürstliche Häuser / Pfalß und Würtenberg /
meinen hochgeehrten Herrn INGENIAN-
DER zu dero Kammer-Rath gnädigst haben angenommen / da Er denn bey diesen
grossen Potentaten / vermittelst seiner unvergleichlichen Kunst und Tugend sich dergestalt

gestalt bezeiget / daß Sie ihme / biß auff
diese gegenwärtige Stunde/ alle Käyserl.
Chur- und Fürstliche Gnade überflüssig
erwiesen. Kunst und Tugend haben Ihme so vieler hoher Potentaten / Käyser/
Königen/ Fürsten und Herrn beharrliche
Gnade zu wege gebracht/ durch welche seine zeitliche Glückseligkeit / noch immer
mehr und mehr zunimt/ derer sich auch andere nebenst ihme zu erfreuen haben. Kunst
und Tugend / haben die hochgelehrte /
Geist- und Sinnreiche Herren Geselschaf-
ter des Hochlöblichen Elbischen Schwa-
nen-Ordens angereitzet und bewogen/ daß
Sie den Edlen Herren Neüberger zu Ihrem würdigen Ordens - Genossen mit
sondern Freuden angenommen/ Ihme das
Ordens-Band willigst überschicket / und
Ihme / wegen seines grossen und unvergleichlichen Verstandes / den schönen
Nahmen INGENIANDER ertheilet/und
sind wir allerseits hertzlich darüber erfreu-
et/ daß eine solche fürtreffliche Person/ wel-
che/ nechst deme/ daß Sie alle Christliche
Tugenden sehr hoch und wehrt schätzet /
auch alle und jedwede gute Künste / fürnehmlich die edle Poeste oder die Himmlische

lische Dicht-Kunst von gantzer Seelen lie-
bet/ unseren/ (sonder eigenen Ruhm allhie
zu gedencken) rühmlichen Orden zieret /
der Allerhöchster wolle uns diesen fürtrefflichen Schwahn/diesen hochbegabten IN-
GENIANDER viele Jahre bey guter Ge-
sundheit/ auch allem anderen glücklichen
Ergehen beständigst fristen und erhalten.
Nechst diesem findet sich auch noch ein
anders/ das mich angetrieben/ gegenwär-
tiges Büchlein meinem hochgeliebten
Herren INGENIANDER dienstfreund-
lichst zuzuschreiben und für eigen zu über-
geben/ daß Ich nehmlich für die/mir erwiesene Freundschafft / mich etlicher massen
danckbahr erweisen möchte / wiewohl ich
selber freywillig muß bekennen / daß diese
Gabe viel zu klein sey / das von Ihme em-
pfangenes Geschencke damit zu vergelten.
Mein liebwehrter Hr. INGENIANDER
versichere sich/ daß Er meine wenige Person sich gar hoch dadurch hat verpflichtet/
daß Er mir nebenst seinem leutseeligen
Schreiben/auch des itztregierenden/Aller-
durchleuchtigen/Allerunüberwindlichsten
Röm. Käys. Leopoldi, in Wachs über alle
masse künstlich possirtes Bildniß hat überschicket.

schicket. Dazumahl/ wie auch noch diese
gegenwärtige Stunde/ sehe ich offt mit hö-
hester Verwunderung an das jenige
Kunststücke/ welches von des Sinnreichen
INGENIANDERS färtigen Händen so
lebhafft ist gestellet/ daß dem Bilde sonst
nichtes als die Sprache fehlet/ wie solches
alle die jenige / die es neben mir etwas ge-
nauer betrachten/ auffrichtig müssen beken-
nen/ und zwar/ diese meine Verwunderung
ist noch viel grösser worden/ als mein hochwehrter Herr Neuberger/ mir nachgehen-
des/ auch mein eigenes in Wachs außge-
fertigtes Bildnisse hat zugeschicket / und
Ich augenscheinlich vermercket / wie bey
Gestaltung derselben / die Kunst und der
Fleiß mit einander gestritten / da Ich annoch nicht recht kan urtheilen/ welches von
diesen habe obgesieget/ schaue es immittelst
vielmahls mit Lust und einem dankbahren
Gemüht an/ zumahlē dieß Kunststück also
ist verfertiget/ dz es in Gold/ Silber/ Zinn/
oder ein anderes dergleichē Metall abgegos-
sen und von den Meinigen/ und anderen/
meinen wehrten Freunden und Gönnern
zur Gedächtnisse kan auffgehaben und be-
wahret werden. Hierzu komet noch dieses/
daß

daß mein hochgeliebter Hr. INGENIAN-
DER, sich großgünstig erbohten/dzEr mit
seinen eigenen/kunstreichen Händen / die
vollenkommene Bildnüsse meiner schlechten Person/in Metal/Lebens Grösse gies-
sen/und aus sonderlicher Liebe / die Er zu
meiner Wenigkeit träget/ der Nach-Welt
gerne hinterlassen wolle. Wolte GOtt/
daß ich einen solchen wehrten Freund und
Gönner doch nur einmahl in dieser Sterb-
ligkeit sehen und sprächen möchte / Ach!
wie würde mir dieses eine hertzliche Vergnügung seyn: Solte es aber GOtt also
nicht gefallen/muß das unser Trost seyn /
daß wir im anderen und ewigen Leben / in
dem himmlischen Sion/nicht allein einer
den andern sehen / uns mit einander bere-
den/ sondern auch das ewige Sanctus oder
Heilig/und das Lobschallende Hosianna
und Allelujah in unaussprechlicher Freude mit einander werden singen und erschallen lassen / unterdessen sol unsere hertzver-
trauliche Freundschafft/ in dieser Zeit nicht
ehender auffhöhren / als biß wir diesem
elenden und Jammervollem Leben freudig gute Nacht haben gegeben.

Zum

Zuschrifft.

Zum Beschluß / muß ich auch ein wenig mit Ihme reden/ mein Herr ARTI-SANDER, mein hochgeliebter Herr Merian/ dessen Person zu sehen / zu kennen und gute Unterredung mit Ihm zu führen / Ich für etlichen wenig Jahren das Glück gehabt. Dazumahl habe ich verspühret/ daß Sein auffrichtiges Gemühte Kunst und Tugend über alles liebet/ denn/ was hat Ihn dazu bewogen / oder angetrieben / daß Er / seine hochwichtige Geschäfte/ welche er dazumahl bey fürnehmen Potentaten / Fürsten und Herren zu verrichten hatte/ eine Zeitlang an die Seite setzend/ anhero nach Wedel kahm/ mich/ in meiner geringen Wohnung zu besuchen? Ich halte dafür / nichts anders / als daß er von meiner wenigen Person die feste Meynung hatte gefasset/ daß auch ich ein eiffriger Liebhaber währe aller rühmlichen Künste und Tugenden / und vielleicht hat Er in dieser seiner Meynung sich nicht betrogen gefunden. Denn/ wie hertzlich ich bin erfreuet worden/ wie ich die Ehre hatte/ den weitberühmten Herren Merian zu sehen/ und mich mit Ihme zu unterreden / kan meine schwache Feder schwehrlich auß drucken

drucken oder beschreiben. Dagegen war
mein hochwehrter Herr ARTISANDER.
sattsam vergnüget / mit seiner bey sich ha-
benden hochlöblichen Geselschafft/bey dem
Rüstigen sich in etwas zu ergetzen. So gar
fest/ja schier unauflößlich wissen Kunst und
Tugend / ihre rechtschaffene Liebhaber mit
einander zu verbinden / oder zu vereinbah=
ren/welches fürnehmlich daher rühret/daß
solche Gemühter nicht Irrdisch / sondern
Himlisch sind gesinnet/und dieses verursa-
chet auch eine solche Belustigung bey ih=
nen/daß sie alles das jenige/ was sonst von
den thörichten Menschen hoch wird ge=
schätzet/gegen Kunst und Tugend/wie die
leichte Spreu/ja wie den Staub uñ Koht
auff der Gassen achten. Dazumahl beklag-
te ich höchlich bey mir selber / daß der für=
treflicher ARTISANDER, so gar weit von
dem Rüstigen entfernet müsse leben / da
Sie / wenn sie so nahe bey einander wä=
ren / manchen lieben Tag / nicht weni=
ger hoch = nützlich und ersprießlich/ als
erfreulich würden verschliessen. Unter=
dessen/damit wir gleichwol die kurtze Zeit/
die uns das Glük zu sammen zu seyn gön=
nete/nicht vergeblich zu brächten/haben wir

uns erstlich mit einer angenehmen Musik
als einer treflichen Belustigung aller
Kunst= und Tugendliebender Gemähter
nicht wenig ergetzet/ da sich denn unter an=
dern fürtrefflichen Musicis, ein solcher
anmuhtiger und Kunstgeübter Sän=
ger befand/ daß man ihm fast mit Bestür=
tzung muste zuhören/und mein hochgelieb=
ter Herr Merian aufrichtig benennet/daß
Er des Menschen gleichen weder zu Rom
noch zu Florentz/ noch zu Venedig / noch
sonst an einigem fürnehmen Ohrt in Ita=
lien (woselbst sonst die allerfürtrefflichste
Sänger gefunden werden) jemahlen hät=
te gehöhret / wie solches auch andere/wol=
versuchte und weit gereisete/hohen und nie=
dern Standes Personen/nebenst Ihme be=
kräftigtē Dieser fast unvergleichliche Sän=
ger ist leider! für wenig Tagen jämmerlich
erstochen. Gleich wie nü jtztbesagte hochbe=
rühmte Musici(worunter sich auch der itzi=
ger HochFürstl. Braunschwigischer Ka=
pelmeister zu Wolffenbüttel / Hr. Marti-
nus Colerus , mein sonders liebwehrter
Freund/dazumahlen befand) der gantzen/
löblichen Geselschaft/das Gehöhr über die
Masse wol belustigten; Also hat auch mein
w ehrter

wehrter ARTISANDER nicht unterlaſ-
ſen wollen/ den Augen der Anweſenden eine
ſonderbare Ergetzligkeit fürzuſtellen/in dem
Er/ gleichſam ſpielend / innerhalb zweyer
Stunden / den Rüſtigen auf ein blaues
Papier / nur mit weiſſer und ſchwartzer
Kreiden/ ſo lebhafft hat abgebildet / daß
die Zuſchauer zum allerhöheſten ſich darüber verwundern müſſen/ſo wol/ wegen der
ſo net getroffenen Aehnligkeit/als auch der
kurtzen Zeit halber / darinn dieſes ſchöne
Kunſtſtücke / daß ich unter meinen Rari-
täten für ein ſonderliches Kleinoht ſchätze/
iſt verfertiget und gleichſam inter pocula
(wie man ſaget) dargeſtellet worden. Dazumahl gedachte Ich an des Poeten wahr-
hafften Spruch/ daß von dem muhtigen
Adler keine verzagte Täublein würden er-
zeuget/ ſondern daß vielmehr Tapffre und
Starcke/ alſo auch Kunſt und Tugendlie-
bende/ von tapfferen/ſtarcken/Kunſt-und
Tugendliebenden Eltern herkähmen. Deñ/
wer iſt doch wol ſchier in unſerm gantzen
Europâ, ſonderlich von Kunſt-verſtändi-
gen und gelehrten Leuten/ der nicht wiſſen
ſolte/ wie hoch meines Herrn ARTISAN-
DERS hochgeliebter Herr Vatter/ der ſeli-
ger

ger/ alter Herr MERIAN, mit seiner über-
trefflichen/ so wol in Geist=als Weltlichen/
Historischen/Politischen und andern schönen Büchern/befindlicher Kunst/Sich habe verdient gemachet / wie denn der woler-
worbene Meriänische Ruhm wird bleiben so lange die Welt stehet / dieweil auch
mein hochwehrter Herr ARTISANDER,
als ein recht würdiger Sohn eines solchen
kunstberümbten Vaters / nicht nur in unserm Teutschlande/sondern auch in Itali-
en /und anderen außwärtigen Königrei-
chen/ (derer liebliche Sprachen /Er auch
samt aller Höffligkeit und hoch-beliebten
Sitten/rühmlichst wol hat begriffen) der
Edlen Kunst dergestalt hat nachgetrachtet/
daß auch die allergroßmächtigste Potenta-
ten/ Ihme vielfältige hohe Gnade / Ehre
und Gunst deßwegen würcklich erweisen/
wie mir denn annoch in guter Gedächtniß
schwebet / daß/ wie mein hochwehrter Hr.
MERIAN für etlich wenig Jahren zu mir
kam/Ihn eben dazumahl eine grosse/weit-
berümte Königin mit einer treflichen und
ansehnlichen güldenen Ketten hatte beschencket / wie Ich denn selbige mit Verwunderung angesehen / auch selber am

B   Halse

Halſe getragen. Ich wil hie nicht ſagen/
wie unter anderen vielen groſſen Herren
und Fürſten/ auch der Weiland Durchl.
und Hochgeb. Hertzog zu Braunſchweig
und Lüneburg Hertzog Chriſtian Ludowig
zu Zelle höchſtrühmlichſten Andenckens /
meinen Herren ARTISANDER (als
welchen dieſer allerlöblichſter Fürſt/ der
auch mir ehemahlen groſſe Gnade erwie-
ſen/ mehr denn einmahl / aus hertzlicher
Liebe zur Kunſt/ zu ſich an ſeinen Fürſtlichen Hoff erfodern laſſen) alle Fürſtl. Ge-
wogenheit/ Liebe und Ehre erzeiget / mil-
diglich/ mit ſchönen Pferden / Gold und
andern raren Sachen hat beſchencket/ welches hochgeprieſenen / und von jedermann
hertzinniglich geliebten Fürſten allzufrüh-
zitiger tödtlicher Hintritt / billig von uns
und jedermänniglich betrauret/ ja mit Ver-
gieſſung häuffiger Zähren wird beklaget.
Aber/ wohin gedencke ich / daß ich unſeres
fürtreflichen ARTISANDERS unvergleichliche Eigenſchafften / auff ſo wenig
Blättern abzubilden / mich unterſtehe ?
Genug iſt es / daß alle auffrichtige Gemühter / aus dieſer kurtzen Zuſchrifft erkennen / wie gar groſſe und wichtige Uhrſachen

sachen ich gehabt / meinen hochgeehrten
ARTISANDER, und liebwehrte-
sten Herren Gesellschaffter / dieses schlechte
Büchlein zuzueignen.

So nimm denn nun von mir hin /
du hochschätzbahres Kleeblad aller Kunst-
und Tugendliebenden Gemühter / dieses
zwar schlechtes und unansehnliches / aber
hertzwolgemeintes Geschencke / welches
nachdem dieses 1665. Jahr nunmehr zům
Ende gelauffen / ich meinen hochgeehrten
Herren AGATHANDER, meinen groß-
wehrten Hn. INGENIANDER, und meinen treugel. Hn. ARTISANDER, zu einer Neuen-JahrsGabe/dienstfreundlichst
wil dargebohten uñ übergeben habe/hôch-
lichst bittend / meine liebwehrteste Herren
Gesellschafftere dieses Büchlein wolge-
neigt auff und annehmen / mir auch und
den meinigen / mit beständiger Liebe und
Freundschafft zugethan seyn und verbleiben wollen / unter welchem sicheren Ver-
trauen/ ich sie samt und sonders der aller-
gnädigsten Beschirmung unsers süssesten
JESULEIN Svon gantzem Hertzen

wil empfolen haben / mich verpflichtende /
biß an die letzte Stunde meines Lebens zu
seyn und beständigst zuverbleiben

Meiner hochgeliebten Herren
Geselschaffter

Geschrieben zu We-
del an der Elbe / am
22. Tage des Christ-
monaths / dieses zu
Ende lauffenden
1665 Jahres.

Gantz Ergebener / Allerge-
treuster Freund und
Diener

Joh. Rist.

An

An
Den Auffrichtigen und Teutsch-
gesinneten Leser.

ENdlich komt aus der Fin-
sterniß / an das Licht / mein
viertes Monahts - oder Apri-
len-Gespräch/welches hochgeliebter Leser/dir unter dem Titul: Die Aller Edelste Belustigung Kunst-und Tugendliebender Gemühter/ öffentlich wird
dargebohten. Nun weiß ich / daß du nicht
unbillig wirst fragen/warum doch dieses/
schon langst erwartetes Gespräche so lange geschlaffen/und warum es nicht bereits
für vielen Monahten sey herauß kommen?
Hierauff / lieber Leser/solt du zur Anwort
wissen / daß die Schuld dieses Verzuges/
mir gantz und gar nicht beyzumessen/denn/
ob Ich wohl manchem Ehrlichen / Fürnehmen und Hochgelehrten Mann versprochen / daß es auff die und die Zeit gar
gewisse und ohnfehlbahr färtig seyn würde ; So habe ich doch zwar gantz und gar
wider meinen Willen / Gewohnheit und
Gemühte zum Lügner müssen werden/

B iij   ha-

hábe mich also nohtwendig über die Verhángniſſe / über den Tod und über die
Nachláſſigkeit hóchlich zu beklagen / über
die Verhángniſſe/ in deme es ſcheinet / als
wenn dieſe meine Geſpráche dazu gewi-
demet/ ja ſchier verdammet ſind / daß ſie ſo
gar langſam múſſen gebohren werden /
welchem Verhángniſſe Ich/ wie gerne ich
auch ſonſt wolte/ noch zur Zeit nicht weiß
zu ſteuren. Uber den Tod/als welcher meinem Herren Verleger / ſeinen hertzliebſten
Ehe-Schatz etwas gar zu frühezeitig von
der Seite hinweg geriſſen / wodurch wol-
beſagter mein Herr Verleger iſt verhindert
worden/daß Er den viel verlangten Druck/
ſo wenig dieſes/ als andere Wercke zu rechter Zeit nicht hat befodern kónnen. Uber
die Nachláſſigkeit / als welche ſich fürnehmlich bey den Herren Druckern geſun-
den/in deme dieſelbe/ einige Mattigkeit bey
ſich verſpürend/ über ihre Kráffte zu arbei-
ten für unrahtſam geachtet / wozu denn
auch viele / theils ordentliche / theils gemachte Feyertage kommen. In Summa/
meine Verhángniſſe/der Tod und die Nachláſſigkeit haben ſich gleichſam mit einander verbunden/ mir und meinem Hn. Ver-
leger/

leger/ diesen Possen zu reissen/ wir verhof-
fen aber/ dafern uns der liebe Gott nur ge-
sunderhält / daß wir ihnen allen dreyen
wiedrum eines anmachen / und versuchen
wollen/ob es nicht an andern Ohrten auch
Leute habe die Weiß auff Schwartz legen/
und drauff frisch zudrucken können / da
alsdenn unsere Arbeit verhoffentlich etwas
gerader von statten wird gehen / und wir
nicht gezwungen werden / allezeit Lügner
zu bleiben.

Betreffend sonst dieses mein Gespräch
an sich selber / so wird dessen Anfang gemacht durch eine Unterredung von Gährten / allerhand Gewächsen/Kräutern und
Bluhmen/sonderlich den jenigen / welche
in besagten Monahten herfür kommen
und anmuhtig blühen / und wil ich nicht
hoffen/daß diese meine Ordnung und Ge-
wohnheit/ die ich bißhero in den also genä-
ten Monats-Gesprächen gehalten / auch
ferner auf diese Ahrt damit zu verfahren /
gewillet bin/jemand mißfallen werde / es
wäre den/ daß er ein abgesagter Feind aller
lustigen Garten/uñ derer fast unzehlich darin befindlichen schönen Gewächse/Bäu-
me/ Stauden/ Kräuter und Bluhmen/
Biij   wel-

welches schwerlich zu glauben. Daß nun
diese meine Unterredungen mit den Be-
schreibungen unterschiedlicher Gewächse
werden angefangen/ damit ist erstlich jungen Leuten mercklich gedienet / denn dieweil etliche/ auch wol hohen Standes Per-
sonen/ ihre Kinder dazu halten/ auch durch
deroselben vernünfftige Præceptores fein
anweisen lassen / daß sie diese meine Gespräche aus der Teutschen in die Lateinische Sprache müssen bringen oder überse-
tzen ; So lernen solche Knaben mit einer
sonderbahren Lust / ja auch gleichsam mit
Spielen/ die Namen/ Gestalt/ Krafft/
Würckung/ Ahrt und Eigenschafft solcher
Kräuter und Bluhmen kennen / welches
trauen eine schöne Zierde an jungen Leu-
ten/ wenn sie bereits in einem so zährten Al-
ter/ von solchen und dergleichen Sachen
fein vernünfftig wissen zu reden / und ist
ihnen mit der Erkäntnisse vielerhand
Kräuter und Bluhmen/ die Zeit ihres Lebens mercklich gedienet. Ich / meines
theils/ dancke meinem lieben seligen Vater/
nachdeme er schon über die vierzig Jahre
in der Erde gelegen / noch diese Stunde /
daß er mich / wie ich noch gar ein junger
Knabe

Knabe war / zu Erlernung dieser schönen
Wissenschaft so ernstlich hat gehalten. Er
gieng niemahl ins Feld / daß ich ihn nicht
begleiten / und lernē muste / wie bald dieses /
bald jenes Kraut / Bluhme und Gewächs-
se / die wir entweder / auff dem sandichten
Acker / oder in den fetten Wiesen / oder auff
den Hügeln / oder in der Saat / oder im
Walde / oder in den Wässerichten Gründen / oder sonst irgendswoh funden / in
Teutscher / Lateinischer und Griechischer
Sprache genennet würden / da muste ich
mir Herbaria viva oder lebendige Kräuter-Bücher machen / das ist : Ich muste
die Kräuter und Bluhmen / die ich so wol
im Felde / als aus den Gährten gesamlet /
nach der Kunst fein trocknen / also / daß ein
jedwedes seine natürliche / anmuhtige Farbe behielte / die muste ich hernach auff weiß
Papier / in Folio mit Gummi-Wasser stark
anleimen / alsdenn ferner / wie ein jedwedes Gewächse in unterschiedlichen / auch
wol in Frantzösischer / Italiänischer und
andern Sprachen genennet würde / auff
des Herren Matthioli und anderer fürnehmer Botanicorum Kräuter-Büchern dazu
schreiben / welches gar feine Lust war fur

junge Knaben/die sich auch mitten im käl-
testen Winter mit den/gleich lebendig grünen Kräutern und Bluhmen/von so mancherley Farben/konten ergetzen/wie ich deñ
solcher Art lebendiger Kräuter-Bücher /
annoch kan vorzeigen/welche/wie man sie
recht artig und ordentlich solle machen/der
Weiland Edler und Hochgelehrter Herr
Doctor Guilielmus Laurenberg/ in meinem gar feinen Tractätlein/ das er zu der
Zeit/wie ich zu Rostock studirte/ließ herfür
kommen/ nicht weniger nützlich / als anmuhtig hat gelehret. Es könten aber meines Bedünckens / solche lebendige Kräuter-Bücher nicht besser gemachet werden /
als wenn man ein sonderbahres anordnete
zu den Bäumen/ein anders zu Stauden/
noch ein anders zu Bluhmen/ein anders
zu Kräutern/und so forthan / und müste
man die Gewächse/ die wir im Jenner ha-
ben/zu erst/ nachgehends die Hornungs-
Kräuter und Bluhmen/und immer so fort/
wie die Monahte nach einander folgen/in-
leimen / so würde man ein gar schönes
Kräuter-Buch haben / auch sich dessen ins
künftig nützlich bedienen können. Daß ich
aber wieder zu diesen meinen monahtlichen

Un-

Unterredungen komme / so wird mancher
erfahren / daß dieselbe nicht nur junge Knaben / sondern auch wol alte Studentê und
Candidatos Medicinæ noch in vielen Dingen unterrichten können / denn ich oft mit
fürnehmen Artzney- Verständigen geredet / und dabey vermercket / daß sie in Botanicis oder in der Kräuter Wissenschafft
eine sehr schlechte Erfahrung hatten / bekanten auch wol selber / daß sie in der Jugend nicht fleissig genug dazu angeführet
wåren / müsten die Gewåchse nun noch erstlich / mit grosser Beschwehrligkeit aus den
Büchern kennen lernen. Solchen Leuten
nun / vermeine ich / solte mit diesen Unterredungen auch nicht wenig seyn gedienet /
und / ob jemand sagen würde: Daß ich
noch zur Zeit / nur von wenigen mehrentheils auch nur von schönen Bluhmen geschrieben / der Feld- Kräuter aber von mir
kaum wåre gedacht worden; So gebe ich
demselben zur Antwort / daß mein Vorhaben auch nicht sey / aus diesen Monaths-
Gesprächen gantze Herbaria oder Kräuter-
Bucher zu machen / sondern nur die Jugend / gleichsam mit Lust zur Erkåntnisse der
fürnehmsten Gewåchse zu führen / zu deme
B vj   sind

sind von diesen Gesprächen nur erstlich viere herauß/ und restiren noch 8. da kan man noch manche schöne Blume / Kraut und Gewächs hinein bringen/ wie solches / im Falle uns der Allerhöchste das Leben so lange fristen solte/der Augenschein klährlich würde geben.

Schließlich / wil ich auch nicht zweifflen/daß diese meine Arbeit allen vernünftigen Liebhabern der Gährten/auch wol sonst den fleissigen Gährtnern / sonderlich lieb und angenehm seyn werde / massen dann / daß diesem also sey / ich schon von unterschiedlichen sattsahm habe erfahren. Was nun sonst ferner den Inhalt dieses meines Aprilen-Gespräches betrifft / so wird darinn die Frage abgehandelt: Welches doch wol sey die alleredelste Belustigung Kunst und Tugendliebender Gemühter ? Worauff einer der Herren Unterredener / die Comödien und Tragödien / oder die Traur-und Freuden-Spiele gewaltig herfür ziehet / und zu behaubten vermeinet/ daß keine grössere Belustigung / als eben dieselbe seyn könne.   Nun hätte ich zwar viel weitläufftiger von dieser schönen Materien reden oder schreiben können / weiß auch

auch gar wol/ daß hundert mahl mehr zu
dieser Wissenschafft gehöhret/als auff diesen wenig Blättern von mir ist angeführet;
Der vernünfftige Leser mercket aber leicht
und wol/ wohin ich ziele/ und daß ich den
Kunstliebenden/ nur etlicher massen wolle
Anleitung geben / wie sie dieser schönen
Wissenschafft/immer mehr und weiter sollen
nachforschen/ als welche aus einer so kurtzen Unterredung sich trauen nicht lässet fassen oder lernen/ Nein/ da muß man auch
mehr andere Bücher (worunter gleichwol
des grossen und unvergleichlichen Scalig.
die allerfürtrefflichste) die außführlich von
dieser Kunst handeln / durchblätteren/
nachgehendes die Hand selber anschlagen/
da dann die Meisterin aller Dinge / die
Erfahrung erstlich recht lehren wird ; wie
gar viel dazu gehöhre/ein rechtgeschaffenes
und untadelhafftes Traur- oder Freuden-
spiel fürzustellen. Ich zwar habe für meine Person in der Jugend/ mich fleissig genug in Außübung dieser Wissenschafft gebrauchen lassen/ich befinde aber/ daß hirzu
so viel erfodert wird / daß auch die Aller-
verständigste es schwehrlich können begreiffen. Daß ich unterdessen etlicher när-
rischer

rischer Comödianten und ihrer hasierlichen
Aufzüge/ in diesem meinē Gespräche etwas
Meldung gethan; Solches wird der auffrichtiger und kunstliebender Leser nicht zum
ärgesten deuten / oder auch flugs dahero
schliessen: Ey wie muß doch der Rist ein
lustiger oder frölicher Mensch seyn/ dieweil
er solche possirliche Aufzüge diesem Gespräche mit hat einverleibet. Aber / O mein
Freund/wie irrest du so gar weit! Versich-
re dich / daß / wie ich dieses Gesprach ge-
schrieben/mein Hertz offt so voller Betrüb-
nisse gewesen / daß/wenn es bey meiner
Willkühr gestanden, ich wol tausendmahl
den Todt für das Leben hätte erkiesen wol-
lē/so gar sehr war meine Seele geängstiget/
welche ihren Trost und Hülffe in der grösse-
sten Einsamkeit/eintzig und allein bey Gott
suchete. So gar ist und bleibet es wahr/
was das bekandte Sprüchwort andeutet;
Es ist nicht alles Gold so da gläntzet. O wie
offt gedencke ich an ein altes Lied/ das man
in meiner Jugend pflag zu singen/aus welchem ich noch diese wenige Zeilen / etlicher
massen habe behalten:

In-

Innerliche Schmertzen / auswendig frö-
ligkeit
Haben itzt in meinem Hertzen einen wi-
derwärtigen Streit /
Denn frölig keit wil oben schweben / so hin-
derts Angst und Schmertz /
Zerbricht mein mattes Hertz.
Frölich bey den Leuten ich mich offt stellen
muß.
Ein lustigs Hertz andeuten / das doch vol
Vberdruß / u. s. w.

Ich vermeine ja / daß man die innerliche
Hertzens Traurigkeit offt mit Gewalt ver-
drucken / und sich bey den Leuten frölich
muß stellen / bißweile auch wol nur darum /
daß man boßhafften Leuten keine Uhrsache
gebe / sich über ihres Neben-Christens Unglück zu erfreuen / bin ich also fürwar nicht
allemahl frölich / wenn ich schon bißweilen
etwas lustiges schreibe / unterdessen mag
der auffrichtiger Leser versichert seyn /
daß das jenige / was ich von den lahmen
Auffzügen etlicher Comödianten geschrieben / ich guten Theils mit meinen Augen selber gesehen / theils auch von
glaubwürdigen Leuten gehöhret erzehlen / bin gleichwohl der Meynung /
daß

daß solche Sinnreiche Auffzüge/ dem Leser
nicht so gar unangenehm seyn werdē/könte
es die Gelegenheit also fügen/sol ihme noch
mit mehreren gedienet werden.Auf die Co-
mödy/Traur- und Freuden-Spiele/ folget
die Musick oder die Edle Spiel und Singe-
Kunst / denn / was sind Comödien und
Tragödien / wenn sie nicht von einer recht
guten Musick werden begleitet ? Und ist
wol zu mercken/ daß eben dadurch/ das in
diesem Gespräche von den Schau-Spie-
len/Musick / Dichterey und Schilder-
Kunst wird gehandelt / man diese Vier
Schwesteren (welche gleichsam nothwendig bey einander seyn müssen/) noch fester
zusammen hat verknüpffen/ und dadurch
Sinnreichen Köpffen Anleitung geben
wollen / was man für herrliche Lob-Re-
den/ von der Spiel-Kunst/Singe-Kunst/
Dicht-Kunst / Schilder - oder Mahler-
Kunst/ so wol in gebundener als ungebundener Rede auffsetzen und verfertigen kön-
te/ wäre zu wünschen / daß in solchen und
dergleichen Sachen junge Leute/ sich nur
offt und vielfältig übeten/ sie solten alsden
befinden / daß es ihnen zum grossen und
sonderbahren Nutzen würde gereichen.

Be-

Betreffend sonst die Musick oder Sin-
ge=Kunst an sich selber / so habe ich in gegenwärtigem Gespräche von derselben
auch nur kürtzlich gehandelt / angesehen / ich in anderen meinen Schrif-
ten von der Herrligkeit dieser Edlen Wissenschafft und der darauß entspriessenden
fürtrefflichen Nutzbarkeit/ wie auch hohen
Lobe außführlichere Meldung gethan / habe auch dieser Kunst und etlicher hochberühmter Meister derselben / in dem anderen Theile meiner Seelen-Gespräche (welches Buch schon länger/ als für einem halben Jahre hätte sollen gedrucket seyn / wie
das aber aus lauter Eigen-Nutz verhindert / und / wie wunderlich es mir damit
gegangen/ sol bald an einem anderen Ohrte mit mehrerem gemeldet werden) zimlich
weitläufftig erwähnet / welches zu seiner
Zeit mit Lust und Nutzen möchte gelesen
werden. Unterdessen erinnere ich mich/ daß
ich in gegenwärtigem Gespräche eines und
des anderen fürtrefflichen Künstlers rühmliche Meldung gethan / welches gleichwol
durchaus also nicht sol verstanden wer-
den/ als wenn man Andere/ die sich in dieser Kunst auch hochberühmt gemachet/ da-

gegen verachten/ oder nur gar schlecht und
gering schätzen wolte: Nein/ die Meynung
hat es durchaus nicht / die Alten haben
den unvergleichlichen Sänger/ oder Harf-
fenisten/ den Orpheus über die Masse hoch
gerühmet/ darum haben sie den Arion/ Amphion / und andere treffliche Musicanten
nit geachtet/ ein jeder ist nach seiner Art ein
herrl. Künstler gewesen/ und eben so gehet
es noch mit vielen / dieser Zeit lebenden
Sängern und Seitenspielern / wenn ich
sage : In der grossen und volckreichen
Stadt Hamburg/ haben wir heute zu Tage so statliche / und in der Edlen Musick
dermassen geübte Männer / daß man sich
billich höchlich drüber muß verwundern/ so
werden andere hocherfahrne Musicanten/
die sich zu Lübeck/ Brunschwig/ Brehmen/
Rostock / Dreßden/ Leipzig / Nürnberg/
und sonst an anderen Ohrten auffhalten/
deßwegen nicht geringe geschätzet/ vielmehr
sagt man: An deme/ oder dem Orte/ gibt es
trauen auch Leute / die sich gar wol mügen
hören lassen. Zu deme hat ja Gott seine Gaben wunderlich unter den Menschen-Kin-
dern vertheilet/ wie dasselbe sonderlich bey
den Musik-Verständigen kan beobachtet
wer-

werden. Ich habe manchen fürtreflichen
Musicum gekennet/der/so wol in der Com-
position, als im Spielen ein grosser Künstler gewesen/aber es war keine Liebligkeit da-
bey/sonderlich konten die jenigen / die keinen grossen Verstand von der Musik hat-
ten/wenig Lust davon schöpfen/ob sie gleich
noch so eifferig zuhöreten. Dagegen habe
ich andere gekennet/die eben von der Kunst
nicht viel vergessen hatten/ihre Art aber/ o-
der Manier / derer sie sich auff den Instrumenten gebrauchten / war dermassen anmuhtig / daß mancher kaum müde konte
werden / solchen hertzbeweglichen Musicis
zuzuhöhren. Bißweilen findet man auch
Musicanten/die wackere Künstler und solche Leute sind/die man billig solte in Ehren
und Würden halten/dieweil aber offt wenig nach ihnen wird gefraget/so werden sie
träg und verdrossen/legen sich auf die faule
Seite/hängen ihre Kunst samt den Instrumenten an den Nagel/ daß also von manchem dz ihm von Gott anvertraute Pfund
liederlich wird vergrabē/wovō die Schuld
nicht allemahl den Künstlern oder Musicis,
sondern mehrentheils grossen Hn. und an-
dern/treflich begühterten/auch wol in hohē
Aem-

Aemtern ſitzenden Perſonen beyzumeſſen/
die ſich ſo wenig um die Edle und unſchätz-
bahre Kunſt der Muſick bekümmeren / als
ich und andere vernünfftige Leute/nach der
Jüden ihrem neuen Meſſias / und deſſen
Propheten / Natan Levi/ (womit man
nun eine Zeitlang hero faſt die halbe Welt
hat genarret /) fragen / ja man findet anſehnliche Leute / die lieber einem lumpen
Schalmeyer/ Leyren Kerl und Sackpfeif-
fer/ als einem rechtſchaffenen Künſtler und
fürtrefflichen Muſicanten zuzuhöhren/ daß
dannenhero kein Wunder/ daß wegen ſolcher ſchändlichen Verachtung auch wol
die allertrefflichſte Meiſter ihre Kunſt ferner außzuüben / mühde und überdrüſſig
werden. Ich muß noch dieſe Stunde lo-
ben/ den Weiland hoch-qualificirten Her-
ren/ Fürſt Ernſten/ Graffen zu Schauen-
burg und Holſtein/ Herren zu Gemen und
Bargen / welcher tapfferer Fürſte ſeine
Muſicanten/ die er von unterſchiedlichen
Nationen/ſonderlich Teutſchen und En-
geländern / an ſeinem prächtigem Hofe
hielte/ dermaſſen liebte/ daß Er ſie/ wie ſeine hochvernünfftige Cantzler und Rähte/
beſoldete/ und wie ſeine Edelleute. kleidete.
Die-

Dieser / ewigen Ruhmes würdiger Fürst /
gleich wie er nebenst anderen hochgelahr-
ten Rähten / zween Cantzler / welche beyde
fürtrefflich-begabte Männer waren / hielte; Also musten auch bey seiner unvergleichlichen Musick / zweene Kapelmeister
seyn / derer ein jedweder zwölffhundert
Reichsthaler jährliche Besoldung hatte /
den andern Musicanten gab Er einem jeg-
lichen Tausend / etlichen auch zwölffhundert Reichsthaler / als einem / der auff der
Violin / und einem anderen / der auff der
Violen di Gambe herrliche Sachen machten / und grosse Künstler waren / und ward
ihnen ihre Besoldung Jährlich auf einen
gewissen Tag / in seidenen Beuteln in ihre
Häuser gebracht / daß sie also deßwegen
nicht einmahl einen Schritt hinauß für die
Thüre thun dorfften. Uber dieses alles /
ließ hochgedachter Fürst besagte Musicanten prächtig kleiden / also / daß sie täglich in
Kleidern uñ Mänteln von schönem Tuche /
und mit silbernen Schnühren besetzet; An
Son-und Fest-Tagen aber / in schwartzem
Sammet / so mit güldenen Gallaunen /
war außstafiret / und mit schönen Hühten /
worauff lange / weisse Plumagien / daher
tra-

traten/zu geschweigen/daß die Hn. Capel-
meistere/auch etliche von den andern Mu-
sicanten/ ihre statliche güldene Ketten tru-
gen/wobey sie in solchem Respect und Ansehen bey der sämtlichen Hofburß / auch
Bürgern und Landes-Leuten waren/ daß
der Fürst selber seinen Lust und Wolgefallen daran hatte / zumahlen da hiedurch
ward zu wege gebracht/ daß der hochlöbliche Printz eine solche Music an seinem Hofe hatte/ derer gleichen kaum am Käyserli-
chen/ wil geschweigen andern Fürstlichen
Höfen mochte gefunden werden. O daß
man noch heute zu Tage/solche großmüh-
tige Ernestos und Fürstliche Liebhaber dieser himmlischen Kunst an manchem Ohrte
hätte/ man würde alsdenn / die grossen
Summen Geldes/ die man auff den verfluchten Krieg/auch wol andere belachliche
Eitelkeiten wendet/auff die Musick spendi-
ren/und dadurch zu wege bringen/daß wir
vermittelst der allerfürtrefflichsten Musi-
canten/ und ihren unvergleichlichen Künsten / manchmahl einen lieblichen Vor-
schmack der ewigen Freude und Seeligkeit
haben könten !

Aber genug hievon/ ich muß mich auch
zu

Vorbericht.

zu der dritten AllerEdelsten Beluſtigung
Kunſt- und Tugendliebender Gemühter
wenden / und noch ein wenig mit dir /
teutſchgeſinneter und auffrichtiger Leſer /
von der Edlen Dicht-Kunſt reden / welche
ich zwar auch in gegenwärtigem Geſpräche / aber nur kürtzlich habe vorgeſtellet / deñ /
wenn man alles / was zu dieſer herrlichen
Wiſſenſchafft gehöhret / außführlich ſolte
beſchreiben / müſte man gar groſſe und weit-
läufftige Bücher davon machen / welches a-
ber zu dieſem mahle nicht iſt unſeres Vorhabens. Zu deme / haben wir (Gott Lob)
unterſchiedliche / fürtrefflicheLeute in unſerem teutſchen Vaterlande / welche auß
dem Grunde von dieſer zugleich anmuhtigen und hochnützlichen Wiſſenſchafft ſolche Bücher herfür gegeben / worauß die
Liebhaber dieſer Kunſt / das führnehmſte /
ſo zu denſelben gehöhret / erlernen können.
Inſonderheit hat unſer Edler Suchender / der hochgelehrte Herr Doctor
Schottelius, Hoch-Fürſtlicher / Braun-
ſchweigiſcher Raht / die Dicht-Kunſt in
ſeinen unvergleichlich-ſchönen Büchern
dergeſtalt kunſtrichtig fürgeſtellet / daß
ſchwehrlich ein mehreres zu wünſchen /

und

und/ demnach der jenige/ der es verbesseren
wolte / nach dem Homerus eine Ilias zu
schreiben sich unterstunde/es wäre deñ/daß
er ettwann noch ein sonderbahres Werck
von unterschiedlichen Mängeln so in unserer Teutschen Dichtkunst befindlich/her-
außzugeben/bedacht wäre : Denn/ da
würde man Materien genug finden/ wäre
auch leicht zu thun/ der Danck aber würde
sehr schlecht seyn/ welchen der Beschreiber
eines solchen Buches dafür zu gewarten.
Die Uhrsache ist/ die gar zu stoltze Einbil-
dung vieler selbst gewachsenen Dichter/
welche durchauß nicht leiden können/ daß
man ihnen ihre vielfältige Fähler oder
Mängel zeiget / denn ein jedweder ver-
meinet/wenn er nur reimen könne/ so sey
er flugs der ander Opitz oder Dach / und
bildet sich festiglich ein/ daß er unmüglich
könne irren/ sonderlich / wenn er so und so
viele Jahre auff Universitäten studieret/ so
kan es nicht fehlen/ er muß ein überauß gelehrter Mensch und fürtrefflicher Poete
seyn/ der mit dem Virgilius und Horatius
schon längst auff Brüderschaft getruncken. Die/weiß ich/wird Meister Klüg-
ling einen Einwurff herfür bringen/sagen

uud

und fragen: Ob man auch wol einen / der
kein Academicus, ja / der die lateinische
Sprache nicht einmahl verstehet / könne
für einen Poeten halten / ja einem solchen
wol gar die Lorbeer-Krohne auffsetzen?
Der / in Gott selig verstorbene Hr. Doctor
Schuppius sagte einmahl zu mir: Mein
Bruder / Ich habe vernommen daß Er
unlängst / einen / der der lateinischen Sprache unerfahren / in der Dicht-Kunst aber
sehr wol geübet / zu einem Käys. Poeten
habe gekrönet / welches von etlichen Gern-
Klugen dazumahl nicht wenig getadelt
worden; Ich aber habe solchen ungebehte-
nen Richtern darauff geantwortet: Mein
Bruder Rist hat recht und wol daran gethan / daß Er einen solchen / der in unserer
teutschen Sprache ein rühmliches Gedichte schreibet / ob er gleich auff Universitäten
nicht studieret / dergestalt hat verehret / denn
die lateinische Sprache machet keinen
rechtgeschaffenen teutschen Poeten / sondern das Geist-und Sinnreiche Gemühte / welches allerhand nutzbahre und lustige Erfindungen nicht eben in lateinischer /
sondern auch in unser teutschen Helden-
und Mutter-Sprache weiß herfür zu brin-

C   gen.

gen. Ich verstehe auch Latein (sagte wol-
erwehnter Hr. Schuppius) und bin so lange Professor, auch endlich gar D. Theol.
gewesen/ kan mich aber nicht rühmen/ daß
ich ein sinnreicher Poet bin/ oder ein gutes
Gedichte in unserer teutschen Haupt-
Sprache schreiben könne/ ist derowegen eine grosse Tohrheit/ daß man darum einen
rechtgeschaffenen Dichter wil verachten /
daß er kein Academicus und die lateinische
Sprache aus dem Grunde nicht habe er-
lernet/ darum (beschloß wolselig gedachter
Herr Schuppe) mein lieber Hr. Bruder/
wenn ihme dergleichen ingenia und sinnreiche Gemühter mehr fürkommen/ so un-
terlasse Er nicht andere wackere Köpffe dadurch ferner zu reißen und anzuführen /
denselben eine solche Ehre und Beloh-
nung / die sie ja billig und mit höhestem
Recht verdienet haben / zu ertheilen / und
kehre sich durchauß nicht an der Neidhäm-
mel Plauderen. Daß dieses/ des wolseli-
gen Herren Doctoris Urtheil der Wahrheit und der Billigkeit gemäß/ wird ein jed-
weder/ recht Verständiger mir gerne geste-
hen/ denn/ wie viel treflicher Dichter haben
wir in den Nieder-Landen / worunter die

meisten

die lateinische Sprache niemahlen
/ auch sich auff keinen Hohen-
en aufgehalten? Solten die sinn-
aliäner und Frantzosen/ die in ih-
ter-Sprache die aller anmuhtigste
e geschrieben/ darum für keine Po-
iren können/weil sie die lateinische
: nicht verstanden? Das sey ferne!
ancher wackerer Geist lebet in
ich/Welschland/ Hispanien und
Königreichen / welche sowol von
neuen Geschichten / dermahssen
issen zu reden / daß man sie für
Historicos, oder in den Geschich-
fahrne Leute muß halten / ob sie
lateinische Sprache nicht verste-
r/woher kömt das? Sie können
ichte in ihrer Mutter - Sprache
derlich die Frantzosen/denn man
e griechische als lateinische Ge-
hreiber in ihre Sprache/auf das
ibergesetzet kan haben / welcher
en an diesen Leuten höchlich ist zu
Jch habe einen teutschen aufrich-
nd/der ist von der Feder/uñ weiß
e gar wol zu gebrauchen/und ob
der lateinischen Sprache wenig,

C ij   ver-

verstehet/ auch keine Gymnasia noch Hohe-
Schuhlen besuchet / so weiß er doch von
allerhand alten und neuen Geschichten/die
sich in allen Theilen der Welt zugetragen /
wie auch von Staats-Sachen dermassen
vernünfftig zu reden/ daß es wol manchem
führnehmen Doctori und Licentiaten feh-
len solt / und ich ihme offt mit Lust und
Verwunderung zuhöhre. Es hat aber
dieser ehrliche Mann/ sothane Erfahrung
erlanget durch fleissiges Lesen/ hochteutsch-
er und niederländischer Bücher / wie er
denn auch/ wenn er in Gesellschafft gelehrter Leute sich befunden / deroselben nützliche Gespräche fleissig bemercket/ die er denn
zu gelegener Zeit seinem guten Verstande
nach/ wol wiedrum an seinen Mann weiß
zu bringen.   Wann ich nun den jenigen
nicht unbillig einen guten Historicum kan
nennen / der in vielen Geschichten wol be-
lesen / selbige auch gar fein und vernünfftig
weiß zu Marckte zu bringen / ob er schon
der lateinischen Sprache ist unerfahren;
Wie solte ich den die jenige/ die in teutscher Sprache ein ruhmwürdiges Gedichte schreiben/ nicht für Käyserl. Poeten halten und außruffen / ob sie schon auff Ho-

hen-

hen-Schulen ihr Geldichen nicht verstudieret/ und das lateinische panis, penis, crinis dafür gelernet haben? Und/ was wil man hievon viel sagen? Machet man doch wol gar zu Doctorn, sonderlich in der Artzeney/ solche Leute / welche niemahlen auff Hohe-Schuhlen sind kommen / in ihrer Kunst aber so trefflich sind/ daß wol hundert Academische Doctores mit ihnen nicht zu vergleichen. Es sol und kan ja das Latein oder Griechische keine Krancken curiren / es muß der Artzt des Patienten eigentliche Beschaffenheit und Complexion / wie auch den Uhrsprung der Kranckheit gründlich verstehen / dabenebenst muß er ein Mann von guter Erfahrung seyn / und vollenkömmlich wissen / wz für Mittel gegen diese oder jene Kranckheit sicherlich können gebrauchet werden. Ein solcher Artzt/ der dieses alles also weiß/ und alsdenn die Krancke/ vermittelst Göttlicher Hülffe und guter Artzeneyen wieder erum zu rechte und vollenkommener Gesundheit bringet/ ist billig ein Doctor zu tituliren/ ob er schon kein grosser Academicus, oder sich auff Hohen-Schulen nicht eben viel hat ümme gesehen. Mögen also

Die

die jenige/welche einen wolgeübten Käyſ.
gekröhnten Poeten nur darum verachten/
daß er kein groſſer Latiniſt iſt / mit ihrem
unchriſtlichen Verläumbden/Paßquilliren
und gemachten Haſentäntzen wol zu Hauſe bleiben/und ſich nur ſelber bey der Naſe
ziehen/als Leute/die weder Kunſt noch Tugend wiſſen oder verſtehen/ ja eben ſie ſind
die rechte Häaſen und Phantaſten/die nach
ihres Abgottes / des Bachus närriſcher
Trummel/ haſterlich genug daher ſprin-
gen/welche kleine Erinnerung (denn bald
etwas gröſſeres möchte erfolgen) ihnen zũ
Neuen-Jahre ſol ſeyn geſchencket. Im ü-
brigen wäre höchlich zu wünſchen/ daß die
Edle Poeſie oder Dicht-Kunſt nicht ſo liederlich würde geübet oder getrieben võ Leu-
ten/die gantz keine Regulen noch kunſtrich-
tige Geſetze dieſer fürtreflichen Wiſſenſchaft
verſtehen / noch jemahlen geſehen oder gelernet haben / da doch die teutſche Dicht-
Kunſt eben ſo wol/ als die lateiniſche und
griechiſche ihre gewiſſe Regulen muß ha-
ben/wie das unſer hochverdienter Suchender ſo klährlich hat erwieſen / daß kein
Menſch hinführo darf fragen oder daran
zweifelen. Billig muß ich allhier preiſen /
unſeres Hochlöblichen Schwahnen-Or-

dens fast ältestes und fürnehmtes Mitglied / den Edlen Hn. Sylvander, welcher unterschiedliche sehr nützliche Collegia hat gehalten / worin er den besten / und zu der Göttlichen Poesie gleichsam gewiedmeten Ingeniis und sonst wolerzogenen jungen Leuten hat gezeiget/ wie sie grundrichtig in Erlernung der edlen Dicht-Kunst verfahren/ und solche Gedichte schreiben müssen/ die nicht weniger anmuhtig als nützlich können gelesen werden / für welche höchnützliche Arbeit und rühmlichen Fleiß und Treue/ besagte junge Studenten. (worunter auch mein jüngster Sohn/ der des ehrlichen Hn. Sylvanders redliches Gemühte und aufrichtige an ihme erwiesene Unterweisung nicht genug weiß zu rühmen) von gantzer Seelen dancken/ und dem sinnreichen Sylv. alles zeitliches und ewiges Wolergehen wiedrum von Hertzen wünschen/ wolte Gott/ wir hätten solcher Leute mehr/ so dörffte man bißweilen solche Sachen nicht lesen/ die einem kunstliebenden offt einen Eckel und Abscheu verursachen / wovon sonst wol viel zu schreiben wäre.

Schließlich haben wir auch in diesem unserem Aprilen-Gespräche / der

hochverwunderlichen Schilder - Kunst
Meldung gethan/ und das zwar grösseren
Theils in gebundener Rede / wozu wir gewisse Uhrsachen gehabt / worunter auch
diese nicht die geringste / daß wir vermei-
net/dieweil unser Edler Herr ARTISAN-
DER, die preisens-würdige Dicht-Kunst
in ungebundener Rede/ herauß gestrichen/
man ihme nicht besser begegnen könne/ als
wenn die Herrligkeit der Schilder - Kunst
in gebundener Rede / oder teutschen Versen würde beschrieben / wie ich denn auch
verhoffe / dz dem aufrichtigen und teutsch-
gesinneten Leser solches nicht übel werde ge-
fallen/ insonderheit/dieweil die Dicht- und
Mahler Künste so fest mit einander sind
verknüpffet/ daß diese ein stillschweigendes
Gedichte/ jene ein redendes Gemählde
füglich kan genennet werden. Ob ich nun
wol nicht unbillig muhtmasse/ daß der
Meister Klügeler / mich abermahl werde
beschuldigen/daß ich von einer solchen Sache oder Wissenschafft geschrieben / die ich
vielleicht nicht verstehe ; So kan ich ihme
antworten / daß er vielleicht irre / und
ich vielleicht mehr davon verstehe / als er
glaubet/ denn einmahl ist das gewiß/ daß
ich

ich von meiner zahrten Jugend an / eine
solche Liebe und Luſt zu dieſer Edlen Kunſt
getragen/mich auch ſo viel und fleiſſig darinn geübet / daß ich von meinem ſeligen
Vater und Lehrmeiſter offt deßwegen bin
beſtrafet worden/gleichwol konte ich mich/
wie ich noch ein junger Knabe war / des
Reiſſens oder Zeichnens nicht enthalten.
Einsmahlen/wie ich auch eben deßwegen
vom Vater ſauer angeſehen / vom Præce-
ptore aber geſchlagen worden/da nahm ich
meine Zeit auff eine Mittwochen/da man
uns Uhrlaub hatte gegeben/ in acht/ ich ſe-
ßete mich heimlich nieder im Garten/ und
riſſe auff einem Folio-Blat / die Geſtalt
meines Vaters ab / alſo/daß es ihme von
Angeſichte zimlich gleichete/ den Prieſterlichen Habit/Rock und Kragen aber wuſte
ich aus meinem Kopffe noch ſo eben nicht
zu machen/bediente mich demnach der Abbildung des Weiland fürtrefflichen The-
ologi, Martini Miri, Chur-Sächſiſchen
Hoff-Predigers / welches voran in ſeiner
Poſtillen iſt zu ſehen / und als ich nun
mehrgedachten meinen ſeligen Vater/ alſo
vollenkömmlich (meiner Meynung nach)
auffs Papier hatte geriſſen / klebte ich ſol-

ches auſſen auff die Thür ſeiner Studier-
Kammer. So bald nun der Vater wieder
zu Hauſe kam / und gantz unvermuhtlich
ſein Bildniſſe im Prieſterlichen Habit an
der Thür erſahe / rieff er der Mutter / wie
auch den Præceptorem herzu und ſagte
mit Lachen: Nun ſehe ich ja klährlich / dz der
Bube ſein Mahlwerck unmüglich kan
nachlaſſen / wir wollen ihme täglich eine gewiſſe Stunde erlauben / darinnen er dieſe
Kunſt mag üben / wer weiß eben / wozu es
ihme künfftiger Zeit noch könne nützen.
Daß dieſe meines Vatern letzte Worte
wahr geworden / kan ich dich wolgeneigter
Leſer / hiemit verſicheren / denn / wie ich hernach auff unterſchiedliche Mathematiſche
Wiſſenſchafften mich begeben / da habe ich
in der That erfahren / daß das wenige / ſo
ich im Reiſſen oder Zeichnen gelernet / mir
ſo nütze und nöhtig war / als einem guten
Organiſten oder Lautenſchläger ſeine Finger / wenn er ein wolklingendes Stück wil
höhren laſſen / ſeyn mögen. Von der Zeit
an / habe ich die löbl. Schilder-Kunſt / und
alle die jenige / ſo dieſelbe ruhmwürdigſt
außüben / auch ihr ſonſt hertzlich ſind zugethan / in hohen Ehren und Würden gehalten /

ten / wie ich denn auch 10. mahl lieber mit
einem wolerfahrnen Schilder / als mit
manchem Großprahler und Auffchneider/
ob gleich feine Kleider mit Gold und Silber über und über find fchamarirt gewefen/
mich habe unterreden und umgehen möge/
und habe ich oft fonderlich Glük damit ge-
habt/ daß ich die allerfchönfte Kunftftücke/
welche in den koftbahrften Zimmern groffer Herren und Potentaten/ wie ein groffer
Schatz/ gleichfam verfperret gehalten wor-
den/ nach all meinem Willen und eigenem
Belieben habe anfehen und betrachten
mögen. Bißweilen hat es die Gelegenheit
gegeben/ dz den verftändigen/ und in diefer
Kunft treflich wol erfahrnen Meiftern/ bey
ihrer Arbeit habe zugefehen/ und mit diefer
unfchädlichen Luft nicht nur die Augen /
fondern fürnehmlich das kunftliebende
Gemühte/ fo wol kräfftig/ als anmuhtig/
können ergetzen / wie wir denn noch diefen
vergangenen Sommer über / einen fehr
feinen jungen Mann / der in diefer Edlen
Kunft eine nicht fchlechte Erfahrung zu
wege gebracht / allhier auff dem Lande bey
uns gehabt/ deme ich manches Stündlein
habe zugefehen / und mein trauriges Hertz

oft

offt dadurch erquicket/ und können wir die=
ses frommen/ Gott= Kunst= und Tugend=
liebenden Schilders / schöne Arbeit noch
diese Stunde vorzeigen/ die sich denn/ son=
derlich seine trefflich = gleichende Contra=
faiten sehr wohl mögen sehen lassen. Biß=
weilen gingen wir zusammen in meine
Gärten/ da wir Bluhmen von den aller=
höhesten farben/ als da sind Flos Cardina-
lis oder Trachelium Americanum, wie auch
die gefüllete Lychnis Chalcedonica, die al=
lerblaueste Akkoleien/ sampt dem Purpur=
blauen Leucoion, und andere mehr dero=
gleichen Bluhmen/ die gar hohe und herr=
liche Farben haben/ abbrachen/ um zu sehen
und zu versuchen/ ob sie mit anderen Far=
ben recht nach dem Leben auff ein Tuch o=
der Papier könten gemachet werden/ wel=
ches aber nicht allemahl gelungen/ wiewol
ich sonst in der Bluhmen= Schilderey/ bey
dem fürtrefflichen ∕ auch ehemahlen Jh=
rer Hoch= Fürstlichen Durchleuchtigkeit zu
Holstein wolbestelten Bluhmen = Mahler
Herren Hanns Simon/ meinem alten
wehrten Freunde/ (der es mit seinem kunst=
reichen Pinsel/ den Weltberühmten Jesu=
iten und unvergleichlichem Bluhmen=

Schil=

Schilder zu Antorff Pater Seger in vielen
Stücken nachgethan) solche Sachen ge-
sehen/ daß ich nicht unterlassen kan/ dieſel-
be/ Zeit meines Lebens/ höchlich zu preiſen/
und dieſes wackeren Künſtlers ſchön-ge-
machte Sachen rühmlichſt zu erheben.
Unterdeſſen hat mein vorerwehnter Schilder der ehrliche Friederich / auch etliche
Bluhmen auff ein Tuch gebracht/ſo trau-
en ebenmäſſig noch wol zu ſehen. Dieſes
aber war an ihme zu verwunderen / daß er
nebenſt der Schilder-Kunſt die Fortifica-
tion oder Veſtungs - Bau ſo gründlich
verſtund/ als mancher treflicher Ingenieur,
der ſich viel Jahre in dieſer Kunſt geübet/
und manches ſtattliches Werck hat angele-
get. Er hat mir ſolche Abriſſe der allerſchönſten / und dem Augenſchein nach /
gantz unüberwindliche Veſtungen gezeiget daß ich dergleichen/weder bey dem Mar-
leis, noch Treſſen / noch Freitag / noch
Gierard/ noch Otters/ noch Geiger/ noch
Verrohren/ noch ſonſt einigem geſehen/ſo
von dieſer Kunſt geſchrieben/ halte aber da-
vor/ daß dieſe Quellen aus den Sinnreich-
ſten und weiten Brunnen / des groſſen
und Weltberühmten Cavalliers, ja des /

in dieſer Kunſt faſt unvergleichlichen Hn.
Ruſii, dero Königl. May. zu Dennemarck
Norwegen / hochbeſtelten Gen. Maj. ſind
entſproſſen und hergefloſſen/ wobey gleichwol noch dieſes zu mercken / daß beſagter
mein Schilder / in der Architectura Nau-
ticâ oder Navali, das iſt / in der Schifbau-
er Kunſt trefflich wol war beſchlagen / wil
hie nicht einmahl der zierlichen und über
alle maſſen nett gemachten Abriſſe unterſchiedlicher Krieges-Schiffe/Galeen/Ga-
lioten/Fregatten / und anderer mehr Gat-
tungen von Schiffen gedencken. Nun ſind
die Modellen oder Muſter / welche er mit
eigener Hand / auff das zierlichſte und na-
türlichſte / auch in zimlicher Gröſſe hat er-
bauet/ und nachgehends groſſen Potentaten unterthänigſt übergeben / mit groſſer
Luſt und Verwunderung anzuſehen. A-
ber / was mache ich? Mein kunſtliebendes
Gemühte ſolte ſich bald bewegen laſſen/an
ſtatt eines kurtzen Vorberichts/ einen gantz
neuen/ weitläuftigen Tractat zu ſchreiben/
woran es jedoch (gibt GOtt nur Leben /
Friede und beſtändige Geſundheit) ins
künfftige nicht ſol ermangeln.

Lebe

Vorbericht.

Lebewol/ Auffrichtiger/ Teutscher/ Kunst- und Tugendliebender Leser/ halte mir meine freymühtige Art im Schreiben doch zum besten/ entschuldige aus Christlicher Liebe/ meine/ vielleicht in diesem Büchlein begangene Fehler/ nim mich in dein andächtiges Gebeht/ und glaube sicherlich/ daß mit der Masse der Liebe und Bescheidenheit/ womit du mir inmissest/ ich dir reichlich und überflüssig wiedrum außmessen/ auch dein Gebehts- und Dienstschuldigster Freund und Diener wolle verbleiben/ so lange man in unserem wehrten Teutschland wird sagen:

Es lebet annoch

Der Rüstige.

Ehren-Schrifften.

An
Den Groß-Ehrwürdigen / Hoch-
Edlen und Rüstigen Palatin.

Die Jagtlust / Huhrerey / die Spiel-
sucht und das Sauffen /
So bald die viererley recht neh-
men überhand /
Verderben sie das Hertz. Der Tugend
edles Band
Durch sie wird auffgelößt. Diß zeugen ja
mit Hauffen
Dieselben / so dadurch viel Schaden sich
erkauffen
Und sind sie schon gesetzt in einen hohen
Stand /
Verderben sie dennoch zuletzt ein gan-
tzes Land /
Ja / die geringer sind / die müssen gar ent-
lauffen.
Der wahren Tugend hochverliebte Ge-
mühter
Sind nicht von solcher Ahrt : Es sind viel
beßre Gühter /
Die sich belustigen / wenns komt zu rech-
ter Frist:

Ein

Ehren-Schrifften.

Ein Traur-und Freuden-Spiel/ Mußk/
ein künstlichs Mahlen
Und die Poeterei / laßt die die Müh' be-
zahlen/
Diß zeiget hier gar schön der Weltbe-
rühmteRist.

Kallorin, S.S. Theol. Licent.

Auf
Des HochEdlen und Weltbe-
rühmten Rüstigen anmuhtiges
April-Gespräche
PindarischeOde.

Satz.

WJe der grühneLorbeer-Wald
Jährlich seine Früchte zeiget:
Wie der Gährten Lentz Gestalt
Floren Bluhmeschmuk beäuget:
Wie der Wiesen zahrtes Haar
Stets verjüngt das junge Jahr:
So frisch blühet der Parnaß/ wo des Ri-
stens Lorbeer grühnet/
Daß so manche Sinnen Frucht jährlich
unsern Sinn bedienet.

Ge-

Ehren-Schrifften.

Gegen-Satz.

Wie der Sonnen Angesicht
 Frohe Strahlen uns erzielet:
Wie der Sterne Funkel-Licht
 In den braunen Nächten spielet/
Jenes unsern Tag beglükt/
Dieses uns die Nacht beschikt:
So hat auch des Ristens Geist unsers
 Wissens Tag bestrahlet
Und der Unverstandes Nacht / manchen
 hellen Stern gemahlet.

Nach-Satz.

Wälder/Gährten Bluhm und Wiesen/
 Sonn' und Sterne gehen ein/
Ristens Fleiß / Verstand und Tugend
 werden ewig helle seyn.

Zu längst verdienten Ruhme/setzte diese
schlechte Zeilen aus Schuldigkeit
und übersendete sie aus Lüneburg

Frantz-Joachim Burgmeister/
K. S. P. unter den hochlöblichen
Elbe - Schwahnen Sylvander
genant.

Guttu-

Ehren-Schrifften.

Guttulæ
EPIGRAMMATICÆ
AD
VIRVM
Summè Reverendum, Magnificum,
Excellentiſſimum, Clariſſimum

Dn.
IOHANNEM RISTIVM,
Regium Wedelæ ad Albim Paſto-
rem meritisſimum ; Sacræ Majeſt. Cæſa-
reæ Comitem Palatinum & Poetam ex i-
pſa Aula Cæſarea coronatum nobilem, nec
non Illuſtriſſ. Ducis Mæcleburg: Con-
ſiliarium graviſſimum
&c. &c.
Ex Elbingo Pruſſorum flumine, per Mare
Balthicum in Albim
Muſarum aquag ô derivatæ,
per
Fridericum Hoffmannum, Glog.
Sileſ.
Gymnaſij Elbing. ConR.

RISTI

I.

RISTIUS Ecclesiastes & Poeta.

RISTIUS ætherio veneratur Numina
cultu:
RISTIUS & Vatum Delphica sacra
colit.
Sic quia præcellens JOVÆ est PHOE-
BIq; Sacerdos,
Albius * inde vir est: *Olbius* † inde
vir est.
* id est, Poeta instar *Albii* Tibulli celeberrimus.
† hoc est; Divinus & *beatus* Mysta.

II.

RISTIUS Poetarum Rex.

Convocat Aonias Consultus Apollo So-
rores,
Ut Vatum Regem Teutonis orbe
creent.
Quis Rex, inquit, erit vatum? Num
Sceptra meretur
RISTIUS? acclamant, ISTIUS
esto thronus!

III.

III.

RISTIUS Comes Palatinus.

Inde *Palatinus* Comes ingens RISTIUS
audit,

Quod fit *Palati* Cæfaris ipfe Comes.

Sed quia metra DEUM fapiunt HOMI-
NUMq; *palato*;

Jure *Palatinus* dicitur inde Comes.

IV.

RISTIUS Cyenus Poeticus ; & ex di-
gnitate Imperiali Gallinæ Albæ
Filius.

An magis es *Cycni* foboles ; an *Filius alba*
RISTI , *Gallina* ; qui colis *Albis*
aquas?

Cycnus es, hoc conftat: produnt TE can-
tica *Cycnum*

Es quoque *Gallinæ-Candidioris* honor.

Gallinam quondam IOVIS ARMIGER
intulit *albam*

Cû lauru gremio, *Livia faufta, tuo.

TE *laurus* AQUILÆ ROMANÆ præ-
mia ditant:

TEq; *Palatinus* nobilitavit apex.

Li-

* *Livia,* olim Vejentanum fuum re-
vifenti, prætervolans *aquila gallinam albam, ramulum lauri roftro tenentem demi-
fit in gremium.* Cumquo nutriri alitem
ac pangi ramulum placuiffet ; tanta pullo-
rum foboles provenit, ut hodie quoque
ea villa *Ad Gallinas* vocetur: Tale vero
Lauretum, ut triumphaturi Cæfares, lau-
reas inde decerperent &c. Suet. in Galba.

V.

RISTIUS Cycnus Albicola.

Teutonicos inter fluvios celeberrimus
Albis,
Quæritur is nomen traxerit unde fu-
um?
Fontibus *undenis* * Teuto denominat
ipfum,
E quorum vivis nafcitur *Albis* aquis.
Efto: fed ex *albis* RISTI , me judice
CYCNIS
Hôc feclo nomen rectius *Albis* habet.

* *Albim* nomen habere à numero
undecim, è quibus oritur, *fontium* ; qui
tandem conflati, Albim fluvium confici-
ant, tradit Fabricius in fuis rerum mifnic.
libris.

libris.   Nam Elve & Elbe Germanis undecim significat.

VI.

RISTIUS Albis fluvii Honor.

Alba * per Hispanos ; Italosque per *Al-*
bula † campos
Claret, at est clarus Teutonis *Albis*
humô.
Albula & *Alba* tamen solo superantur ab
Albi.
Dum clarat celebres RISTIUS u-
nus aquas.

* *Alba* flumen est *Hispaniæ* cite-
rioris ad radices Pyrenæi. Plin. l. 3. C. 3.

† *Albula* est nobilissimus *Italiæ*
fluvius, idem, qui Tyberis. Virg. l. 8. Æn.
v. 330. 331. 332.

Al-

Ehren-Schrifft.

Als
Der Weltberühmte Grosse
RIST

Die Alleredelste Beluſtigung kunſtliebender Gemühter/

Die ſie haben an den Luſt- und Traur-
Spielen / an der Muſik/ Poeſie / und Schilder oder Mahler-Kunſt in einem anmuhtigen Aprilen-Geſpräche berauß
gab.

Jch halt' unglaublich viel auf Luſt und
Trauer-Spiel/
Ich halt' unglaublich viel auff reine Dich-
ter-Kiehle/
Ich halt' unglaublich viel auff Orpheus
ſüſſe Gunſt/
Ich halt' unglaublich viel auff Dürers
groſſe Kunſt/
Und weiß nicht/ welchem doch wol unter
dieſen vieren
Das Kräntzgen eigentlich mit Rechte mag
gebühren:
Ich ſitz' / Ich quähle mich und ſchlaffe
drüber ein/
Und ſeht / drauff überfält mich ſolch ein
Gottheit-Schein/

Daß

Ehren-Schrifften.

Daß ich nicht fähig bin / denselben außzu-
sprechen:
Was / höhrt' ich / wirst du dir den Kopff
noch viel zubrechen?
Der Rüstig' hat vorlängst der Nach-Welt
kund gemacht /
Wie daß die Poesie / Musik / und den die
Pracht
Der Lust- und Trauer-Spiel / in Ansehn
derer Gaben /
So die Dürinne hat / nicht kan den Vor-
zug haben.
Darüber wacht' und dacht' Ich an die
Schilderey /
Und sprach: Hats die gethan? Wollan /
so bleibs dabey!

Setzet
Seinem allerliebsten Hn. Vater zu
ewigen Ehren / aus gehorsam-
samster Pflicht / in der Haupt-
Statt Brandenburg /

M. Balthasar Kindermann
von Zittau / des Weltberühmten Rüstigen Poet / und aller-
getreuster Kurandor.

D   An

Ehren-Schrifft.

An
Den Hoch-Edlen Herrn
PALATIN,

Bey Außfertigung seines schönen Aprilen Gespräches.

Er suchet seine Lust an Silber/Gold
und Geld.
Der durch die Waffen und den Krieg im
freyen Feld/
Den andern muß ein Traur-und Freu-
denspiel ergetzen.
Und dieser wil den Sinn und die Ge-
mühts-Lust setzen
Auf süssen Klang und Thon. Ein ander
liebt die Kunst   (Gunst
Der Edlen Dichterey/und dieser wirft die
Und seine Hertzens-Lust auf künstliche
Gemählde.
Was hilfft es / daß ich mehr von eitler
Lust erzehle/
Es ist nur falscher Wahn! Herr Rist der
weiset dir/   (allhier
Was sey die beste Lust/welch' ein Gemüht
(Das Kunst und Tugend liebt)ergetzet
und erfreuet/   (gescheuet/
Ich sag' es Leser dir hiemit gantz un-
Daß

Daß du dergleichen Mann/ der dir gibt Un-
terricht   (leichtlich nicht
In GOttes Wort und in der Kunst so
Wirst künfftig wieder sehn. Drum lo-
be seine Gaben
Und mehre seinen Ruhm/ weil du sie
noch kanst haben
Durch selder Bücher Fleiß. Solt' er von
hinnen gehn
(Das Gott verhüten woll') alsdenn so
wirst du sehn/
Was dieser grosse Mann und seine
Kunst zu wege
Bey mir und dir gebracht. O höchster
Vater/ lege
Die Wacht üm diesen Mann/ üm dessen
Hoff und Hauß/
Daß alles Glück geh' inn und Unglück
weich' hinauß
Laß Ihn noch manches Jahr zu Nutz
der Jugend leben/
Biß du Ihn Lebens satt wirst in dein
Reich erheben.

Abgesetzet/ von der hochlöblichen/ El-
bischen Schwahnen-Ordens
Mitgliede/ benahmet
Hyphantes.

D ij   Als

Ehren-Schrifften.
Als der Hoch‑Edler und
Weltberuffener

Herr Rüstige
Die alleredelste Belustigung
Kunstliebender Gemühter
andeutete.

WEnn der gewünschte Lentz die grühne
Gahrten schmücket
Und Flora Feld und Wald mit bunten
Bluhmen sticket/
Da rühmt der eine Mann die wunder‑
schöne Pracht;
Von einem andern wird ein solcher
Strauß gemacht/
Der Amber überreucht ; Den kunstbe‑
lobten Bienen
Muß diese Frühlings-Lust zu ihrem Zuk‑
ker dienen ;
Hingegen ein Galen durchsucht der Bluh‑
men Krafft/
Wehlt was ihm dienlich ist/und Krancken
Labung schafft:
So kan uns eine Lust auch sondern
Nutzen geben/
So hegt ein weisser Schertz des Ernstes
Frucht daneben.

Diß

Ehren-Schrifften.

Diß zeigt der Grosse Rist : Was seine
Feder setzt/

Bewähret wol den Spruch: Es nützet
und ergetzt.

Man seh' in dieser Schrifft/ worauff ein
* Sextus zielet

Wenn er mit kluger Kunst / auff freyer
Bühne spielet :

Hier höhre man das Lob der süssen Sin-
ge-Kunst

Und warum sie geneust der edlen Geister
Gunst:

Hier lerne man/ worauff beruht der Preiß
des Dichters/

Wie der ein Siegsmann ist des plumpen
Splitter-Richters:

Man überleg' auch hier die Kunst der
Mahlerey

Und mercke/ was ihr Zweck und edles Ab-
sehn sey :

Es wil der theure Rist dieselbe Kunst uns
weisen/

So wegen Frucht und Lust für Edel ist
zu preisen/

Ich freue mich / daß ich desselben Hand
beküst

Ehren-Schrifften.

Der lauter Edles schreibt.   Es leb' und
schreib' Herr Rist!

Sextus Roscius Amerinus / dessen Cicero
rühmlich erwehnet. Seiner kunstreichen Comödien gedencket auch Hr. Rist in gegenwärtigem
Tractätlein.

Seinem / als Vater / treugeehrtem Herren
Bekröhner / schriebe dieses aus teut-
schem Vertrauen / und schuldigstem
Obliegen / am 2. Feyertage des H.
Weihenacht-Festes / 1665. in Al-
thonah.

Gottfried Wilhelm Sacer,
J. U. Candidatus? und in der
hochl. Gesel. des Elbischen
Schwahnen - Ordens be-
nahmet

Hierophilo.

EIn Schuster kan von seinen Leysten
sagen /
Ein Schneider spricht von seiner
Ell und Scheer /
Ein Schmidt der schnackt was von dem
Hammer her:
An Schrifften wil sich der und jener wa-
gen.

Ehren-Schrifften.

Ein Coridon/ein ungeschlachter Limmel
Verachtet offt was er doch nie versteht/
Meynt daß sein Witz für vielen sey erhöht/
Und daß sein Kopff, die Sonne sey am
Himmel.

Ihm denckt er könn' ein stattlich Urtheil
fällen:

Ey/ was bereucht der Esel den Salat?
Was gruntzet viel ein Schwein auffs
Kräuter-Bad?

Kan sich ein Aff' auch wie ein Mensche stellen?

Wenn man sich wolt an ein grobes
Urtheil kehren/

Da schmisse man die Feder aus der Hand/
Und hinge Kunst verlängst schon an der
Wand.

Es schreib Herr RIST den Kunst und
Tugend ehren!

Seinem hochgeehrten Herren und vornehmen Patrono zu schuldigen
Ehren schriebe dieses eyligst

M. Johann Michaëlis,
Aus Holstein.

D ij

Die Alleredelste Belustigung kunstliebender Gemühter.

GLeich wie der Frühling ins gemein/ für die allerschön-ste und anmuhtigste Zeit des gantzen Jahres wird gehal-ten ; Also ist meines Be-dünckens / unter den dreyen Frühlings Monahten/welche wir den Märtz = April und May nennen / der April der ange-nehmste und lieblichste / denn/ dieweil die-ser Monaht / die verschlossene Erde wie-drum eröffnet / (wie er denn den Namen Aprilis/ab aperiendo, vom Aufthun/oder Eröffnen sol bekommen haben) so belusti-get er dadurch / daß er nehmlich / so man-cherley schöne Kräuter/Bluhmen und Ge-wächse herfür bringet/ und den Erdboden damit so herrlich schmücket und bekleidet / die Menschen gar sehr / wie denn auch wol die gemeine Leute pflegen zu sagen/ daß das Erste Grühn / sey in unseren Augen das alleranmuhtigste / sonderlich/dieweil in den vorhergehenden vier oder fünff Mo-nahten/ wenig Grünes wird gefunden.

D v   Man

Man ſehe auch nur die Bluhmen recht an/
welche in dieſem Monaht blühen/ ſo wird
man befinden / daß der April die allerſchönſte hat / wie ſie denn von Farben ſo
lebhafft/ daß kein Mahler ſie ſchöner und
eigentlicher könte bilden/ und hab ich es oft
inacht genommen / daß die Gewächſe /
Kräuter und Bluhmen / im Majo
bey weitem nicht mehr ſo friſch ſtehen und
prangen / als ſie im April gethan haben.
Man kan auch klährlich ſpühren/ daß die
Lerche / Nachtigal und andere Vögel zu
keiner zeit des Jahres freudiger ſingen/als
eben im April/ und ſonderlich machet ſich
die Nachtigal in dieſen Monaht zum aller-
luſtigſten / wenn der May herbey komt/
bricht es ſchon viel mit ihr ab/ und ſchweiget ſie alsdenn manche Stunde/ die ſie zuvor mit ihrem lieblichen Geſang pflag zu
verſchlieſſen.   In dieſem Monaht bringet man auch allerhand Saamen in die
Erde / nicht nur von unterſchiedlichen
Bluhmen/ die man ins gemein Sonnen-
Gewächſe pfleget zu nennen/ ſondern auch
von allerhand Küchen-Kräutern / als da
ſind mancherley Ahrt von Salaht/ Spi-
nat/ Erbſen / Bohnen/ Phaſeolen / oder
tür-

türckiſchen Bohnen/Kohl / als braunen-
Kohl / Saphoyen/Kohl / Rüben-Kohl/
Bluhmen-Kohl/(wobey ich mich erinnere/
daß ich im Jahr 1648. einsmahlen zehner-
ley Art Kohlſamen/ſo man mir aus Frank-
reich hatte zugeſchicket / in die Erde gebracht) Wurtzelen/Zucker-Wurtzeln/roh-
te Rüben/Paſtinah/Radiß/Rettich/Arti-
ſchocken / Peterſilien / mancherley Art
Kürbſen / Kerbel / und was ſonſt zu den
Küchen-Kräutern gehöhret. Eben üm dieſe Zeit da man den Gartenbau mit ſo groſſem Fleiſſe beobachtete / kam mein ehrli-
cher Gärtner auß Hamburg/mein aufrich-
tiger Jacob wieder zu mir herauß / und
brachte mit ſich unterſchiedliche Bäum-
lein/Stauden und Gewächſe/die er zum
theil von andern Gärtnern hatte bekom-
men/ denn er war von meinem Diener be-
richtet/ daß mir die grimmige Winterkäl-
te viel ſchöne Sachen verderbet / nicht nur
von den jenigen / die ich im Garten hatte
ſtehn gehabt/ ſondern auch/und zwar am
allermeiſten die/welche in meinem warmen
Keller waren beygeſetzet / da dann mein
Feigen-Lorbeer-und Pomerantzen-Bäu-
me/wie auch Jaſain/Roßmarin / die ge-

füllete Violen/ Leucojor von unterſchiedlichen Farben/ die Myrthen und andere derogleichen zahrte Gewächſe die gröſſeſte
Noht gelitten/welchen Abgang und Schaden / mein guthertziger Garten-Freund/
mit Herbey Schaffung anderer / annoch
unverſehrter Gewächſe in etwas wiederum
wolte erſetzen. Es hatte eben dazumahl wie
der ehrliche Jacob ſich anmeldete / der
Rüſtige ſeinen Vorraht von allerhand
Bluhmen-und Kräuter Saamen für ſich
ſtehen / und ſamlete er auß einer groſſen
Schachtel die fürhehmſte herfür / denn er
war willens / dieſelben nun bald unter die
Erde zu bringen. Sehr lieb iſt mir es/ fing
mein Gärtner an/ daß ich meinen wehrten
Palatin nicht nur bey guter Geſundheit
dieſes mahl mag antreffen: Sondern/ daß
ich auch ſpühre/ daß er annoch ein groſſer
und beſtändiger Liebhaber der Gärten/und
der darin befindlichen Gewächſe / Kräuter und Bluhmen verbleibet; wie dann die
Arbeit / wobey er ſich gleich ietzt befindet/
ſolches genugſam bezeuget/ der Allerhöchſte
wolle ihn noch viele Jahre erhalten/ daß er
bey guter Geſundheit und allem glückli-
chem Ergehen/ ſeine Gärten bauen / und

an

an den ſchönen/ anmuhtigen/ theils auch
hochnützlichen Gewächſen/ ſeine ſonderbahre Luſt/Freude und Ergetzligkeit/ſehen/
haben und genieſſen möge. Der Rüſtige
danckete dem aufrichtigen Hertzen freund-
lich/ für ſeinen guten Wunſch/ erwiederte
denſelben gegen ihm / nöhtigte ihn ſehr/
daß er ſich zu ihme wolte niederſetzen / damit ſie von ihren Gahrten-Sachen deſto
beſſer und ungehinderter ſich mit einander
unterreden könten/ welches der Gärtner /
nachdeme er erſtlich ſeine mitgebrachte
Bäumlein/Stauden und Gewächſe dem
Rüſtigen gezeiget / die dann von demſelben mit ſonderlichem Dancke wurden an-
genommen/ ſich alſo ließ gefallen/worauf
ſie alſobald/ die unterſchiedliche Saamen/
welche der Rüſtige annoch im Vorraht
hatte/zu beſehen anfingen/da denn der gute
Jacob / auch noch einen zimlichen Theil
herfür langete/welche er mit ſich hatte herauß gebracht/ den Rüſtigen damit zu be-
ſchencken/ der ſie ja ſo gerne / ja auch wol
viel lieber/ als Silber und Gold von ihme
hat angenommen. Als ſie nun ſolche ihre
Garten-Waare fein ordentlich hatten
außgeleget/ und die Saamen/ einen nach
dem

dem andern zu Papier setzeten/befunden sie
im gegenwärtigen 1665. Jahre/diese nachfolgende bey der Hand zu haben/als neim-
lich. Die Balsamina Fœmina, die Flores
Tunici, oder die Afrikanische Bluhmen /
grosse und kleine/der Amaranthus von drey
Farben/der Amaranthus criftatus, Mira-
bilis Peruviana, oder die Wunder Bluhm
auß Peru, Melilotus, Leucoion von mancherley Farben/Lupinea oder Feigbohnen/
weiß/gelb/blau/grosse und kleine/Korn-
Bluhmen von allerhand Farben/Hormi-
num, Hedifarum, Geranium Indicum, oder
Indianischer Storchenschnabel/ Geranie-
um moschatinum oder wolrichender Stor-
chenschnabel/türckisches/oder vielmehr In-
dianisch Korn/sonst Waitz genant/Anthy-
rion oder Löwenkopf/Traubenkraut/Blat-
taria, Ackolei von mancherley Farben/Rit-
tersporn schön gefüllet/auch von vielerhand
Farben/ die grosse Convolvulus oder Win-
deglocke blau und weiß / der kleine Convolvulus, weiß/blau und gelb/Indianische
Kornbluhmen eines sehr lieblichen Ge-
ruchs/ die gemeine gelbe Violen/ehciri ge-
nant/Fingerhuht / theils purpurfarbe /
theils schön weiß/der wilde Saffran/sonst
Cnicus

Cnicus genant / die Cerinthe mit gelben auch wol blauen oder vielmehr Purpurfarben Bluhmen / Neglein oder GansBluhmen / theils einfach / theils gefüllet / von mancherley Farben / Sonnenbluhmen grosse und kleine / Phaseolen die schöne rohte / auch wol lichtblaue Bluhmen bringen, Flos Adonis, ein anmuhtiges / hochrohtes Blühmlein / Fumaria americana, oder Indianischer Erdrauch / mancherley Ahrten der malva oder Bappelen / das Griechische Mondenkraut / oder Lunaria græca, Melissophyllon oder türckische Melisse / der Wunderbaum / zu latein Ricinus genant / Mohnsaamen / der gar schöne Bluhmen von vielerhand Farben träget / Nasturtium Indicum oder Indianische Kresse / Thlaspicreticum , theils mit purpurfarben / theils mit weissen Bluhmen / die Rose von Jericho / gehörnter Mohnsaamen oder Papaver corniculatum, theils mit gelben theils mit rohten Bluhmen / Aepffel der Liebe / Momordica, Indianischer Pfeffer / Nigella , Taback / Scorspionkraut / Ringelbluhmen / die Indianische Scabiosa , Candrilla , und noch sehr

ſehr viele andere/ welche allhie / nahmkündig zu machen auff dieſesmahl nicht von
nöhten.

Wie ſie nun alle dieſe Saamen mit
Fleiſſe betrachteten / befand ſichs/ daß die
meiſte unter denſelben annoch friſch und
gut waren/ welche / wenn ſie nur in ein gutes und wolgedüngtes Erdreich ſolten geworffen ſeyn/ zweifels frey ſchöne Kräuter
und Bluhmen würden herfür bringen. Es
war aber der Rüſtige nicht willens/ an ſel-
bigem Tage einige von dieſen Saamen in
die Erde zu bringen / ſondern hatte ſolches
biß auff den folgenden außgeſetzet / zu welcher Arbeit ihme der treufleiſſige Gärtner /
ſeine Hülffe und Beyſtand gerne verſpro-
chen/ weßwegen ſie alle dieſe Saamen/ wol
bewahret/ ſo lange wiederum zuſammen
und an die Seite legeten.

Hierauf ſpatzierten ſie mit einänder in
die Gärten / und zwar erſtlich in den klei-
nern/ oder in den Süder-Garten/ zu beſe-
hen/ was in dieſem/ bald zum Ende gelauf-
fenem April-Monaht / für Bluhmen daſelbſt ſich befunden.   Die fürnehmſte/ welche dieſer Zeit zu ihrer beſten Blühte ſtunde/
waren die Tulipen / denn der April iſt der
eigentli-

eigentliche Tulipen - Monaht/ wenn der
vorbey/ und der May heran tritt. so haben
diese Bluhmen das Jhrige gethan/und siehet man alsdann offt mehr Blätter von
ihnen auff der Erden liegen / als an den
Stengeln stehen/wobey ich mich erinnere/
daß ich etliche Kunstliebende gekennet /
welche die neulichst abgefallene Blätter
von den schönsten Tulipen fleissig aufgeho-
ben/und gleichsam eine sonderliche Schilderey darauß gemachet/ wie sie dann einige in Kupfer gestochene Sachen / sonderlich schöne Gebäue / künstlich gemachete
Säulen/herrliche Spring-Brunnen und
andere dergleichen Sachen / an etlichen
gewissen Orten außgeschnitten und mit
Tulipen-Blättern/ sonderlich von weissen
und gelben Krohnen auch andern flam-
mirten Bluhmen (denn mit diesen gehet
es fast am besten an/)untergeleget und mit
Gummi-Wasser befästiget / welches gar
artig anzusehen gewesen / und habe ich einen Böhmischen Baron/ mit welchem ich
sonders grosse Vertrauligkeit gepflogen /
gekennet/der diese Gemälde so zierlich konte machen/ daß man sich höchlich verwundern muste/ und mancher nicht wuste/ wie
er

er die Farben eigentlich nennen ſolte / ver-
mey nte / daß die Kupfferbilder alſo illumi-
niret wären / habe auch ich ſelber etliche
Schildereyen von ſolchen Tulipenblättern
verfertiget / da die Farben von ſo vielen
Jahren hero ihre Schönheit und Glantz
richtig behalten / bekenne aber gern / daß
meine Arbeit / mit des Herren Barons ſeiner in vielen nicht zu vergleichen. Daß wir
aber wiedrum zu den Tulipen / oder Bluhmen an ſich ſelber kommen; So muß man
ja von denſelben auffrichtig bekennen / daß
dieſer Bluhmen Unterſcheid unaußſpräch-
lich / wie ſie denn auch von ſo mancherley
Farben gefunden werden / daß der gelährte
Niederländer Petrus Hondius , in ſeinem
Buche die Mouffeſchantz genant / alle
Mahler herauß fodert / und ihnen Trotz
bietet / mit ſeinen ſo vielfärbigen Tulipen /
angeſehen er ſich verſichert hält / daß es allen / auch den verſtändigſten und kunſtreicheſten Mahlern unmüglich ſey / ſo mancherley Farben können an den Tag oder
zum Vorſchein zu bringen / als er dieſelben
bloß und allein an ſeinen Tulipen / könne
und wolte darſtellen / welches manchem
braven Schilder wol wunderlich dörffte
vor-

vorkommen. Nun/ diese fürtrefliche schöne Bluhmen recht zu betrachten/ spartir-
te der Rüstige mit seinem Gärtner / von
einem Bette zum andern / da denn der
Gärtner anfing zu sagen : Mich düncket /
der Herr Palatin, daß / ob ich schon etliche
sehr schöne Tulipen hieselbst in ihrer angenehmen Blühte finde/ ich doch für etlichen
Jahren derselben allhie vielmehr gesehen /
weiß zwar nicht/ ob ich irre. Jedoch kan
es leicht geschehen seyn / daß ein gutes
Theil der besten Tulipen-Zwiebeln etwan
verfaulet. Ihr irret nicht / mein guter
Jacob/ antwortete der Rüstige / denn es
ist mit meinen Tulipen eben so beschaffen/
wie ihr argwohnet. Ich habe für diesem
derselben wol fünffmahl mehr gehabt/ als
jetziger Zeit in diesem meinem Süder-Garten sind zu finden/welches bloß und allein/
meines Bedünckens / daher rühret / daß
für etlichen Jahren/meine Leüte/wie ich gegen die Herbst-Zeit verreyset gewesen/ alle
meine Zwiebel-Gewächse durch ein Weib/
welches / daß es einen sehr guten Gar-
ten-Verstand hätte/ fürgegeben/ auffnehmen / und darauff das Erdreich oder
die

die Bette mit gar feiſtem Pferdsmiſt dün-
gen/ die Zwiebel wieder hinein ſetzen/ und
alſo im Namen Gottes ſtehen laſſen. Ich
kam wiederum zu Hauſe/ wuſte zwar wol/
daß mein Zwiebel-Gewächſe; (worunter
die Tulipen ſchier die fürnehmſten waren)
auß der Erde und wiedrum hinein ge-
bracht/ daß aber das Erdreich worin ſie ge-
pflantzet/ ſo ſtarck war gedünget / davon
hatte man das geringſte nicht geſaget. A-
ber/ was geſchahe? Die liebe Frühlings Zeit
kam heran/ Ich ſpatzierte täglich in meinē
Garten herum/ und gab mit Fleiſſe acht /
ob meine Tulipen nicht wolten mit der Zeit
herfür gucken? Aber ich muſte mit Schmertzen erfahren / dz das gantze Bette voll zurücke bliebe/ worüber ich begunte nachzu-
graben/ daſichs dann befand/ daß ſie mit
Hauffen waren verfaulet/ welches mich/
nachdeme ich/ die rechte Uhrſache deſſelben
erfahren/ von Hertzen hat verdroſſen. Ob
ich nun zwar in den folgenden Jahren/ dz
Erdreich ein wenig anders zurichtete/ und
neu oder friſche Tulipen hinein pflantzete /
half es doch nicht viel/ die meiſten verfaule-
ten abermahl/ dieweil das Erdreich noch zu
fett war/ dahero ich dem loſen ⨯ unerfahr-
nem

nem Garten-Weibe einen gantzen Beutel
voll falscher Ducaten an den Halß wün-
schete. Unterdessen hat sichs diese beyde letzte Jahren hero mit meinem Tulipen-Bau
doch zimlich wiedrum gebessert / wiewol es
nicht ohne ist / daß diesen Winter über
schier abermahl ein paar hundert grosser
Zwiebelen und zwar von den allerbesten
sind verfaulet und im Lauffe geblieben. Ich
spühre aber hiebey / daß die Tulipen dieses
Falles eine sonderbahre Art an sich haben /
in deme sie an allen und jeden Orten nicht
gleiche gerne wachsen / wie ich dasselbe augenscheinlich in meinen eigenen Gärtlein
angemercket / denn in meinem Norder-
Garten wachsen sie trefflich wol / und ver-
faulen fast nimmer / oder gar selten. Dagegen in diesem Süder-Garten / verderben
mir offt die allerschönste Zwiebelen / und
erinnere ich mich / daß Herr Georg Vie-
scher / Gräfflicher / Hohenloischer Raht /
in seinem gar feinen Büchlein / Bluhmen-
Garten genant / erwähnet / daß zu Langen-
burg in der Graffschafft Hohenlohe / in
dem sonst schönen und guten Garten an
dem Schlosse / die Tulipen / man habe es
auch gemachet / wie man wolte / über ein
Jahr

Jahr nicht gut thun wollen/ ſondern ſind
verfaulet/ und hingegen im Garten vor der
Stadt / ſehr ſtatlich und wol ſind fort-
kommen/ unterdeſſen lehret uns die Erfah-
rung/ daß faſt alle Bluhmen-Zwiebelen /
durchauß keinen Miſt noch Dunge können
leiden/ ſondern ins gemein eine Erde/ die
nicht gar zu luck/ ſondern etwas leimicht /
mit wenig Sand vermiſchet/ haben wollen.   Aber / was düncket euch üm dieſe
Bluhmen / fragte der Rüſtige den Gärtner weiter/ iſt es nicht eine ſchöne Tulipe /
als Jemand mit Augen mag ſehen? Iſt mir
recht/ antwortete der Gärtner/ ſo wird dieſe Tulipe Semper Auguſtus genennet / und
wird freylich für eine von den allerſchönſten gehalten/ Ich möchte aber wol berichtet ſeyn / was das Wort Tulipa eigentlich
für eine Bedeutung habe? Hievon ſind unterſchiedliche Meinungen / antwortete der
Rüſtige / Jedoch ſtimmen die Meiſten da-
hin/ daß das Wörtlein Tulipa ein Scla-
voniſches Wort ſey/ welches einen türckiſchen Huht oder Bund von den Türcken
Tulipant/ Dulpant/ Dulbendt genannt/
bedeute/ zumahlen dieſe Bluhmen etlicher
maſſen die Form oder Geſtalt eines ſolchen

chen Türckischen Huhtes haben/ man findet sonsten bey den Alten keinen Namen
dieser Bluhmen/ welche (aller Muhtmas-
sung nach) denselben müssen unbekant
seyn gewesen/ wiewol man etliche Botani-
cos oder Kräuterkündiger hat / die dafür
halten/ die Tulipa sey des Theophrasti πι-
ῶν, andere hälten es für das Satyrium E-
rythronium, noch andere für den rohten
Narcissum des Plinii, abermahl andere für
das Cosmosandalon, welche Meynunge ich
doch mehrentheils für blosse Muhtmassun-
gen halte. Von den Türcken wird diese
Bluhme genant Cafa, Lale, Ale, Zambul,
wir Teutschen heissen sie Tulipen/ die Niederländer aber Tülpel/ welches Wort sonst
bey den Teutschen/ einen groben ungeschlif-
fenen Menschen bedeutet/ Herr Hondius
nennet es Narrenkraut / dieweil keine
Bluhme unter der Sonnen wird gefunden / in welcher Schönheit die Menschen = Kinder sich mehr vernarret / als
eben die Tulipen / daher auch das Wort
Tulipomania oder Tulpen-Rosen kommen. Es werden ferner diese Bluhmen
in den Morgen-Ländern / als woselbst
sie hin und wieder in den Wäldern /

auff

auff den Hügeln/ in den Gründen/ Feldern
und Saat wachſen/ häuffig gefunden /
wiewol auch etliche Geſchlechte der Tulipen in Italien / in Franckreich und Spa-
nien wild wachſen/ worunter einige ſind/
die gar frühe/ andere die ziemlich ſpähte /
noch andere/ die weder frühe noch ſpähte
blühen/ und meldet von den Tulipen der
hochgelehrte Dodonæus, daß etliche Völ-
ker in Aſien/ die gantz Weiſſe / etliche die
Rohte/ etliche die Gelbe zum höheſten ſchätzen oder für die Beſten achten.   Bey uns
Teutſchen aber werden die einfärbige gar
wenig geachtet/ ſondern die geflammete /
die geſtreiffelte/ geſprengelte/ geflügelte und
die allerbundeſte/ hält man in ſehr hohem
Wehrte/ und je rarer oder ſeltener eine Tulipe iſt/ je theurer wird ſie geſchätzet/ ſonderlich wenn deroſelben Beſitzer ein guter Re-
dener iſt/ und den Wehrt/ am meiſten aber
die Schönheit und herrliches Anſehen
ſolcher Bluhmen weiß herauß zu ſtreichen.
Sonſten findet man unter den frühen Tulipen die Gelbe mit ihren Verenderungen/
imgleichen die Rohte / Weiſſe und Purpurfarbe. Unter den ſpähtblühenden Tulipen hat man ebenmäſſig die Gelbe/ Rohte

te und grühne / mit weiſſen und bleichen
Ränden / welche / wie die jenige / die den
Dodonæum erklähret / oder demſelben ihre Gedancken beygefüget haben / berichten /
auß dem Sahmen ſollen herfür kommen.
Sie gedencken auch der ſpähten / grühnen /
doppelten Tulipen / welche / wie ein Bluh-
menkohl ſollen anzuſehen ſeyn / imgleichen
die ſpähten Tulipen / mit unterſchiedlichen
Zweigen / auff welcher jedweden / eine be-
ſondere Bluhme ſtehet / welches gar anmuhtig iſt zu ſehen. Wir wollen hie nicht
weitläuftig handelen von den Tulipen von
Montpelier / welche zu latein Narbonenſis
Lilio-Narciſſus luteus montanus wird
genennet / von der Spaniſchen Tulipa, von
der Tulipa Byzontira, der Conſtantino-
politaniſchen Tulipen / (wiewol ſie alle anfänglich von Conſtantinopel zu uns herauß gebracht worden) welche bißweilen
noch eine andere Bluhme / gleichſam auß
dem Schoſſe des oberſten Blates mit ihrem eigenen Stengel fortbringet / daher ſie
auch den Namen Lale di duei fioripel ,
das iſt / Tulipa mit zwey Bluhmen von
dē Italiánern / die ſie auß Conſtantinopel
haben übergeſchicket / bekommen / von der
E　　Tu-

Tulipâ creticâ oder Tulipen auß Candien/
von der Tulipâ Bombycina oder Seiden
Tulipa, von der Perſianiſchen Tulipen /
zu latein Tulipa pumila genant/ und vielen anderen mehr. Die Liebhaber dieſer
Bluhmen/ werden zweiffels frey ſich ſelber bemühen/ daß ſie allerhand Arten/ſon-
derlich von den raren und ſeltenen Tulipen
in ihre Gärten bekommen. Das thut
man ja gerne/ ſagte hierauff der Gärtner/
und habe ich viele Jahre ſchon dahin geſehen / daß ich die allerrareſte und beſte / die
man nur finden kan/ haben möchte. Es hat
mich aber die Erfahrung gelehret/ daß ſie
ihre Schönheit nicht allemahl beſtändig
behalten/ denn / die Bluhmen / ſo in dieſem Jahre überauß ſchön und von unterſchiedlichen Farben geweſen/ darf das folgende Jahr nur ſchlecht/ja wol gar einfärbig
ſeyn/ dagegen hat ſichs begeben / daß eine
Bluhme/ die etliche Jahre roht oder gelb
hat geblühet/ und ein gar ſchlechtes Anſehen gehabt/ endlich ſo bund und wunder-
ſchön von Farben worden/ daß man ſie mit
höheſter Beluſtigung anſchauen können/
welches aber ihre letzte Blühte geweſen/ deñ
ihre Zwiebel drauff gänzlich geſtorben
und

und verdorben/gerade / als hätte sie noch
erstlich und einmahl zu guter letzt / den
Bluhmen und Garten-Liebhaber mit ihrer
Schönheit belustigen/und alsdenn ihren
traurigen Abschied von ihm nehmen wollen.

Und dieses/sagte der Rüstige/ist mir mit
gar vielen Tulipen / welche ich auß dem
Sahmen/den ich von schneeweissen Tulipen genommen/ hatte erzeuget / schon für
vielen Jahren widerfahren. Unter denselben waren das erste Jahr / wie sie blüh-
eten / etliche so schön und anmuhtig von
Farben/ daß auch fürnehme Gärtner/und
gelehrte Botanici oder Kräuterverständi-
ge bekennten/ sie hätten Zeit ihres Lebens
dergleichen nicht gesehen / denn etliche
waren gantz tunckelbraun mit weissen/oder
rohten/ oder gelben Strichen / etliche waren von Farbe schier wie die Iris Susiana, o-
der wie schwartze Lilien anzusehen/nur/daß
sie solche Adern nicht hatten/und habe ich
bithero niemahlen Bluhmen von so tunke-
en Farben gesehen / es hatte aber nicht lange Bestand / denn das 2. 3. oder 4te Jahr
hernach hatten sie ihre Schönheit verloh-
ren/welches/wenn sie nicht auß dem Sah-

E ij   men

men gezeuget/ ſondern Abſetze/ oder Zwibe-
lichen von den groſſen Bulben geweſen /
vielleicht nicht geſchehen wäre/ ſeithero habe ich dergleichen nicht gehabt / zumahlen
ich auch nicht fortgefahren/ Tulipen / wie
vor dieſem von mir geſchehen / auß dem
Sahmen zu zeugen. Was vermeinet a-
ber mein Herr Palatin / fragte der Gärtner weiter / ſolte man wol Tulipen ſo
ſchwartz oder blau/ oder grühn von Far-
ben/ finden? Ich meines Theils wüſte nicht
daß ich derogleichen je geſehen hätte? und
ich meines Theils auch nicht/ verſetzete der
Rüſtige / ſie ſind mir weder blau / noch
gantz grühn/ noch ſchwartz fürkommen /
wiewol mir nicht unbewuſt/ daß etliche Tulipiſten dörffen fürgeben / daß ſie blaue ge-
habt/ die ſo außbündig ſchön geweſen/ daß
keine andere Bluhmen damit zu vergleichen. Ich bin aber in dieſem Falle ein
Thomiſt/ wenn ich eine recht blaue Tulipen
ſehe/ ſo wil ich glauben / daß ſie blau ſey/
unterdeſſen mit den hochberühmten Männern als dem Geſnero, Bauhino, Cluſio,
Hondio, und anderen/ welche öffentlich be-
kennen/ daß ſie niemahlen eine blaue Tulipe geſehen / dafür halten / daß ſie gar
ſchwehr-

schwehrlich zu finden. Von schwartzen
Tulipen habe ich wol höhren auffschnei-
den/ glaube aber nicht/daß sie jemahlen ge-
wesen/ und wüste mich nicht zu entsinnen/
daß ich/ so lange ich in dieser Welt gelebet /
eine eintzige Bluhme gesehen/ die vollköm-
lich schwartz gewesen. Man hat zwar eine
Art von den grossen Garten-Bappelen o-
der den gefülleten Winter-Rosen/wie auch
etliche Bluhmen von Mohn-Sahmen/die
schwartz scheinen/ wenn man sie aber recht
betrachtet/sind sie nicht eigentlich schwartz/
sondern gar tunckelbraun / und hat es fast
das Ansehen/ als wann die Natur ein Abscheu für der schwartzen Farbe trüge / in
deme sie weder Kräuter noch Bluhmen/die
gantz vollenkömlich schwartz sind / herfür
bringet/ wie hievon die Physici oder Na-
turkündiger gar feine Gedancken haben /
von welchen ein mehrers zu erwähnen auf
dieses mahl allzuweitläufftig fallen würde.

Was aber die grühnen Tulipen an-
langet / fält mir dabey ein / was der weiland
land hochgelahrter Herr Doctor Laurenberg in seinem Apparatu plantario primo
davon gedencket/ wenn er schreibet : Ich
habe auch gehöhret / daß etliche grühne
E iij   Tuli-

Tulipen haben / Ich aber habe noch niemahlen eine gesehen/die gantz grün/zeitig/
oder vollenkommen reiff/ in ihrer stärckeste
Blühte und beständiger Farbe gewesen.
Sonsten weiß ich wol/ daß alle Tulipen/ja
auch alle andere Früchten und Bluhmen/
wenn sie erstlich herfür kommen / der grünen Farbe theilhafftig sind. Zwar habe ich
wol grüne Tulipen in meinem Garten ge-
habt/ aber keine frühezeitige/noch auch kei-
ne/ so gantz und vollenkommen grün/ sondern mit einem rohten auch wol purpurfarben Rande/oder Saum gezieret. Und
dieser des seligen Herren Laurenberges
Meynung von den grünen Tulipen muß
auch ich Beyfall geben / denn die Bluhmen oder Tulipen/ die man grün nennet/
haben eben also/wie er davon schreibet/bey
mir geblühet. Unterdessen ist es fast unmöglich / die unterschiedliche Arten der
Tulipen / so viel ihre Farben betrifft/recht
und gründlich können wissen/denn etliche
haben nur einerley/etliche zweyerley / etliche dreyerley/etliche mancherley Farben /
unter welchen jedoch einerley die rechte
Grundfarbe / als weiß= rohr oder gelb ist.
Ich wil hie nicht sagen von den jenigen
                                     Tuli-

Tulipen/ da auß einer Zwiebel drey / vier/
ja wol fünff Stengel wachsen / derer jed=
weder seine Bluhme herfür bringet / die
gleichwol nicht allemahl gantz vollenkom=
men gefunden werden.

Dieser Tulipen=Discurß läst sich wol
höhren/ sprach der Gärtner/ ich möchte a=
ber nun wol wissen/ welche unter den Tuli-
pen/ der Herr Palatin für die schätzbahre=
ste und allerbeste hielte / dann hievon sind
bey den Herren Tulipisten unterschiedliche
Meynungen? Das weiß ich zwar so eben
nicht zu sagen/ mein lieber Jacob/ antwor=
tete der Rüstige/ die jenige Tulipen aber /
welche ich bißhero in meinen Garten ge=
habt / zum Theil auch noch habe und für
absonderlich schön und kostbar schätze /
sind etwa nachfolgende/ als Semper Augustus, welche gewißlich eine herrliche Bluh-
me/ wie wir allhie für Augen sehen/ dest ferner der Viceroy, der Admiral von Hoorn/
Gouda, Brandenburger / Saybluhme/
welche auch über die Massen schön/ Je länger je lieber / die bißweilen drey Bluhmen
aus einem Stengel herfür bringet/ General Neuländer / Jean Gerritzen / Jean
Symens/ frühe gebigareerde Branssor /

E ij   Ou=

Oudenaers/Gent/Mandelbluhme/ weiſſe
Krohnen/ welche meines Wiſſens / unter
allen Tulipen ſich am meiſten vermehren/
geflügelte Kornaet/Nous Witt/Gelb und
Roht von Leiden/ Schweitzer/ welches eine ſchöne / groſſe und Reale Bluhme iſt/
der Außruff / Kiſtenmacher / Schilders /
Goliath/ gelbe Krohnen/ welche / ob ſie
ſchon zimlich gemein / und ſich faſt ia ſo
häuffig / als die weiſſe Krohnen vermeh-
ren/ auch mehrentheils die letzte ſind/ſo da
blühen/ich doch gleichwol mit unter die allerſchönſte Tulipen rechne/ Gebießde/Ko-
renhart / Palto / Pio / Strohgelb / rohte
Beet/Admiral de Mann / Plump ſonder
arg/ Kaprikornus/ gülden Laken / ſilberne
Laken / und noch etliche andere / welcher
Namen mir ietzt ſo geſchwinde nicht wollt
einfallen. Das ſind mir ja wunderliche
Namen/ ſagte der Gärtner/mich wundert/
wie die Tulipiſten ſelbige noch alle behalten
können. Dieſe/ antwortete der Rüſtige/
die wir ietzt nahmkündig gemacht / laſſen
ſich endlich noch wol behalten / wenn man
aber die Bücher / welche die hocherfahrne
Botanici oder Kräuter-Verſtändige ge-
ſchrieben/anſiehet/ ſo findet man ſo mancherley

cherley Nahmen und Unterscheid der Tuli-
pen/ daß man fast nicht weiß / wie man
sich darein sol schicken. Ich wil hie nicht
sagen von dem Pinax des hochgelehrten
Bauhinus , man sehe nur an den Catalogum oder die Verzeichnisse der Kräuter und
Bluhmen/ welche in dem Garten der Ho-
hen-Schul zu Gröningen gefunden wer-
den/ wie selbigen Catalogum der fürtrefflicher und weitberühmter Botanicus , Hen-
ricus Münting, der Artzney Doctor und
Professor daselbst hat herauß gegeben / in
welchem zwar kleinen/ aber viel in sich be-
greiffenden Büchlein/ allein von Tulipen
fast zweyhundert unterschiedliche Arten
werden gezehlet/ derer etliche so seltzahme
und fremdde Namen haben / daß man
schwehrlich kan erachten / woher sie doch
dieselbe anfänglich bekommen/ wiewol ich
dafür halte / daß viele Tulipen nach den
jenigen/ die dergleichen von Art / Gestalt
und Farben erstlich in ihren Gärten ge-
habt/ sind genennet worden/ denn/ wenn
einer Elzevier/ Korenhart / Pottebacker/
von der Eyk/ Jan Simensen/ Jan Peter-
sen/ oder sonst geheissen / und ohngefehr
eine gar schöne und vielleicht noch un-

E v   bekandte

bekandte Bluhme in seinem Garten herfür kommen/ so müste sie alsobald nach des
Besitzers Namen getauffet werden. Daß
man aber unter den Tulipen so viel Generals und Admirals hat / als Generalis-
simus, General Rohtgans/ General Re-
ctor, General de Man, General Catlein,
General Goliaht, General Duick, General Korenhart, Admiral von Holland/Ad-
miralvöEnckHuisen/AdmiralLyon,Admi-
ral de Mann, AdmiralNieûweländer/Ad-
miral von Hoorn/ Admiral von Wjen /
Admiral Jacot/ Admiral de Pellegrim,
Admiral de France, Admiral de Ryp,
Admiral Kijnties, und wie die Admirals
und Generals alle mehr heissen/ kan ich so
eben nicht wissen/stehe aber in den Gedan-
cken/daß mancher/wann ihme daß Glück
eine so schöne Bluhme bescheret/er für Liebe /. die er zu solcher seiner neuen Gebuhrt
getragen/und für Freuden nicht gewust /
was für einen herrlichen Namen er derselben geben wolte/biß er endlich Generalen
und Admiralen darauß gemachet / welche
Namen / nachdem sie erstlich in die Tulipen - Chronic oder Register verzeichnet /
nachgehends auch also behalten worden.

Die-

Dieses alles kan sich also begeben haben/
antwortete der Gärtner / unterdessen muß
man gleichwol auffrichtig bekennen / daß
die Tulipe eine recht schöne Bluhme sey /
daran in Betrachtung so mancherley Ar-
ten/Gestalt und Farben/Gottes Wunder
und Wercke klährlich zu erkennen/dahero
ich mir offt die Gedancken gemachet / daß
es fast nicht möglich wäre / daß ein so tref-
liches Gewächß nicht auch einige Krafft
oder Würckung in der Artzeney solte haben.
Freylich mein lieber Jacob / versetzete der
Rüstige / würde man in dieser herrlichen
Bluhme ungemeine Würckungen finden/
wann man dem Dinge nur etwas fleissiger
wolte nachtrachten / wie mir denn ein sehr
lieber Freund bekand ist/der aus der Wur-
tzel/Kraut und Bluhmen ein Saltz gemachet / welches in einer gar beschwerlichen
Kranckheit / die ich zu diesen mahle nicht
nennen wil / das jenige verrichtet / so ich
nimmer hätte geglaubet. Sonsten hat
man schon für vielen Jahren / (wie auch
solches der Edler Herr Laurenberg erinnert)die Zwiebelen von den Tulipen in der
Küche/oder zur Speise zu gebrauchen an-
gefangen/wie sie denn ein gar anmuhtiges

Eſſen geben / welches nicht allein dem
menſchlichen Leibe eine gute Nahrung
mittheilen ; Sondern auch den alten Venus Rittern/die ſich bey ihren jungen/ſchö-
nen Weibern gerne wolten beliebet ma-
chen/ trefflich wol ſol bekommen / zu dem
Ende werden die Bulben oder Zwiebeln /
entweder unter der Aſche gebrahten/ oder
auch in Waſſer gekocht/ mit Eſſig / Oehl/
Saltz und Pfeffer zubereitet / und alſo zu
Tiſche gegeben / und hat man erfahren/
daß etliche gefunden worden / führnehm-
lich in den Niederlanden/ die jährlich gantze Morgen-Landes mit Tulipen-Sah-
men beſeet / daß ſie mit der Zeit die Zwiebeln können heraus nehmen/ nicht / daß ſie
dieſelben zur Luſt in die Gärten wolten
verſetzen/ſondern/wie wir gleich ietzt haben
erwähnet/zur Speiſe/ die ſie für gar nied-
lich und Delicat halten/ möchten gebrau-
chen/ wiewol die jenige / die ſolches thun /
von dem hocherfahrnen Petro Hondio ,
als welcher die Tulipen-Zwiebel nicht das
geringſte mehr oder beſſer ſchätzet / als eine
Rübe/womit man den Bauch füllet/ fein
höfflich beſpottet und ausgelachet werden.
Meines Bedünckens/ ſagte der Gärtner/

hat

hat er auch recht hierzu/ denn / wer wolte
nicht lieber in den warmen Sommerta-
gen / da es mit den frischen Speisen keine
sonderliche Art hat/ eine Schüssel voll gu-
ter/frischer Buttermilch/ und Stück vom
wolgerducherten Schincken / als einen
Hauffen gebrahtener Tulipen-Zwiebeln /
und wenn sie auch von dem besten frantzö-
sischen Koch alamodissimè zugerichtet oder
gerostert wären/ zu sich nehmen; Ich halte dafür/ daß die Tulipen nicht der Speise
halber/sondern wegen ihrer schönen Bluhmen / billich geliebet und gelobet werden /
solten nun die Zwiebelen in der Artzeney
auch das ihrige thun / wären sie noch viel
höher zu schätzen. Aber mein Palatin sage
mir doch/ hat man auch noch neulich etliche sonderbahre Arten der Tulipen erfun-
den/ denn/ wo mir recht/ so ist unlängst bey
einem Bluhmen-Discurs fürgefallen / als
wenn eine neue / und vorhin nie gesehene
Art von Tulipen/ aus Syrien in unserem
Vaterlande ankommen / und bereits
blühend wäre gefunden worden? An-
fangs zwar habe ich vermeynet/ daß es etwan die Persianische Tulipa sey / welche
eine gar kleine Zwiebel hat / kaum so groß
als

als eine Haſelnuß / dieſe Zwiebel iſt ſchier
gantz rund / hat eine harte / außwendig
ſchwartze / inwendig rauhe Haut oder
Schahle/und ein ſchneeweiſſes Fleiſch. Die
Bluhme hat 6. ſchmahle Blätter/ wovon
die 3. äuſerſte ſpitzig zugehen/ ſind weiß und
roht / die 3. inwendige ſchneeweiß / daß
Köpffgen iſt gelb/ und ſtehet dieſe Bluhme
auff einem gar ſchmahlen oder ſubtilen
Stengel/ ich verſpühre aber/ daß dieſes nicht
die Bluhme aus Syrien ſey/ denn mir dieſelbe für dreyen Tagen/ von einem gelehrten Manne gantz anders beſchrieben worden? Ich höhre wol/ mein lieber Jacob /
antwortete der Rüſtige / was dieſes für
eine Tulipa ſey/ wovon ihr ietzo redet : Es
wird dieſelbe genannt Tulipa von Alepo/
einer groſſen und fürnehmen Handel-
Stadt in Syrien gelegen. Dieſe Bluhme
wird gar artig von dem Edlen und Hochgelehrten Herrn Leonhardo Urſino, der
Artzney fürnehmen Doctorn, hocherfahrnen Botanico/ und der Phyſiologiæ publi-
co Profeſſore auff der weltberühmten Hohen Schuhl zu Leipzig beſchrieben / und
iſt es der Mühe wol wehrt/ daß ſeine Worte / wie er dieſelbe in lateiniſcher Sprache
da-

davon auffgesetzet / ins Teutsche gebracht
und allen Gärtnern/ Bluhmen-Liebhabe-
ren/ sonderlich auch den jenigen / die der lateinischen Sprache unerfahren / allhie an-
gefüget werden. Den Eingang seiner
Rede von dieser Tulipen von Halepo/ma-
chet Er von vier unterschiedlichen/ hochge-
schätzeten Pflantzen oder Gewächsen/wel-
che immer eine nach der andern herfür kommen und unsere Garten herrlich außzieren/
als da sind die Tulipen / welche im April-
len/ die Rose so im Maymonath/ die Lilie
welche im Julio oder Brachmonath/und
die Neglein / welche im Julio oder Heu-
monath auf das herrlichste blühen. Hierauff beschreibet er nun die Tulipe und zeiget erstlich an / wovon dieselbe ihren Namen habe/ nehmlich von einem türckischen
oder dalmatischen Huhte / dessen Gestalt
sie etlicher massen fürbilde/darnach kommet
er auff die unvergleichliche Schönheit und
grossen Unterscheid derselben / und erwei-
set aus dem Bauhino , daß über zweyhun-
derterley Arten von Tulipen gefunden
werden. Ferner schreibet Er von der
blauen Tulipen / daß man nehmlich mit
dem seligen Herren Laurenberg hinführo
nicht

nicht mehr zweiffelen dörffe/ ob ſelbige bey
einigem Bluhmen-Liebhaber zu finden /
angeſehen/ dieſelbe zu Leibzig in Horto
Hammeriano oder in dem Hammeriſchen
Garten ſo wol von Frembden als Inwoh-
nern ſey geſehen/ ja auch von Leipzig/ nach
Rom in den Päbſtlichen Garten ubergbe-
bracht worden.   Hilff Gott/ was höhre
ich/ ſagte der Gärtner / iſt denn die blaue
Tulipa wahrhafftig in Teutſchland fürhanden? Gewißlich mein Herr Palatin ,
dieſe rare Bluhme zu ſehen/ wolte ich gerne zehen Meilweges zu Fuſſe lauffen. Und
ich / meines Theils / ſagte der Rüſtige /
wolte euch gerne Geſellſchafft leiſten/denn
ich lieber eine blaue Tulipe im Garten/als
hundert tauſend gerüſteter Feinde im Felde ſehen wolte.   Aber / wir müſſen fortfahren / und ferneren Bericht wegen der
Halepiſchen Tulipen von unſerem hocherfahrnen und ſehr fleiſſigen Herren Docto-
re Urſino einnehmen. Nachdeme Er von
der Perſianiſchen Tulipen etwas gemel-
det/ wie dieſelbe in unterſchiedlichen Gärten zu Leipzig wachſe und blühe /kommet er
endlich auff die Tulipa von Halepo/welche
Er auch Tulipam Bombycinam nennet.

Der

Der grundgelehrte Herr Bauhinus tauffet sie mit dem Nahmen der kretischen Tulipen. Diese Bluhme nun / schreibet mehr volgemeldter Doctor Ursinus, sey ihme für 3. Jahren / unter dem Namen Tulipa von Halepo und Perisene zugeschicket / habe aber / nach deme die Wurtzel oder Zwiebel schadhafft worden / und sie den Sommer darauff gantz vergangen / weder Blätter noch Bluhmen herfür gebracht. Er habe aber diese Bluhme nach der Zeit wieder bekommen / da sie sich so wol an dem Stiele und Blätteren als der Bluhmen selber gantz wunderbahrlich erwiesen. Was nun den Namen dieser Tulipen betrifft / so zeiget er an / daß sie denselben von der weitberühmten Handel-Stadt Bambice in Zelesyrien gelegen / sonst Hierapolis, von Syrern Magog / heute zu Tage Alepo-genannt / woselbst ein fürnehmer türckischer Bassa Hoff hält / habe bekommen. In dem Parisischen Catalogo, Register oder Bluhmen-Verzeichnüsse sol diese Bluhme unter dem Namen Tulipa Perisenes, in die grössere und mittlere unterschieden werden. Schwartzius in seinem Bluhmen-Buche / stellet diese Bluhme in einer frölichen /

chen/ lebendigen braunrohten Farbe für /
welche mancherley Grund und einen weiß=
lichten Rand habe. Die Zwiebel/ſchrei=
bet ferner unſer hochberühmter Urſinus ,
habe eine gar dünne und gleichſam durch=
ſcheinende äuſere Haut oder Schahle/ wie
denn die alleredelſte Tulipen ins gemein ei=
ne ſolche haben/ inwendig iſt dieſe Schahle
rauh oder etwas wollhafftig / faſt wie die
Kaſtanien = Schahlen innerlich ſind be=
ſchaffen. Der Stengel/ wenn er erſtlich
herfür kommt/ iſt wider aller anderer Tu=
lipen Art oder Natur röhtlicht / und dieſe
Farbe behält er biß an den dritten Abſaß
der Blätter/ welche gleichſam auch wie mit
einer ſubtilen oder zarten Wolle ſind über=
zogen. Die Bluhme an ſich ſelber iſt
braunroht/ welches zu latein phœnicius o=
der punicus (ein ander mag es beſſer ver=
teutſchen) wird gegeben / und ſind ihre
Blätter am Rande/ mit rohter Mennie=
Farbe gezeichnet/ und in der Mitte / mit ei=
nem gelblichten Striche unterſchieden o=
der abgetheilet. Iſt alſo dieſe Tulipa von
Alepo ein frühezeitige rohte/ kleine / keinen
Geruch habende / einfache und ſchmahl=
blätterichte Bluhme. Zum Beſchluß ſeiner
Reden

Reden von dieser Zilesyrischen Bluhme
aus Halepo/ vermeldet der Herr Doctor
Ursinus; daß ihme die gefüllete oder hun-
dertblättrichte Tulipa von guten Freunden
sey versprochen. Es ist aber dieselbe jetzo
so gar rar oder selten nicht mehr / angehen sie nicht allein in unserem Hamburg
bey unterschiedlichen Gärtnern/ die damit
handelen / als den wolbenahmten und
Kunstberühmten Herren Hanns Meyland/
Herren Matthias Bökman und anderen;
Sondern auch bey fürnehmen Personen/
Regenten-Geschlechtern und sonst grossen
Liebhabern der Bluhmen nunmehr zu fin-
den/und sol sie in des WolEdlen und Vesten Herren/Herren Paul Klingenbergs/
auff Hanrou und Bustrup Erbherren /
dero Königlichen Mayestätt zu Dennemarck und Norwegen besteltem Admira-
litæts - Rahts und auch wol verordneten
General Post-Directorn, überaus schö-
nen/an der Alster gelegenen Garten so herrlich geblühet haben / daß es mit grosser
Lust und Verwunderung anzuschauen gewesen. Aber wo wolten wir Zeit her nehmen / wenn wir alles das jenige / was
an diesen wunderschönen Bluhmen den

Tu-

Tulipen Merckens würdig/vollenkömlich
ſolten beſchreiben ? Nur dieſes muß ich
zum Beſchluß noch melden / daß dieſe
Bluhme das Wetter abſonderlich inacht
nimpt / denn ſo bald die liebe Sonne herfür komt/ thut ſie ſich weit auf / und em-
pfähet alſo den anmuhtigen Schein mit
einer ſondern groſſen Begierigkeit. So
bald aber die liebliche Sonnen-Strahlen/
von den Wolcken oder Regen zu rücke getrieben oder verhindert werden / ſchlieſſet
ſie ſich feſte zu und ermattet gleichſam / als
weñ ſie über das Abweſen des allerherrlich-
ſten Lichtes ſich ſchmertzlich betrübte. Ich
habe hierüber offtmahls meine (vielleicht
nicht unnütze) Gedancken gehabt / in dem
mir dieſe Bluhme / wie das menſchliche
Hertz eines Gottergebenen Chriſten für-
kommen/ welches/ wenn es von dem edelſten Glantze ſeines allerſüſſeſten HErren
JEſu wird beſtrahlet/ ſich für Freuden öff-
net und gleichſam von lauter rühmlichen
Tugenden blühet. So bald aber dieſes
himmliſche Licht ſich verbirget/ und wie der
Bräutigam im Hohen-Liede Salomo-
nis hinter der Wand ſtehet/ gar elend und
matt wird/ ja über alle maſſen ſehr ſich be-
trü-

rübet/ biß endlich dieſes güldene Licht wiederum auffgehet / und den dicken Nebel
der ſchwehren Anfechtung und innerlichen
Traurigkeit kräfftiglich vertreibet / mit
welchen andächtigen Gedancken/ wir auch
zu dieſem mahle unſere Rede von den Tulipen wollen beſchloſſen haben.

Gewißlich ein feiner Schluß / ſagte
der Gärtner/ der bey Anſchauung der Tulipen mir noch offt wird in die Gedancken
fallen/ und mich der übergroſſen Liebe und
Leutſeligkeit meines Erlöſers/ als des war-
hafften Lichtes/ das je in die Welt kommen
iſt/ alle Menſchen zu erleuchten / tröſtlich
erinneren/ aber laſt uns / wenn es meinem
Herren Palatin alſo gefället/ auch noch andere ſeine Frühlings-Bluhmen betrachten / wie ich denn ſehe/ daß er gar ſchöne
Hyacinten hat/ unter welchen ich die Ori-
entaliſche/ wegen ihres überauß edlen Ge-
ruchs/ ſonderlich hoch ſchätze/ wiewol auch
die jenige / ſo man Trauben Hyacinten
nennet/ und beydes weiß und blau gefunden werden / imgleichen die geſtirnte / oder
Sternen-Hyacinten nicht zu verwerffen.
Ich muß es wol bekennen/ ſagte der Rüſti-
ge/ daß die Orientaliſche Hyacinten ſehr
                                    ſchö-

ſchöne Bluhmen ſind/ ſchauet hie die blaue/
die purpurfarbe und die weiſſe/ wie herrlich
ſie durch einander ſtehen und blühen.
Was aber den Geruch betrifft / ſo iſt die
ſchneeweiſſe hierinn allen andern vorzuzie-
hen/ denn ſie einen ſo edlen Geruch von ſich
giebet/ daß ſie das Gehirn / ja das gantze
Haupt und gleichſam das Hertz ſelber dadurch ſtärcket und erquicket. Gewißlich
dieſe Bluhme iſt wohl wehrt / daß man ſie
mit allem Fleiſſe in den Gärten ziehle/ ſo
wol des köſtlichen Geruchs halber / als
auch wegen des gar ſchönen Anſehens /
womit dieſes liebliche Blühmlein für vielen anderen iſt geſchmücket und begabet.
Der Italiäniſcher Jeſuit Joannes Baptiſta
Ferrarius von Siena, beſchreibet in ſeiner
Flora, und zwar im vierdten Capitel des 2.
Buches den Hyacinthum und deſſen mancherley Arten gantz außführlich / in deme er
anfänglich einen Unterſcheid machet unter
den gezeichneten uñ ungezeichneten/ deñ etliche Hyacintẽ ſind ſchwartz/ etliche roht/ etliche purpurfärbig punctizet/ und vermeinet
beſagter Ferrarius, daß die Hyacinten mit
ihren mancherley Farben/ es auch den vielfärbigen

färbichten Iridibus , Regenbogen oder
Schwertel-Bluhmen zuvor thue. Sonſt
hat dieſes Gewächſe gemeiniglich lange /
ſchmahle Bláter/ faſt wie der Knoblauch/
wie wir allhie für Augen ſehen/ jedoch findet man an den Orientaliſchen viele feiſte-
re und breittere Blätter / auch dickere und
ſafftigere Stengel/ wie nicht weniger gröſ-
ſere/ und mehr auffgeſperrete Bluhmen/ als
an den gemeinen Hyacinten. Und ſehet
doch nur mein lieber Jacob/ die groſſe blaue
Orientaliſche Hyacinte dort für uns ſte-
hen/ wie herrlich glántzet dieſe Bluhme/ faſt
wie der edle Stein/ den man Lapis Lazuli
nennet/ welche eine anmuhtige Farbe hat
ſie/ faſt/ wie die blaue Kornbluhmen/ ſchauet nahe dabey die Violbraun Hyacinten /
welche auch nicht heßlich / nur daß ſie ſo
viel Bluhmen an ihren Stengeln nicht
haben/ als die blaue/ ſehet dort eine andere
Art/ welche röhtlich kommt aus den weiſſen / noch eine andere Hyacint / deren
Farbe in weiß und blau ſtehet/ jedoch wollen wir uns bey dieſer Bluhme nicht zu
lange auffhalten. Neulich ſagte der Gärt-
ner/ habe ich gehöret von der Hyacintho
Peruano, oder von einer Hyacint / welchen

chen man aus West-Indien / und zwar
aus dem Königreiche Peru in unser Euro-
pam gebracht hat / möchte wol wissen / ob
mein Herr Palatin diese Bluhm schon
gesehen? Ja sagte der Rüstige / ich habe sie
gesehen : Es hat dieser viel Stern-blüh-
michter Hyacint dicke Blätter / oder
Laub/ so doch spitzig zugehen / sich auff die
Erde umher spreiten / und einen hellen
Glantz von sich geben. Der Stengel ist
dick/ glatt/ rund/ und stehen an demselben
unzehlig viel kleine Bluhmen / die bald
blau / bald aus dem blauen in Violen-
braun/ bald weißlich fallen / und ist eine
Bluhme die sich wol mag sehen lassen / jedoch ist meines Bedünckens ihr Geruch
mit des Hyacinthi Botryoides Chalcedo-
nii, oder des Träublein Hyacinten aus
Chalcedon bey weitem nicht zu verglei-
chen/ denn diese Bluhme / welche mit einem barbarischen Worte von den Türcken
Muscari wird genennet/ einen solchen edlen Geruch von sich giebet/ daß weder By-
sem noch Ziebeht noch Ambra etwas dagegen zu schätzen. Sonsten habe ich
ohnlängst noch einen anderen Hyacinthum gesehen / der auch aus Indien den
Eu-

Europeern erstlich ist mitgetheilet worden /
derselbe hat eine grosse Wurtzel oder dicke
Zwiebel / welche sehr viel Absätze machet /
und sich dergestalt vermehret / daß man sie
bald gar häuffig kan haben. Diese Zwiebel bringet im Frühlinge grosse / fingerbrei-
te und grüngläntzende Blätter herfür / und
darauff einen Stengel / der anderthalb
Ellen hoch / und wie ein kleiner Finger dick
ist / und an welchem fast unzehlich viel
Bluhmen stehen / welche einen überauß
lieblichen / den Bluhmen an den Pome-
rantzen-Bäumen fast gleichenden Geruch
haben / und / welches wol zu verwunderen /
so siehet man dieselben durch alle Som-
mer-Monahte / biß gar an den Winter
herrlich blühen. Aber die Zeit würde uns
zu kurtz fallen / wenn wir alle Arten der
Hyacinten solten für den Tag bringen /
wie denn der Herr Bauhinus derselben fast
unglaublich viel in seinem Pinax hat verzeichnet / woselbst die Bluhmen-Liebhab-
re selber können nachschlagen. Es müssen
freylich der Hyacinten treflich viel seyn /
sagte der Gärtner / denn / wie mancherley
findet man allein in unseren Gärten / wer
zehlte denn die frembde und außländische /

F   wie

wie auch die zum Theil wild wachſen / all
erforſchen? Aber mein Herr Palatin ver-
zeihe mir doch / daß ich nur noch eines von
dieſer Bluhmen frage: Ich habe bißwei-
len/ wenn gelehrte Leute in unſeren Apote-
cker Garten kommen / und von unterſchiedlichen Bluhmen und Gewächſen allerhand Reden geführet/ acht auff ihre Geſpräche gegeben/ da ich denn einsmahlen
wie ſie etliche ſchöne Hyacinten betrachte-
ten/ von ihnen gehöret// daß der Hyacint
ehemahlen ein ſchöner Knabe geweſen /und
daß derſelbige endlich ſey zur Bluhmen
worden. Ob ich nun zwar leicht kan erach-
ten/ daß dieſes nur ein Mährlein/ möcht
ich doch gleichwol gerne wiſſen / was ſolche Fabul zu bedeuten habe? Freylich iſt es
nur ein poetiſches Gedichte des Ovidius,
ſagte der Rüſtige / welches er im zehenden
Buch ſeiner Verwandelung alſo beſchreibet: Der wunderſchöne Lakoniſche Knab
Hyacintus/ ward zugleich von dem Apollo
und Zephyro oder dem Weſtwinde inni-
glich geliebet/ als aber dieſes ſchöne Kind /
des Apollo Liebe viel höher ſchätzete als des
Zephyrus / iſt derſelbe dadurch zur Eif-
ferſucht bewogen worden. Wie nun der
Knab

Alß abe Hyacintus einsmahlen des Ballen
spielete mit dem Apollo/ hat der Zephyrus
hefftig angefangen zu wehen/ und wie A-
pollo den Ball in die Lufft warff / selbigen
durch sein starckes Hauchen also getrieben/
daß er dem Knaben in den Nacken geflo-
gen/ und ihme denselben elendiglich zerbro-
chen/ worauff Apollo/ dem armen Knaben
zu unsterblichen Ehren und Gedächtnüsse
das Bluht/ so ihme aus der Wunde ge-
flossen in eine Bluhme / welche hernach
auch Hyacintus ist genennet worden/ hat
verwandelt. Eben dieser Poet Ovidius/
erwähnet auch in gedachtem Buche / daß
der gewaltige griechische Krieges-Oberster
Ajax, nach dem er sich selber ums Leben ge-
bracht/ in diese Bluhme/ Hyacinthum sey
verwandelt worden. Es war sonst dieser
Ajax nechst dem Achilles der allertapfferste
unter den Griechen / welcher / als er des
Achilles Waffen begehrte/ der Ulysses aber
durch seine Beredsamkeit dieselbe von den
Richtern erhielte / ist der Ajax darüber
sehr ergrimmet / endlich auch gantz unsin-
nig worden/also/ daß er auch grosse Herr-
den Viehe hat umgebracht/ vermeinend /

daß

daß er sich an dem Ulysses und dessen Gesellen solcher Gestalt hätte gerochen / zuletzt
hat er sich mit seinem eigenen Schwerdte
selber ermordet / von welches Bluht her-
nachmahls der Hyacint ist gewachsen /
und daß diesem gewißlich also sey / wird
zum Beweißtumb angeführet / (welches
lächerlich) daß diese Bluhmen die Hyacin-
ten/ noch biß auff den heutigen Tag in den
Trojanischen Feldern sehr häuffig sollen
wachsen/ welches dann gar wol und leicht
zu glauben. Von dieser Bluhmen/ hat
der Fürst der Poeten / der Virgilius, seine
Rätzel genommen/ wenn er spricht: Man
sol ihm sagen / in was für einem Lande die
Bluhmen wachsen/ worauff der Königen
Nahmen stehen geschrieben / da er denn
seyn Absehen auff die Hyacinten hat / von
welchen die Poeten für gewiß berichten /
daß die Buchstaben Al, Al, klährlich auff
denselben zu sehen/ welche nicht allein den
Namen des Königs Ajax, sondern auch
seine letzte Klage und Heulen/ welches Al,
Al gelautet / sol bedeuten / ist aber ein solcher Hyacint / worinn diese Buchstaben
stehen/ bey uns biß anhero noch nie gesehen worden/ wiewol/ daß sie zu den Zeiten

des

es Virgilius und Ovidius warhafftig sey
gewesen/ von den Gelehrten kaum wird ge-
zweiffelt. Dieses alles läst sich wol höh-
en/sagte der Gärtner/ sonderlich von mir
und meines gleichen/ welche die lateinische
Poeten nicht lesen / viel weniger verstehen
können/wobey wir gleich jetzt/da ich unterschiedliche schöne Narcissen in diesem
Garten finde / von welcher etlichen / wir/
meines Behaltens/ schon in dem vorigen
Märtzen-Gespräche Unterredung gepflo-
gen/einfält/daß die Bluhme/ die wir heute
zu Tage Närzissus nennen / auch ehemahlen ein Knabe sey gewesen/möchte wol wissen / woher doch diese Fabul ihren Uhrsprung hätte? Das wil ich euch mit wenigen erklähren/ antwortete der Rüstige/die-
weil ich verspühre / daß ihr ein sonderliche
Lust dazu habt / und zwar folgender Gestalt : Die Jungfrau Echo hatte sich verliebet in einen Knaben/Narcissus genannt/
welchem sie auch eine geraume Zeit ist nach-
gelauffen/ als sie aber aus Ungedult der so
heißbrennenden Liebe zu verdorren ange-
fangen/ ist sie endlich in eine Stimme oder
Schall verwandelt worden so noch heute
zu Tage Echo oder Wiederschall heisset.

F iij Wie

Wie nun der Knabe Narciſſus erwach ſen/
und die Geſtalt und Schönheit ſeines Leibes / von Tage zu Tage zugenommen und
gröſſer geworden / iſt er einsmahlen zu einem mit dem allerlauterſten Waſſer ange-
fülleten Brunnen kommen/ aus welchem
er/als der von übermäſſiger Hitze gantz ermattet war / zu trincken bagehrte / wie er
nun zu dem Ende/ bey dem Bruñen nieder
kriete/und ungefehr ſeine ſchöne Geſtalt in
dem hellen Waſſer erblickete/hat er zu derſelben eine ſolche Liebe und Verlangen be-
kommen/ daß demnach er gar nicht hoffen
konte/ dergleichen übermäſſige Schönheit
ſonſt zu erlangen/ iſt er gleichſam für Verlangen nach ſich ſelber / auch kümmerlich
verdorret und gäntzlich zu nichte worden /
die Götter aber haben aus Barmhertzigkeit
ihn in eine Bluhme verwandelt / welche
den Namen Narciſſus biß auff dieſe gegenwärtige Stunde behalten; Narciſſus
bedeutet einen Menſchen der allzuviel von
ſich ſelber hält.Echo aber heiſſet die Ruhm-
rähtigkeit/welche/wenn man ſie verachtet/
zum Schalle oder Nichtes wird. Liebet alſo die Echo den Narciſſen / das iſt die
Ruhmrähtigkeit den Eigendünckel. Dieſes

ſes ſind trauen gar feine Sachen / ſprach
hierauff der Gärtner / die ſich wol höhren
laſſen/ und ſpühre ich / daß die jenige nicht
unrecht geredet haben/wann ſie geſagt/daß
unter den nachdencklichen Gedichten/ Fa-
bulen und Gleichnüſſen / viel ſchöne und
nützliche Lehren verborgen ſtecken / es wird
aber Zeit ſeyn / daß wir fortfahren in Betrachtung der noch übrigen ſchönen Bluhmen und Gewächſen/ denn ich ſehe / daß
noch ein groſſer Vorraht von denſelben
fürhanden. Freylich haben wir noch viel
Sachen/verſetzete der Rüſtige / ſonderlich
wenn wir uns auch nach dem anderen
Garten verfügen/ da wir denn / wenn wir
die Gewächſe nur ein wenig recht anſehen
und uns davon unterreden wollen / nicht
nur dieſen / ſondern auch noch wol den
morgenden gantzen Tag werden zubringen müſſen / hielte ich es derowegen für
rahtſam / daß ihr erſtlich Mahlzeit hättet
gehalten/ ich für meine Perſon / kan euch
zwar auff dieſes mahl keine Geſellſchafft
leiſten/dieweil ich heute frühe/ eine Bluht-
reinigung zu mir genommen/ wie ich jährlich in dieſer Frühlings-Zeit zu thun pfle-
ge/und/ da muß ich auff faſten/biß gegen

den Abend/alsdenn wollen wir (ob Gott
wil/ eine gute Mahlzeit mit einander eſ-
ſen/ihr aber ſollet alſofort zu Taffel gehen/
denn es ſchon hochMittag/und ſol in meinem Abweſen/meine Haußfrau euch gute
Geſellſchafft leiſten.   Ich bedancke mich
höchlich/ gegen meinen vielwehrten Herren Palatin/ſagte der Gärtner/und verſichere denſelben/ daß ich heute mit Speiß
und Tranck gnugſam bin verſorget/ denn
ich ſchon in der groſſen Herberge hieſiges
Fleckens Mahlzeit habe gehalten. Daran
habt ihr mir warlich einen ſchlechten
Dienſt gethan / antwortete der Rüſtige/
vermeinet ihr denn etwan / daß meine
Land-Küche nicht ſo viel vermag / daß ſie
guten ehrlichen Leuten / wann dieſelbe zu
mir kommen / ein Stücklein zu eſſen dar-
bieten können?Daran iſt nicht zu zweiffe-
len/ſagte der Gärtner/mein Herr Palatin
hat zwar viel Zuſprächens / ſonderlich im
Frühling und Sommer-Tagen / jedoch
weiß man von ihme und ſeiner Eheliebſten/
daß ſie einen jedweden noch wol zu bewir-
ten pflegen / daß ich aber heute ſchon ge-
frühſtücket / ſolches hat die fürnehme Geſellſchafft verurſachet / mit welcher ich bin
an-

nhero kommen. Was sind denn das
ür Leute gewesen/ fragte der Rüstige /
und wie seid ihr dieses Ortes angelanget/zu
Wasser oder zu Lande: Wir sind zu Wasser anhero kommen / sagte der Gärtner/
denn / dieweil das Wetter gut / wir auch
einen Schiffer antraffen / der uns sagte /
daß er des Herren Palatins nechster Nach-
bar/ ja gar auff seinem Hofe wohnete/und
auch dabey versicherte/ daß mein Herr gar
gewisse zu Hause wäre / so habe ich/nebst
den vorgedachten Herren uns in das Schif
gesetzet / und sind mit dem guten Osten-
Winde/ die Elbe also fein und zimlich geschwinde herunter gefahren/ wie wir denn
kaum zwo Stunden unterwegens gewesen. So bald wir nun in die Wedeler
Aue fuhren und an das Land traten/ frag-
ten die frembde Herren nach dem fürnehmsten Wirts-Hause im Flecken/ welches ich
ihnen ohngesäumet zeigete / worauf sie
mich / der ich alsobald Abschied von ihnen
nehmen/ und zu meinem Herren Palatin
mich verfügen wolte/ sehr nöhtigten / daß
ich mit ihnen eintretten und eine Mahlzeit/
die sie daselbsten geschwinde liessen anrich-
ten/muste halten/denn sie sagten / daß aus

gewiſſen Uhrſachen / ſie den Herren Rüſtigen / als ihren groſſen Freund / ſo plötzlich
nicht überfallen wolten.

Mein / ſagte der Rüſtige / wiſſet ihr mir
dieſe Leute / oder nur einen von ihnen /
nicht etwan zu nennen? Mich ſol Wunder nehmen / was es für bekannte Herren
und Freunde ſeyn mögen? Was ihre eigentliche Namen betrifft / ſagte der Gärtner / ſo ſind mir dieſelbe gar nicht bekannt /
habe auch davon nichtes gehöhret / unterdeſſen nenneten ſie ſich gleichwol offt unter einander / aber mit ſolchen Namen / die
mir unmöglich waren zu verſtehen / dieweil
ich dieſelbe aber ſo offt höhrete / und ſie alle
auff ein Ander außgingen / war ich ſo für-
witzig / daß ich mein Schreibtäflein herfür
langete / und dieſelbe auffzeichnete / damit
ich nicht nur meinen Herren Palatin; ſon-
deren auch ins künftige / anderen ehrlichen
Leuten Bericht geben könte / wie dieſe fürnehme Perſonen / die mir ſo wol auff dem
Schiffe / als in der Herberge / alle Gunſt /
Freundſchafft und Höfligkeit erwieſen / etwa geheiſſen / und / daferne ich nur im
Schreiben nicht gefehlet / ſo hieſſe einer /
den ich für den Fürnehmſten anſahe / Inge-
nian-

niander, der ander hieſſe Artiſander, und
der dritte Phœbiſander, waren anſehnli=
che/ beredete und wolgekleidete Leute/ derer
jedweder einen Diener bey ſich hatte / und
bin ich der Meynung/ daß ſie wol bald an=
hero kommen werden. Hilff lieber Gott/
ſagte der Rüſtige / was bringt ihr mir da
für eine angenehme Zeitung? Es ſind dieſe
3. brave Männer/ weitberühmte Mittglie=
der des hochlöblichen, Elbiſchen Schwah=
nen Ordens/ und/ damit ihr wiſſen möget/
was für eine lobwürdige Geſellſchaft euch
dieſen Tag hat bewirtet/ ſo verhalte ich euch
nicht/ daß der Herr Ingeniander der Röm.
Käyſerl. Maveſt. fürnehmer Bedienter /
auch Chur=Pfaltz und Fürſtlicher/ Wür=
tenbergiſcher Kammer=Raht/ der Artiſan=
der , ein wolbenamter Bürger / in der
Käyſerlichen Reichs und=Wahl=Stadt
Franckfurt am Mayn / und ein weltbe=
rühmter / groſſer Künſtler/ der Phœbi=
ſander aber ein hocherfahrner/ und ſon=
derlich auff der Laute fürtrefflich geübeter
Muſicus ſey/ und / wiewol ich mit dieſen
wackern Leuten unterſchiedliche Briefe ge=
wechſelt/ kenne ich doch unter ihnen keinen
eintzi=

eintzigen von Angeſicht/ als nur den edlen
Artiſander, welcher mir für etlichen Jahren die Ehre erwieſen/ daß er mich an dieſem Orte hat beſuchet / worüber ich mich
von Hertzen erfreuet / da er dann auch ein
ſolches Merckmahl ſeiner herrlichen Kunſt
hinter ſich gelaſſen/daß ſeiner ſo leicht nicht
wird vergeſſen werden. Aber wir müſſen
hie nicht viel Redens mehr machen / meine
Schuldigkeit wil ſeyn / daß ich alſobald
meinen Diener zu ihnen ſchicket oder auch
die Freude / welche mir ihre Anherokunfft
verurſachet deſto klährlicher zu erweiſen /
ſelber zu ihnen in die Herberge gehe / und
ſie nöhtige / daß ſie doch bald in meine
ſchlechte Schäffer-Hütten mit mir einkeh-
ren/ich wil Fleiß anwenden/ ob ich ſie dergeſtalt könne bewirten/daß ſie ſich ihrer Anherokunfft nicht gereuen laſſen/wiewol für
mich / die allerangenehmſte Erluſtigung
ſeyn ſoll / die hochvernünfftige Geſpräche
ſo dieſe tapffre Leute / Zweiffels frey führen
werden.

So bald der Rüſtige dieſes geſaget /
gieng er mit ſeinem Jacob zur Garten-
Thür herauß / des Vorhabens mit dem-
ſeben nach der Herberge zu ſpatzieren / ſie

waren aber kaum fünff Schritte fortge-
tretten / da ſahen ſie ſchon obbeſagte drey
Herren auff des Rüſtigen Hofe ſtehen /
worüber er auf ſich ſelber halb zornig ward/
daß er ihnen mit Höfligkeit nicht war zuvor kommen/ging ihnen deßwegen eilends
entgegen / und hieſſe ſie alle von Hertzen
wilkommen ſeyn / erfreuete ſich ihrer guten
Geſundheit und Wolergehens/von gantzer Seelen wünſchend/daß der Allerhöchſte ſie noch viele liebe Jahre dabey erhalten
wolle. Die angekommene neue Gäſte be-
danckten ſich höchlich / bezeugten daneben-
benſt mit vielen höflichen Worten/wie angenehme es ihnen wäre/daß ſie den Rüſtigen annoch bey gutem Wolſtande ſehen
und finden möchten/ wünſcheten hinwieder Ihme und ſeinem gantzen Hauſe/ alle
Gedeyligkeit und Wolfahrt beydes an
Leibe und der Seelen/ und wuſte ſonderlich der Herr Artiſander kaum Worte genug zu finden/ wodurch er ſeine Vergnügung ſattſam könte an den Tag geben /
welches guten Theils daher rührete/daß er
bereits eine gute Zeit hero mit dem Rüſtigen bekannt geweſen / auch für etlichen
Jahren perſönlich mit ihme war umgan-
gen

gangen/ dahero die Gedächtnüſſe ihrer damahligen Vertrauligkeit ſich dergeſtalt in
ihnen beyden wieder erneuerte / daß ſie
gleichſam für Freuden einander üm den
Halß fielen/ und als hochvertraute Freun-
de/ ſich hertzeten und küſſeten kaum ſonder
Trähnen / biß der Rüſtige ſie ſämptlich
erſuchete / daß ſie doch mit ihme in ſeine
ſchlechte Behauſung tretten/ und daſelbſt
eine geringe Bewirtung für Willen nehmen möchten. Worauff der Herr Artiſander ſich und ſeine Mitt-Geſellen höf-
lich entſchuldigte/ fürwendend / daß bey
dieſer ſchönen Frühlings-Zeit / und ſo angenehmen Tagen / als der gegenwärtige
wäre / nirgends wo beſſere Luſt als in den
Gärten zu finden. Mein Herr Palatin
wird ſich annoch zu entſinnen wiſſen /
ſprach er / daß wie für etlichen wenig Jahren / ich / nebenſt anderen guten Freunden ihn dieſes Ohrtes beſucheten/ man ſich
am allerliebſten in den warmen Stuben
ließ finden / wie denn an demſelben Ta-
ge/ als ich Abſchied von ihm nahm / und
über die Elbe nach Stade fuhr/ ein ſo grau-
ſames Wetter war von Schneyen/ Stür-
men und Hageln/ daß ich/ auff dem Waſſer
in

in nicht geringer Gefahr ſchwebend/man-
ches mahl wünſchete / daß ich bey meinem
Rüſtigen/ der mich ſo fleiſſig deßwegen er-
ſuchet / zu Wedel wäre geblieben. Dazumahl war es eine ſolche Zeit / daß man
die Gärten wol unbetretten ließ / dieweil
man mehr Eißzapffen ſahe an den Däche-
ren hangen/als Bluhmen in ihrer Zierde
ſtehen/ ſol mir derowegen lieb ſeyn/ wenn
mein Herr mich und meine Gefährten /
nicht zur Stunde in ſeine Behauſung/ ſondern anfänglich in ſeine Gärten wird füh-
ren/ denn ich ihn verſichere/ daß keiner unter uns/ der nicht ein ſonderbahrer Liebhaber der Gärten ſey/ wie ich dann der gäntzlichen Meynung bin / daß kein edles Gemüht die Gärten (als worinn des groſſen
Schöpfers vielfältige Wunder und Wercke ſo klährlich zu ſehen) etwan haſſen
könne. Dem iſt zwar nicht anders/ ſprach
hierauff der Rüſtige / mein lieber Herr
Artiſander, und mag ich auch gern / wenn
ein ſchönes Wetter und anmuhtiger Tag
iſt/ mit guten Herren und Freunden in
Gärten mich beſprechen / denn ich mir
einbilde/ daß die Geiſter hiedurch in unſern
Leibern gleichſam erfriſchet und auffge-
munn-

muntert werden / wil demnach hertzlich
gern ihren Begehren ſtatt geben / und ihnen den Weg zeigen / ſie werden mir ohn-
beſchwert folgen / ſage es ihnen aber vorher /
daß ſie eine ſolche Luſt und Vergnügung /
wie ſie vielleicht in meinen Garten vermuh-
ten / bey weitem nicht finden werden.
Hierauff eröffnete er die Thür / und führete ſeine liebwehrte Herren und angenehme
Gäſte hinein / mit einem ſchertzhafften Gelächter zu ihnen ſagend : Hie kommen ſie
in ein rechtes Paradiß / denn gleich wie in
jenem Paradiß / das unſeren erſten Eltern
von Gott zur Wohnung verordnet worden / alles ſchlecht und recht geweſen ; Alſo
findet ihr es hundertmahl ſchlechter in meinem Garten / ihr ſehet hie eben ſo wenig
ſchöne Portalen / mit allerhand Farben
geziehrte Pfähle und Latten / bemahlete
Stäbe mit vergüldeten Knöpffen / künſtlich gemachte Perſpectiven und andere
Schildereyen / verborgene Waſſerkünſte /
vielerhand Bilder von Steinen / Gips o-
der Kupffer / und was mehr zum Schmuck
von den Reichen in die Gärten wird geſetzet / als in deme / von Gott ſelber angelegten Paradiß / welches nicht die Kunſt /
ſon-

ſondern bloß die Natur hatte außgeſchü-
cket. Verzeihet mir hochgeehrte Herren/
dieſe meine etlicher maſſen hinckende Ver-
gleichung/ ich wil nur ſo viel ſagen / daß ſie
in meinem Garten anders nichtes ſehen/
als was ſchlecht und recht iſt/ die Spatzier-
Gänge von groben höltzern Pfählen und
Bügeln auffgerichtet / und mit Johan-
nis-Beeren Stauden/ Syringen/Kirſch-
Bäumen und dergleichen bedecket / die
Roſen-Stauden ſehen ſie ebenmäſſig an
ſchlechte ungefärbte Latten gebunden / wie
auch die Weinreben. Die Bluhmen-
Gärten haben zwar ihre feine und mit
Buchsbaum außgeſetzete Munſter / wie
dann auch die groſſe Bette / worauff allerhand Gewächſe/ ſo in die Küche dienlich /
gepflantzet werden / mit feinem / ebenge-
ſchnittenem Buchsbaum ſind befäſtiget /
das Luſt-Häußlein auch mit den ſehr wol-
riechenden Syringe bedecket/an Schmuck
und Zieraht aber/ welches die Kunſt geben
muß/ finden meine Herren allhie nichts /
denn/ es iſt mir gleichſam angebohren/daß
ſo ſehr ich die Reinligkeit in Häuſern und
Gärten liebe; So feind bin ich aller Up-
pigkeit/ ſonderlich / wenn ſie dem Beſitzer
zur

zur Hoffart/und dem armen Neben-Chri-
ſten zum Schaden gereichet. Ich ſehe
dieſes Falles nicht auff ſolche zufällige Sa-
chen/ſondern trachte dahin/ daß ich allerhand ſchöne Gewächſe/ Kräuter / Bluh-
men/ Bäume/ Stauden und dergleichen
edle Geſchöpffe / welche uns des Schöpffers unaußſprechliche Güte/Allmacht und
Wunder häuffig fürſtellen und zu deſſen
Erkäntnüſſe / Anruffung / Lobe und
Danckſagung kräfftiglich anreitzen/in dieſen meinen von der Kunſt ſchlecht gezier-
ten Gärten haben und ruhig beſitzen möge. Mein Herr Palatin thut wol daran/
ſagte Herr Phœbiſander, daß er ſolche und
dergleichen Eitelkeiten wenig achtet/ den/
ob man zwar groſſen Herren und reichen/
fürnehmen Leuten es nicht kan verübelen /
daß ſie ihre Gärten dergeſtalt außſchmü-
cken und deroſelben Anmuhtigkeit / mit
herrlichen Luſt-Häuſeren / Teichen oder
Weihern/ Grotten oder Luſthöhlen künſtlich geſchnittenen und behaueten oder von
Gips gegoſſenē Bildern/ prächtigen Portalen zierlich geſchilderten und vergüldeten
Stäben/herrlichen Perſpectiven / und anderen dergleichen Sachen noch luſtiger
und

und ſchöner machen ; So laſſe ich mich
noch bedüncken/ daß es eine groſſe Sünde
ſey/ wo man ſolche übermäſſige Unkoſten
auff die Gärten wendet / und läſſet unterdeſſen den armen Lazarus Hunger und
Noht leyden/ denn/ wie wil man doch das
immer verantworten / daß man auff die
todte Bilder/ ſo nur von Menſchen Händen gemachet/ offt etlich hundert/ oder/ wie
manchesmahl in Welſchland auch von
dem allerheiligſten Vatter und ſeinen Car-
dinälen geſchiehet / viel tauſend Tahler o-
der Ducaten wendet/ und läſſet immittelſt
die lebendige Bilder Gottes/ als zu deſſen
Ebenbilde ſie erſchaffen / jämmerlich verderben und verſchmachten? Wenn aber
groſſe Herren und reiche Leute / milde und
freygebig gegen das liebe Armuht ſind/ und
ſich für allen Dingen / mit dem ungerech-
ten Mammon Freunde machen; Als denn
kan ihnen die vorerwähnte Luſt in ihren
prächtigen / und zierlich angelegten Gärten wol gegönnet werden. Eben der
Meynung bin auch ich / ſagte der Herr
Artiſander, unnöhtige Koſten anwenden/
und in Sachen / die faſt nirgends zu
nützen / einen Uberfluß wollen ſuchen/
iſt

iſt vielmahls unverantwortlich / es iſt doch
nichts ſchöners / als das / ſo die Natur machet / wenn man aber derſelben / vermittelſt
der Kunſt zu Hülffe kommt / kan man ver-
wunderliche / ja faſt unglaubliche Dinge
fürſtellen. Immittelſt bleibets dabey /
daß ein vernünfftiger Liebhaber der Weißheit / einen Garten / der fein ſchlecht und
recht iſt eingerichtet / mit allerhand ſchönen Bluhmen / nützlichen Kräutern
und fruchtbaren Bäumen bepflantzet /
und fein ſauber dabey wird gehalten / offtmahls viel höher ſchätzet / als die prächtig-
ſten Paradiſe / welche oberzehlter maſſen /
mit allerhand theuerbahren Kunſtſtücken
ſind geziehret. Inzwiſchen daß dieſe Herren von ſolchen und dergleichen Sachen
ihre Geſpräche hielten / ging der Herr Ingeniander mit dem Gärtner herum / beſahe
die viel- und buntfarbige Tulipen / Hyacinten / Narziſſen und andere ſchöne Frühlings-Bluhmen / ſonderlich hatte er ſeine
Luſt an den frembden und außländiſchen
Gewächſen / welche in Zuberen ſtunden /
und den Winter über ihr Quartier im Keller gehabt hatten / kehrete doch endlich wieder zu der Geſellſchafft und ſagte: So viel
ich

rch ſpühre/ hat unſer Palatin ſeine höheſte
jeitliche Ergetzligkeit / an dieſen anmuhtigen Geſchöpffen Gottes/und glaube ich /
daß er ſeine Bluhmen und Gewächſe lieber habe / als mancher ſein Weib. Das
glaube auch ich gar leicht/ſagte Artiſander,
ſonderlich wenn das Weib/an ſtatt / daß
ſie eine freundliche und vernünfftige Abi-
gail ſeyn ſolte / eine durchtriebene Höllen-
fromme Xantippe iſt/ denn / da gebe man-
cher/ ob er gleich noch ein ſo groſſer Liebhaber der Kräuter und Bluhmen/ ſeinen
gantzen Garten üm/ daß er von einem ſolchen Ungeheur erlöſet und befreyet würde.
Wir ſchertzen zwar / ſagte Ingeniander ,
ich halte aber dafür/ daß im Schertz manchesmahl die ernſtliche Wahrheit wird
geredet / unterdeſſen halte ich es für keine
ſchlechte Tugend/wenn ein freyes Gemühte mit ſolchen Dingen ſich beluſtiget/wel-
che uns des ewigen Schöpffers unaus-
ſprechliche Allmacht/Güte/ Weißheit und
Barmhertzigkeit ſo klährlich für Augen
ſtellet. Ich kan es nicht in Abrede ſeyn /
ihr meine großgünſtige Herren Geſell-
ſchafftere/ſagte der Rüſtige/daß die Kräu-
ter/ Bluhmen und Gärten = Gewächſe./
mein

mein Gemühte über die Maſſe ſehr beluſti-
gen/bin gleichwol nicht der Meynung/ als
wenn keine Ergetzligkeiten mehr gefunden
würden/denn es heiſſet ja nach dem alten
Sprüchworte: Trahit ſua quemq; volu-
ptas, ein jedweder hat ſo ſeine eigene Belu-
ſtigung/ dieſen gefällt das Jagen/dem an-
bern das Reiten/ dem dritten das Fechten/
dem vierdten das Tantzen / dem fünfften
das Spielen /und ſo fortan / wiewol ich
für meine Perſon keine wahre Ergetzligkeit
eines Kunſt-und Tugendliebenden Gemühtes / in allen dieſen Ubungen kan finden.   Und ich trauen auch nicht / ſagte
Artiſander, bin der gäntzlichen Meynung/
daß man ein viel edlers und beſſeres Könne haben / wann man nur recht betrach-
tet/ was das eigentlich ſey / daß ein ehrli-
ches Kunſt-und Tugendliebendes Gemühte recht könne beluſtigen.   Was das
wäre/möchte ich wol wiſſen / ſagte Phœbiſander, jedoch halte ich dafür/ wir werden
ſchwehrlich einerley Meynung haben/
das würde faſt unmöglich ſeyn können /
ſagte der Rüſtige/ denn / wenn ich dieſe
Frage ſolte fürſtellen: Welche doch die alleredelſte Beluſtigung Kunſtliebender

Ge-

Gemühter wäre/ so würde der Herr Ingeniander dieses/ Herr Artisander ein an-
ders/ Herr Phœbisander abermahl ein an-
ders/ und ich vielleicht gar etwas sonder-
liches auff die Bahn bringen/ und würden kaum unser Zweye einerley Meynunge haben. Ich hätte wol Lust/ sagte Ingeniander, eines jedweden vernünfftiges
Bedencken auff diese Frage: Welche doch
wol die alleredelste Belustigung kunstliebender Gemühter wäre/ unter uns zu ver-
nehmen/ wenn ich nur wüste/ daß es meinem Herren Palatin/ und unseren Herren
Gesellschaftern nicht verdrießlich fiele. Mir/
sagte der Rüstige/ gäntz und gar nicht/ ich
höhre nichtes lieber als solche Gespräche.
Und ich meines Theils bin bereit/ von dieser
Frage/ mein schlechtes Bedencken gern zu
eröffnen/ sagte Artisander, und ich/ sagte
Phœbisander, kan auch keine andere Erklährung von mir geben. Wolan/ sagte der
Rüstige/ so sind wir ja dieses Falles mit einander eins/ gefällt es nun meinen hochgeehrten Herren/ so wollen wir zusammen in
meine Behausung spatzieren/ und daselbst
unserem Gespräche einen Anfang machen.
Wen ich die Wahl haben solte/ sagte Art.

ſo wolte ich bey dieſer anmuhtigen / ſchönen Zeit viel lieber im Garten als im Hauſe ein Geſpräche halten/ denn / wir haben
nicht allein hieſelbſt eine herrliche Augen-
Luſt/ ſondern das Gehöhr wird auch ja ü-
alle Maſſe wohl vergnüget/ angeſehen faſt
kein Winckel in dieſen Ohrten / da die
nicht weniger ſüß als hellſchreiendeNach-
tigal ſich nicht ſolte höhren laſſen / man
wird ſchwehrlich ſo viel Nachtigallen in
einem Garten bey einander finden.   Ich
bin gar wol zu frieden/ ſagte der Rüſtige /
wenn ich nur weis/daß es meinen Herren
alſo beliebet / ſie haben in meinem Hauſe
und Garten/ ja ſo kühn/ als in ihren eigenen zu befehlen.   Laſſet uns aber in dieſes
Luſthauß treten und uns mit einander üm
die Taffel ſetzen/ ſo können wir alsdenn ſo
viel gemächlicher unſer Geſpräch anſtel-
len.   Mein Herr Palatin führe uns nur
hinein/ ſagten ſie ſämptlich/ wir wollen ihm
folgen.   Meine Herren verzeihen mir /
ſagte der Rüſtige / ich mache durchaus keine Complimenten / denn ich habe jederzeit
dafür gehalten/daß man die edle Zeit nicht
übeler anwenden oder verderben könne/als
mit dergleichen Pflichtpflegungen / und
un-

unnützlichen / bißweilen auch wol lächerli-
chen Ehr-Bezeigungen / ihr unterdessen/
mein lieber Jacob/ thut mir den Gefallen
und saget meinem Diener / daß er uns einen Trunck Wein nebenst ein wenig Con-
fect herein bringe / denn / dieweil ich ver-
nommen/ daß meine hochgeliebte / anwesende Herren und Freunde/ erstlich für einem halben Stündlein Taffel gehalten /
wollen sie mir die Mittages Mahlzeit auch
wider meinen Willen zu diesem mahle
schencken/ werden doch sehen/ daß wir das
jenige/ was jetzo versäumet wird / bey der
Abend - Mahlzeit desto reichlicher wiederum einbringen / welches ich um so viel
kühner rede / dieweil ich wol weiß / daß
meine hochgeliebte Herren Gesellschaffter/
auch mit einer gar schlechten Bewührtung
sich gerne werden vergnügen lassen. Mein
Herr Polatin verübele es mir nicht / daß
ich frage/ sagte Ingeniander, ist denn diese
seine Rede nicht auch ein halbes Compli-
mentchen/ wo bleibt nun seine vorige Be-
dingung? Ey/ sagte der Rüstige/ so genau
müssen es meine Herren nicht eben neh-
men/ ich muß doch gleichwol noch ein klein
wenig zierlicher / als die grobe Bauren

G　reden

reden/ aber laſt uns die liebe Zeit ſo vergeblich nicht zubringen/ ſondern unſere nachdenckliche Frage: Welche doch wol die alleredelſte Beluſtigung kunſtliebender Gemühter ſey/ wiederum herfür ſuchen / bitte
freundlich / ein jedweder ſeine Meynung
hierüber an Tag zu geben / und/dafern es
ihnen alſo gefällt / der Herr Ingeniander
den Anfang damit machen wolle.   Das
wird dem Herren Palatin/ und nicht mir
gebühren/ ſagte Ingeniander, er fange nur
an/ wir wollen ihm folgen.   Das muß in
Warheit nicht geſchehen / ſagte der Rüſti-
ge/ ich werde nicht der Erſte ſeyn/ damit a-
ber dieſer Streit auffgehoben werde / ſo
laſſet uns nur ſo lange warten / biß unſer
Gärtner wider kommt/ der ſol alsdenn eine
Tulipe/ einen Ranunculum oder Hahnen-
Fuß/ eine Narciſſe und einen Hyacint ab-
brechen / und einem jedweden unter uns
eine von dieſen vier Bluhmen/ alſo unwiſ-
ſend vorlegen/ wer alsdenn die Tulipe be-
komt/ der ſol der Erſte/ und dem er den Ranunculum gibt/ der Andere/ die Narciſſe
der Dritte/ und den Hyacint/ der Vierdte
ſeyn / mit welchem Bedinge ſie verhoffentlich alle wol zu frieden ſeyn werden. Dieſe
Er-

Erfindung iſt gar gut / ſagte die Geſellſchafft / und eine neue Art zu loſen / wir
laſſen uns dieſelbe ſehr wolgefallen. Kaum
war das letze Wort geredet/da öffnete ſich
die Garten-Thür/und tratt der gute Jacob mit des Rüſtigen Diener wider herein/
brachten den Wein und Confect/ welches
ſie mit geziemender Ehrerbietung auff die
Taffel ſetzeten. Mein Freund Jacob / ſagte der Rüſtige/ihr müſſet uns den Gefallen
erweiſen/und eine Tulipe/ einen Ranunculum, eine Narciſſe und einen Hyacint ab-
brechen/und einem jedweden unter uns vieren / eine von dieſen vier Bluhmen fürle-
gen/ die Bedeutung hievon werdet ihr
hernach bald erfahren. Das iſt eine leichte
Mühe/antwortet der Gärtner/und wolte
Gott / ich meinen hochgeneigten Herren
ein wenig beſſere und nützlichere Dienſte
könte erweiſen/mit welchen Worten er alſobald in den Bluhmen-Garten gieng/be-
ſagte 4. Bluhmen abbrach und dem Herren Ingeniander die Tulipen/dem Phœbiſander den Ranunculum: dem Artiſander
die Narciſſen und dem Rüſtigen die Hyacinten fürlegte. So recht ſagte der Rüſtige/

G ij   nun

nun weiß ein jedweder / was er thun sol. /
wird demnach der Herr Ingeniander den
Anfang zu machen und seine Meynung
auff die vorgestellete Frage an den Tag zu
geben / sich ferner nicht mißfallen lassen.
Ich thue gern/was meinem Herrn lieb ist/
sagte darauff Ingeniander, sonderlich dieweil es das Lohß also gegeben / und werde
nun ohne weitere Wortwechselung/meine
Gedancken kürtzlich herfür bringen. Es
sol unter uns diese Frage abgehandelt werden; Welches doch wol die alleredelste Belustigung sey kunstliebender Gemühter?
Meine Antwohrt hierauff ist folgende/Es
ist meinen hochgeliebten Herren Gesell-
schafftern nicht unbewust/ daß wie wir etwan für vierzehen Tagen in der weitberühmten Stadt Hamburg sind angelan-
get/man uns gesaget hat / daß in der aller-
nähest dabey gelegenen Königlichen Stadt
Altonah etliche Niederländische Comödianten wären ankommen/derer Haupt oder
Führer Jean Baptista genennet würde/und/
daß diese Gesellschafft ihre Comödien und
Tragödien so wol fürstelleten/daß sie deßwegen von allen Kunstverständigen hoch
gepriesen würden.   Wir fuhren mit einander

ander hinauß/ die Wahrheit hievon zu er-
fahren/ da wir denn befunden / daß der
Ruhm so dieser Geselschafft von hohen
und niedern Standes-Personen ward ge-
geben/ nicht erdichtet wäre/ sondern in der
That sich also verhielte / dahero wir diesen
fürtrefflichen Comödianten mehr dann
einmahl zugesehen/ da ich mich denn erinnert unterschiedlicher Comödien und Tra-
gödien/ die ich hiebevor an Käys. Königl.
und Fürstl. Höfen/ wie auch bey den Herren Patribus der Societæt Jesu, (als welche
in dieser nützlicher Ubung übertreflich sind
erfahren/) mit Lust habe angeschauet/ und/
dieweil ich von langer Zeit hero schon ge-
spühret / daß dergleichen Spiele die Gemühter der Zuhöhrer nicht allein belusti-
gen/ sondern auch vielfältigen Nutzen/ in
deme sie uns die Laster hassen/ die Tugend
aber dagegen lieben und hoch schätzen machen. So bin ich der gäntzlichen Mey-
nung/ daß eben diese Traur- und Freuden-
Spiele/ welche von den Griechen/ und aus
denselben von den Lateinern / Tragödien
und Comödien werden genennet/ mit guten Fuge für die alleredelste Belustigung
Kunstliebender Gemühter könne geschätzet

G iij   wer-

werden. / Es läſſet ſich etlicher maſſen hö-
ren/ ſagte der Rüſtige/ denn allerhand Geſchichte in Freuden-Spielen vorſtellen/ iſt
nicht weniger nutzbahr/ als angenehm/ dahero auch die Traur-und Freudenſpieler
ehemahlen bey den großmächtigſten Kay-
ſern und Potentaten in hohen Ehren ſind
gehalten worden/ wie denn der Dion Caſſi-
us, in ſeinen Geſchichten / eines Comödianten erwähnet / der bey dem Römiſchen
Käyſer Nerva Cocceio in groſſen Gnaden
geweſen/ ſo gar auch/ daß wie dieſer Comö-
diänt einsmahlen von dem raſenden Her-
cules geſpielet/ und ſo verwegen ſich erwieſen / daß er auch mit Pfeilen unter das zu-
ſehende Volck/ ja auch gegen dem Ohrte /
wo der Käyſer ſelber geſtanden/ geſchoſſen/
und darüber ein groſſes Gemürmel ſich er-
hoben/ des Käyſers Sohn ſich des Comödianten auff das äuſſerſte angenommen/
und ihn kräfftigſter maſſen habe verthädiget. Alſo hat der erſte Römiſche Käyſer
Julius Cæſar den Publium Cirum ſo hoch
und wehrt gehalten / daß er ihn allen andern Comödianten/ ſo gar auch dem gewaltigen Römiſchen Ritter Labeoni , den
man

man sonst für den allerfürtrefflichsten gehalten / weit fürgezogen / und demselben
hohe Gnade erwiesen.   Wie der unvergleichliche Redner und hochansehnli-
cher Römischer Burgermeister Cicero im
Flor gewesen/da haben sich zuRom befunden zween außbündige Comödianten/ deren einer Sextus Roscius Amerinus , der
ander Æsopus geheissen / diese hat der Cicero so hoch und wehrt gehalten/ daß er sie
auch öffentlich hat verthädiget / wie denn
biß auff diese gegenwärtige Stunde/unter
seinen Orationibus oder Reden eine wird
gefunden pro S. Roscio Amerino, worin
er auch unter andern die Römische Bür-
gerschafft gar hefftig schilt / daß sie unter
dem Spielen oder Action dieses Sinnreichen Comödianten einen Tumult angefangen / und hat sich dieser grosse Cicero
nicht gescheuet / mit diesem Comödianten
in der Wolredenheit zu üben / und zu ver-
suchen/ ob er mit eben so bequehmen Worten eine Sache könte fürbringen / als der
Roscius anmuhtige Geberde darzu gebrauchte / und dieses hat den Comödianten so beherßt gemachet / daß er in einer öf-
fentlichen Schrifft seine Wissenschaft mit

G ij   der

der edlen Rede-Kunſt hat dörffen vergleichen.   Eben dieſer Roſcius Amerinus iſt
auch bey dem gewaltigen Römer Lucio
Sylla in ſolchem Anſehen geweſen / daß wie
derſelbe Dictator war / und den höheſten
Gewalt im Römiſchen Reiche trug / er
dieſem Roſcio einen ſehr köſtlichen Ring
geſchencket / ihme auch vergönnet / denſelben
zu tragen / welches doch ſonſt niemand als
nur den großmühtigſten und tapfferſten
Römiſchen Rittern erlaubet geweſen / und
damit dieſer Comödiant des Sylla hohe Gewogenheit gegen ihn / noch viel klährlicher
ſpühren möchte / ſo hat er ihm alle Tage
aus den Einkommen der Stadt / tauſend
Denarios, welches nicht viel weniger / als
anderthalb hundert Reichsthaler unſerer
Müntze machet / laſſen reichen / daß alſo
dieſer Comödiant alle Wochen bey die
tauſend Reichsthaler an bahrem Gelde
hat können heben / ohne noch andere herrliche Verehrung und Geſchencke die ihme
der Sylla überflüſſig hat zugeſchicket.   Der
ander Comödiant Æſopus genannt / iſt
durch Fürſtellung ſeiner Trauer und Freuden Spiele ſo reich worden / daß er ſeinem
Sohne jährlichen Einkommens / über die
                                    zwey-

zweyhundert Sestertia, welche / nach unserer Müntze zu rechnen / über die fünfftzig
tausend Crohnen außbringet, hinterlassen;
welcher junger Æsopo aber ein solcher Ver-
schwender dadurch geworden/daß man ihme auch die allertheurste Perlen in Essig
zerlassen/bey seinenMahlzeiten oderGaste-
reyen hat müssen aufftragen. Das laß
mir Comödianten seyn / welche von den
höhesten Häuptern der Welt / nicht nur
mit grossen Ehren/sondern auch mit schier
unglaublichemReichthum gleichsam sind
überschittet worden ! Dieses alles zwar
läst sich hören / sagte hierauff der Artisander, ich weiß mich aber auch zu entsinnen /
daß ich bey glaubwürdigen Geschicht-
Schreibern gelesen/daß die Comödianten vor Zeiten/bey den Römern in schlech-
tem Ansehen / ja in äuserster Verachtung
gewesen/wie denn Suetonius von ihnen
bezeuget / daß sie etliche mahl mit Spott
und Schanden auß der Stadt Rom ver-
jaget/ auch sonst aller fürnehmen Ehren-
Aembter entsetzet/ ja / man hat ihnen nicht
einmahl vergönnen wollen / daß sie im
Kriege dienen/und ihre Tapfferkeit gleich
andern/möchten sehen lassen. Dan kan
G v   wol

wol müglich ſeyn/ ſagte hier auff Ingeniam-
der/ daß unvernünfftige Regenten mit den
Edlen Comödianten ſo grauſam verfahren / daß ſolches aber recht und wohl ge-
than/wird kein Verſtändiger mit warhaf-
ten Gründen können behaubten / denn /
was iſt das für ein Schluß: Etliche Ty-
ranniſche Obrigkeiten haben die Comödianten aus der Stadt Rom verjaget / darum ſind ſolche Leute ein unnützes Geſind-
lein und des Römiſchen Schutzes nicht
würdig geweſen ? Es iſt ja aus den Geſchichten genugſam bekannt / daß auch die
Medici oder Aertzte zu unterſchiedenen
mahlen aus der Stadt Rom vertrieben
worden/ ſolten darum die Medici unnütze
Leute und des Bürger-Rechtes zu Rom
nicht würdig ſeyn geweſen? Das ſey ferne!
Und geſetzet/ daß etliche Comödianten etwas leichtfertig gelebet / ſolte man darumb
ihre gantze Kunſt verachten / der ſchädliche
und ſchändliche Mißbrauch eines Dinges
wird deſſelben guten und nützlichen Gebrauch nimmermehr auffheben. Ja/wenn
die Comödianten ſo gar loſe Leute geweſen / es würden ſo viel tapffere Geſchicht-
ſchreiber/ ſo wol bey den Römern/als den
Grie-

Griechen / ihrer so rühmlich nicht gedacht
haben: Wie hoch wird doch der Griechische
Nicostratus gepriesen / der in dieser schönen
Wissenschaft so färtig und vollenkommen
gewesen / daß daher ein Sprüchwort ent-
standen: Omnia faciam more Nicostrati,
Ich wil alles / wie der Nicostratus, verrichten / welches Sprüchwort man gebrauchet / wenn man grossen Fleiß und Kunst
in Verrichtung seiner Sachen hat anwenden wollen / muß also dieser Comödiant
ein Mann von fürtrefflichen Eigenschafften seyn gewesen: So rühmen auch die
Griechische Geschicht-Schreiber einen anderen der Paulus geheissen / welcher mit
einer recht lieblichen Stime / sehr anmuhtigen Geberden / auch fürtrefflicher Wolredenheit sol seyn begabt gewesen / dieser / als
er auff eine Zeit zu Athen / des Sophocles
Tragödien oder Traur-Spiel / Electra genant / dem Volcke fürgestellet / und mit dem
Geschirr / worinn des Orestes Aschen und
Gebein enthalten / auff den Schau Platz
kommen / hat er sich dermassen wissen kläglich anzustellen und zu geberden / daß alle
Zuseher überlaut zu heilen und zu weinen angefangen, Das ist heute zu Tage

G vj   nichts

nichts neues/ ſagete Artiſander, ſonderlich
in Italien/ da ich offt ſelber geſehen / wie
nicht nur Männer/ ſondern auch Weiber/
auff der Schaubühne / oder Theatro ſo
kläglich ſich zu gebehrden wiſſen / daß der
gröſſeſte Theil der Zuſchauer die Trähnen
müſſen vergieſſen/ wiewol auch unterſchiedliche dergleichen Spieler / nunmehr in
Teutſchland gefunden werden. Es gedencket ſonſt der gelehrte Italiäner Garzon in
ſeinem Piazza univerſale, eines Comödi-
anten/ ſo Fabius geheiſſen/ welcher ſich unter ſeinem Angeſicht entfärbet / ſo offt er
nur gewolt/ alſo/ daß er bald roht / bald
bleich hat außgeſehen/ nach dem es die Umſtänden ſeiner Perſon/ die er fürgeſtellet/ er-
fodert/ hat ſich auch ein jedweder über die
Zierligkeit ſeiner beweglichen Geberden /
höchlich müſſen verwunderen.   Alſo rühmet er auch ein Italiäniſch Weibesbild /
Iſabella genannt/ welche die Schauplätze
nicht weniger mit ihrer Schöne/ holdſeli-
ligen Reden und Geberden/ als mit ihrer
Tugend habe gezieret / und das alles ſo
herrlich/ daß/ ſo lange die Welt ſtehet/ man
von der ſchönen / zierlichen und gelehrten
Iſabellen werde zu ſagen wiſſen/ als welche
                                    beydes

beydes durch Schönheit und Tugend/den
höheſten Triumph erlanget/und den Namen behalten/daß ſie die allerfürtreflichſte
Comödiantin dieſer Zeit geweſen. Ferner
meldet er von einer Victoria/welche er bey
nahe Divinam, oder die göttliche Victoria
nennet/die ſich ebenmäſſig gantz wunderbahrlich auff der Schau ⸱ Bühne habe zu
veränderen wiſſen/er gibt ihr den Nahmen
einer ſchönen Beſchwehrerin der Liebe / ſo
mit ihren holdſeligen Worten die Hertzen
aller derer/ſo ihr zugehöhret/in Liebe gegen
ſie verbunden. Er nennet ſie eine liebliche
Siren/die mit ihrer freundlichen Stimme
und Geberden/ alle ihre Zuſeher dermaſſen bezaubert / daß ſie ihrer ſelbſt darüber
vergeſſen/ weßwegen ſie auch als ein Auß-
bund dieſer Kunſt höchlich zu lieben/ zu loben und zu ehren / als bey welcher die wol-
proportionirte Geberden/ die zuſammen-
ſtimmende Bewegungen/die angenehme/
liebliche Worte und Reden / die heimliche
und Hertzſtehlende Seuffter / das holdſe-
lige Lachen / die anſehnliche Darſtellung
ihrer gantzen Perſon alſo beſchaffen / daß
man nirgend/oder durchauß keinen Tadel/
oder Mangel an ihr könne finden/ und ihr
deßhal-

deßhalben das Lob einer vollkommenen
Comödiantin / mit höheſtem Fuge und
Recht könne gegeben werden.   Dieſer
Ruhm mag trauen wol paſſiren / ſagte der
Sinnreiche Ingeniander, und / daferne ich
noch ein wenig von dieſer Kunſt kan urtheilen / ſo hat der Herr Jean Baptiſta, deſſen Spiele wir etliche mahl zu Altonah angeſehen / auch Leute / ſo wol von Mann als
Weibes-Perſonen bey ſich / die nicht weniger zu rühmen / wie denn die Meiſten ihre
Perſon ſo beweglich haben geſpielet / daß
man ihnen beydes mit Luſt und Verwunderung hat müſſen zuſehen.   Es iſt trau-
en kein geringes / daß ein Menſch den anderen durch ſeine Rede / Sitten und Bewe-
gung kan zwingen / daß er ſeine Neigung
nach des Spielers eigenem Belieben muß
richten / und mit demſelben lachen / wenn er
lachet / mit ihme weinen / wenn er weinet /
mit ihm zürnen / wenn er zürnet / mit ihme
verliebet ſeyn / wenn er ſich verliebet ſtellet /
mit ihme kranck ſeyn / wenn er ſich kranck
gebehrdet / mit ihme hüpffen und tantzen /
wenn er ſpringet / und in Summa / Ihme
faſt in allen Dingen muß nachäffen. Und
dieſes alles verurſachet bey mir / daß ich die
Co-

Comödianten in ſonders hohem Wehrte
halte/ dahero unſer ewig zu preiſender Br.
Harßdörffer / der grundgelehrte Edelman in ſeinen Geſpräch-Spielen gar vernünfftig urtheilet/ daß keine ſchlechte Per-
ſoné zu einen Freuden- oder Traur-Spiele
gehören; Sondern ſolche Leute / die ein
trefflichés Gedächtnüſſe haben ; Die ihre
Reden mit den Geberden vereinbahren /
die von Jugend auff dazu gewohnet ſind /
die ſchön von Geſtalt / in der Poeterey /
Muſic/ im Tantzen und Fechten / ja faſt
allen Sachen/ ſo in allen Ständen vorge-
hen/ eine gute Wiſſenſchafft haben/ dahero
man vor Zeiten die Jugend zu den Comödien fleiſſig angewehnet/ als einer Sache /
worinn der Verſtand/ die Geberden/ und
Außrede fein erlernet werden. Es machet
aber ſelig-wolgedachter unſer Herr Spielender einen groſſen Unterſcheid/ unter derogleichen wolgeſchickten Schauſpielern
oder Comödianten / und den gemeinen
Marckſchreyern/ Zahnbrechern uñ Fratzen-
dichtern/ welche ihren Quarck nebenſt allerhand Schandpoſſen dem Volcke zu verkauffen pflegen/ wie ich deñ ſelber von dieſẽ

Phan-

Phantasten / manchen elenden und jämmerlichen Auffzug gesehen. In Beschreibung solcher lumpen Comödianten / gedencket der Hoch-Edle Spielende eines Spieles/welches etliche Acker-Studenten von dem reichen Mann und armen Lazaro haben angestellet/und folgender Gestalt gespielet: Der reiche Mann kam mit noch dreyen seinen Freunden/ seinem Weibe / und einer Dienerin auff den Platz / setzete sich an den Tisch und sagten nichts anders / als: Schenck ein / es gilt / trinck aus/ ich werde voll/ der Wein ist gut. Etliche wendeten den Zusehern den Rücken / wider die eigentliche Gesetze dieser Kunst / sie hatten ein Spahn-Sau und einen Kälber-Brahten zum besten ; Zu allem Unglücke aber hatte keiner unter ihnen ein Messer/weßwegen sie gezwungen worden/ die Speisen alle mit den Händen zu zerreissen/und gar geitzig hinein zu schlucken/ damit es bald zum Ende käme. Auff der anderen Seiten kam Lazarus daher / welcher zum allerbesten nach seiner Person war außstaffiret / denn seine Hohsen und Hembd dermassen durchlöchert waren / daß er seine Armuht nicht konte bedecken.

Die

Die Hunde/welche auff der Brücken wa-
ren/belleten Lazarum an/und als ſich derſelbe niederlegen wolte/ beiſſet ihn der eine
Hund in den Fuß/ daß er ohne falſch jämmerlich zu ſchreyen angefangen. Abraham
hatte des Pfarrers Rock an/und ſahe zum
Fenſter des Wirtshauſes/wofür dieſe ſchöne Comödie ward geſpielet/hinauß / der
reiche Mann aber ſaß zwiſchen 2. brennen-
den Beſen /und das ſolte die Hölle ſeyn /
und/ was der kahlen Fraten etwa mehr geweſen . Dieſes iſt zwar lächerlich/ſagte der
Rüſtige/mir aber kommt noch viel poſſir-
licher vor/die ſchöne Comödia von Judith
und Holofernes / welche etliche Leinenwe-
ber Geſellen in einem feinen Städtlein folgender Geſtalt hatten fürgeſtellet. Erſtlich war zu ſehen die Stadt Bethulia/das
war ein groſſer gemahlter Brieff /worauff
die Stadt Lübeck ſtund abgebildet / und
zwar ſehr kunſtreich/ wie ſie daſelbſt in der
Hundeſtraſſe von dem berühmten Brieff-
Mahler und Formſchneider war geſchil-
dert/und mit dicken Farben ſchön bekleckct.
Hinter dieſer Stadt/bey der höheſten Spi-
tzen/ guckete einer herüber / der hatte einen
kleinen gewolckcten Kragen um / wie man
ſie

ſie in Nieder-Sachſen nennet/ und die alten Küſter gemeiniglich pflegen zu tragen/
und dieſer ſolte der Fürſt Oſias ſeyn. Die
Judith gieng hervor in Geſtalt einer gro-
ben/dicken/vierſchrötigen Bauern-Magd/
welche einen Krantz von Eichen-Laub und
einen groſſen Korb voll Eyer in der Hand
trug/ die ſie dem Holofernes verehren wolte.   Hinter ihr gieng ihre Dienerin / ein
kleines ſchwartzes abſcheuliches Thier/ das
einen groſſen Hocker auff dem Rücken hatte / trug in der einen Hand einen Eymer /
worinn ein groſſes Stücke vom grühnen
Käſe / Rocken Brod und eine höltzerne
Butter-Büchſe lag/ in der andern Hand
hielte ſie eine ſchmutzige / höltzerne Bier-
Kanne / und am Halſe trug ſie einen bey
den Füſſen zuſammen gebundenen Hauß-
Hahnen/worauf ſie den Holofernes wolten zu Gaſte bitten / wie ſie hernach ſelber
erzehlete. Dieſe ſchöne Judith/ nachdeme
ſie mit ihrer bucklichten Magd/ die ihr alles nachmachete/was ihre Frau ihr vor thä-
te/die Zuſeher gegrüſſet/einen guten Abend
geſagt/und mit den Füſſen hinten auffge-
ſcharret hatte / erzehlete ſie den Anweſenden alles/ was ſie vor hätte/ wie ſie nemlich
den

dem Bährenhäuter / dem Holofernes / ſeinen ſchelmiſchen Kopff wolte herunter
hauen / oder ſie wolte keine redliche Judith
mehr heiſſen / ſie ſolten nur ein wenig warten und unterdeſſen friſch herum zechen /
ſie wolte bald wieder zu ihnen kommen und
ſich alsdenn rechtſchaffen luſtig mit ihnen
machen. Dem Holofernes hatten ſie ein
paar alte beſchmutzete lederne Hoſen nebenſt groſſen Baur-Stieſelen angezogen.
Ferner hatten ſie ihm einen Bruſt-Har-
niſch angethan / der ſo jämmerlich verro-
ſtet war / daß man nicht ſehen konte / von
was Zeuge er zuſammen geſetzet / und war
er ſchon viele Jahre her für einen Färckel-
Trog gebrauchet worden. Auf dem Kopffe
hatte er eine Sturmhaube / worin die Hühner ſchon länger als für zwantzig Jahren
Eyer geleget hatten / wie ſie dan noch mit
Hühnerkoht / anſtatt des Amulirens / treflich war gezieret / an der Seiten trug er eine
alte Plötze / welche aber nur eine halbe
Scheide hatte. Wenn ich nun ferner erzehlen ſolte / was für herrliche Baſelmanus
dieſe vierſchrötige Judith gegen dem Ho-
loſernes / der ſeine Obriſte und fürnehmſte
Krieges-Bediente (welches lauter grobe
Baurn-

Baurn-Lümmel waren/ die ſie vom Lande
hatten laſſen herein kommen) bey ſich hat-
te/ gemachet/ wie ſie ſich zerkratzet und ge-
bücket/ und mit was höflichen Worten ſie
vom Holofernes empfangen worden/ mü-
ſten ſich meine Herren faſt zu Tode lachen/
würde auch allzuviel Zeit wegnehmen /
drum muß ich nur noch dieſes erzehlen/ wie
es nehmlich mit Abſchlachtung des Holofernes ſey abgelauffen/ da man denn muß
wiſſen/ daß dieſe hocherleuchtete und ſinnreiche Comödianten / in des Holofernes
Bette an ſeiner ſtatt ein lebendiges Kalb
geleget/ deme ſie alle vier Füſſe zuſammen gebunden.   Wie nun die Judith ihre Hel-
den-That wolte verrichten/ hat ſie die Gar-
dinen des Bettes zurücke gezogen / die
Decke hinweg geworffen / und mit einem
Band-Degen/ ſo nahe beym Bette gehän-
get/ dem armen unſchuldigen Kalbe einen
Hieb in den Halß gegeben / daß es jämmerlich zu böcken anfieng/ und dieweil ſie
mit der ſtumpffen Plötze noch immer ſo
drauff zu hammerte / rarete oder böckete
das Kalb ſo grauſam/ daß es kläglich war
anzuhöhren/ biß ſie ihme endlich den Kopf
gantz herunter geſiedelt / welchen ſie in die
Höhe

Ohe gehoben/ mit lauter Stimme dabey
uffend: Sehet da ihr Herren und Freun-
de/ das iſt das ſchelmiſche Haupt des Ty-
rannen Holofernes/ und wie ſich hierüber
unter den Zuſchauern / ein grauſahmes
Gelächter erhoben/und etliche rieffen: Ja/
Kalbskopff! Hat die ſchöne Judith dieſelbe mit folgenden Worten zu ſtraffen angefangen: Wie ſtehet ihr Narren und lachet? Könnet ihr euch bey dieſem Kalbe
nicht einbilden/ daß es Holofernes geweſen? Wann ich einen rechten natürlichen
Menſchen alſo in den Halß hätte gehau-
en/wie ich dieſem Kalbe gethan / würde er
den zehnden Theil nicht ſo viel Parlamen-
tes und Gebölckes gemachet haben/ als dieſes unſchuldige Kalb/ aber dieſes ſind Sa-
chen/wovon ihr keinen Verſtand habet /
welche tieffſinnige Rede das Gelächter
noch gröſſer gemachet / biß ſie endlich aus
Ungedult den Kalbeskopff in ihren Korb
geworffen/ und damit/als wenn ſie unſin-
nig wäre/nach Bethulia zugelauffen. Wie
nun die Herren Kammerdiener ihren Ho-
lofernem wolten auffwecken / das arme
Kalb aber ſich nicht regete/da traten ſie näher hinzu/und wie ſie den todten Kalbes-
                                    Cör-

Cörper ohne Haupt funden / und vermey-
neten/ daß es der rechte Holofernes wäre /
der immittelſt zu ſeinem und der gantzen
Armee groſſem Unglücke war zu Stuhle
gangen/ erſchracken ſie dermaſſen / daß ſie
als unſinnige Leute auff dem Theatro umher lieffen/ die in Bethulia aber / ſo ihren
Kalbes=Kopff über die gemahlte Stadt
(welche eigentlich Lübeck war) hatten auß-
geſtecket/ ſolches erſehend/ fielen mit groſſer
Ungeſtümmigkeit herauß/ Judith die groſſe Baurenmagd lieff voran/ ihr folgete der
Oſias mit ſeinen Küſterkragen/ (dieſer war
ein Aeltermann des hochl. Leinnenweber
Handwerckes) hatte einen roſtigen Kne-
belſpieß damit wolte er jene Holoferniſche
Baurn-Lümmel abdecken/ die andere alle
waren lauter Weber-Burſe/ ſo wol weib-
als männlichen Geſchlechtes/ denn es gibt
unter den Knäpſchen/ (ſo werden die We-
ber-Dirnen in Sachſen genennet) tapffere Metzen / die ſich mit dem Hindern wol
verthädigen können/ dieſe alle kahmen mit
ihrem Geräthe und Rüſtzeuge/ als Kämmen /
Tritten/ Gewicht/ Rollen / Welbaum/
Sitz / Galgen (dieſes iſt der Leinneweber
Wahrzeichen / etliche ſagen wol gar ihr

Wapen/) Anschlag/ Spanner/ Bürsten /
Schiff/ Spuhle / Spuhlrad / Haspel /
Schragen/ Theiler/ und wie der Bettel in
der Leinneweber-Kunst alle mehr heisset/ da
gieng es nun tapffer an ein Scharmützi-
ren/ und wehreten sich die arme Holoferni-
sche Dorff-Teuffel rechtschaffen / rissen
den Leinnewebern ihre Rüstung aus den
Hären / kriegten sich hierauff bey den
Köpffen/ und zerkleieten einander dermassen jämmerlich / daß ihnen Nasen und
Mäuler bluhteten/ und damit war die Be-
lagerung aufgehoben/ und die schöne Tra-
gico-Comœdia oder Traur-Freuden-
Spiel zum Ende gespielet/ plaudite igitur
nobilissimi Domini Spectatores, & salve-
te. Dieses schöne Spiel hätte ich selber
wol sehen mögen/ sagte Phœbisander, und
halte ich dafür/ daß diese Leinweber-Burß
mit solchen elenden/ kahlen Zohten / einem
mehr Lust solten gemachet haben/ als alle
rechtschaffene Comödianten/ die in gantz
Teutschland erfunden werden / mit ihren
ernsthafften Tragödien und lustigen Comödien. Deme ist freylich also / antwortete der Rüstige / Ich hätte diese Handlung selber wol anschauen mögen/ dieweil
ich

ich es aber nur von Höhrnsagen habe; So
muß ich noch eines anderen Spieles erwähnen / das ich in meiner Jugend / mit
meinen Augen selbst habe gesehen: Es begab sich / daß in einer grossen / und uns
sämtlich wolbekandten Stadt / etliche fürnehme Englische Comödianten waren angekommen / welche nebest anderen Sachen /
auch über die masse schöne Kleider hatten /
und daselbst zu spielen anfingen. Fast eben
um dieselbe Zeit hatten sich etliche Hand-
wercks-Bursche / welche mehrentheils lose
Gesellen und rechte Müssiggänger waren /
zusammen geschlagen / welche unter der
Direction oder Anordnung eines rechten
Phantasten / der ehemahlen ein Dorff-
Schulmeister gewesen / auch Comödien
spielen oder agiren wolten. Dieses erfuh-
ren die Engelländer / und / dieweil sie be-
fürchteten / daß der gemeine Mann häuffig
zu diesen Kerlen würde hinlauffen / dieweil
sie daselbst nicht viel geben dorfften.   So
beschlossen sie / daß sie bey ehester Gelegenheit / dieser lumpen Kerle Action also fürstellen wolten / baß so bald niemand Lust
haben solte / ihnen zuzusehen. Einsmahlen
wie sie trefflich viel Zuschauer hatten / also /

Daß

daß der eine Mensch fast auff dem anderen
stund / spielten sie eine schöne Comödien/
von einem Könige / der seinem eintzigen
Printzen/ eines andern Königs-Tochter /
ehelich wolte beylegen lassen. Dieses nun/
ward ins Werck gerichtet/ die Königliche
Braut / ward dem Printzen mit grosser
Herrligkeit zugeführet / wobey stattliche
Mahlzeiten/lustige Däntze/prächtige Aufzüge. kostbahre Feurwercke / und dergleichen lustbringende Händel wurden ange-
stellet. Einsmahlen / als die Königliche
und Fürstliche Personen recht lustig mit
einander waren / trat der Marschalck in
den Sahl / und vermeldete dem Könige/
daß eine Gesellschafft von neuen Comödianten wäre angekommen / welche sich er-
böhte/ auff diesen Königlichen Beylager
unterschiedliche Comödien und Tragödi-
en zu spielen / wenn sie die Gnade haben
möchten / daß ihnen solches könte erlaubet
werden. Der König fragte: Ob denn ihre
Gesellschafft groß wäre? Der Marschalck
antwortete/daß er dieses so eben nicht wissen könte / denn er noch keinen von ihnen
gesehen / ohne ihren Führer oder Ober-
Haupt/ der ihme sonst leident spanisch wä-

re fürkommen. Der König befahl / man
solte denselben lassen herauf kommen. Der
Marschalck gieng hin und hohlete ihn auff
den Schauplatz wo die sämtliche / Königliche und Fürstliche Personen bey einander saffen.   Es war dieser Kerl eine kurtze
Person/hatte einen alten/kahle zerschabten
Mantel um/einen kleinen wolckten Kragen
oder Krause um den Halß/auf dem Haupt
einen breitrandichten Huht/ aus welchem
man etliche Pfund Fett oder Schmeer hätte schmeltzen können / in der einen Hand
trug er ein altes/ halb zerrissenes Buch / in
der andern einen weißgescheleten Hasel-
Stab / an der Seiten unter dem Mantel
hingen ein paar grosse Ruhten. So bald
dieses Ebentheuer war in den Sahl getret-
ten/ nam er sein breites Hühtlein ab / und
fing mit aller Macht hinten auß zu kratzen/
und dabey aus vollem Halse zu ruffen:Bna
dies, Bna dies, meine großgünstige Herren/
der liebe Gott wolle euer Magnificentzen
und Herrligkeiten die Mahlzeit wol bekommen lassen. Die gantze Gesellschafft
fieng hierauff hertzlich an zu lachen/und der
König / als der von Natur ein lustiger
Herr war/ hieß ihn wilkommen/ sagend :

Bene

dene veneritis Herr Comödiant / ich höre
aß der Herr schöne Comödien weiß zu a-
gren. Ja sagte der alte Huster / wolwei-
ser Herr / in dieser Kunst hab ich meines
gleichen nicht. Das höre ich gerne / sagte
der König / aber was ist sonst eigentlich eu-
re Nahrung oder Handthierung / denn ich
sehe / daß ihr zimlich andächtig seyd bekleidet? Ehrenvester Herr / sagte dieser Phan-
tast / ob ich wol ietzo ein fürnehmer Comödiant bin / so bin ich doch nicht allezeit ein
solcher sondern für diesem ein halber Geistlicher gewesen. Ein halber Geistlicher /
fragte der König? Aber / wie sol ich das
verstehen / warum nicht ein gantzer? Neni
Monsieur / sagte der Comödiant / denn / so
hätte ich müssen ein Priester / Prediger /
Pfarrer oder Kapelan seyn / das wolte a-
ber meine Gelegenheit so nicht leiden / jedoch habe ich einen viel grösseren Titul ge-
führet / als der aller generalste Generalis-
simus Superintendens, oder Probst der in
urem gantzen Königreiche mag gefunden
werden. Den Titul möchte ich wol hören /
antwortete der König / der Hr. Comödiant
muß mir denselben einmahl her sagen.
Warumb das nicht / sagte dieser gute

H ij   Schlu-

Schlucker/ ich darff mich GottLob meines
redlichen und hochberühmten Namens
nicht ſchämen / fieng darauff an / dergeſtalt ſich zu räuſpern und zu huſten / daß
es durch den gantzen Sahl erſchallete/ nun
wolan/ ſagte er / wenn fürnehme Leute an
mich ſchreiben / ſo iſt dieſes mein rechter
Titul:

Dem HalbEhrwürdigen/ nicht viel be-
ſonders Gelehrten / mit einem feinen Kne-
belbahrte wolſtaffirten/ Hellſcheinenden /
Embſigen/ Vorſichtigen/ Genaufleiſſigem
und nöhtigen Handlangern am Wort
Gottes Mantelträgern und Nachtrettern
des Pfarrers/ Innhabern des groſſen Kir-
chen-Schlüſſels / des heiligen Miniſterii
dekanten, der Strenge und Stricke/ wie
auch der kleinen und groſſen Glocken-Re-
genten und Directorn, Seigerſtellern /
auch der Dorff- und Bauren-Gerichte /
Rundſchreibern und Aſſeſſorn in Eheſa-
chen/ wolbeſchwätzeten Freywerber/ Hoch-
zeitbitter und Abdancker, wie denn auch in
optima forma Erdichtern der Gevattern-
Briefe, Glöcken und Kirchenfeger/ Amen-
Singern und Grützſchlingern/ des nächt-
lichen Hahnen-Geſchreyes genauen Ob-
ſerva-

ſervanten, auch der Knechten und Mägden
treufleuſſigen exſuſcitanten und Auffwe-
cker. / Meinem ſonders großgünſtigen /
hochgeehrten Herren. Sehet da meine
Herren / da habt ihr meinen eigentlichen
Titul / ich vermeine ja / daß derſelbe noch
wol könne paſſiren.

Oho ſagte der König / nun mercke ichs
erſtlich / was der Herr für ein trefflices
Amt ehemahlen bedienet / iſt er nicht (mit
Uhrlaub) hiebevor ein fürnehmer Dorff-
Küſter geweſen? Ja / Gott Lob / ſagte der
Alte / ſolches kan ich mit Siegeln und Brie-
fen beweiſen / nun aber verhoffe ich durch
das Comödien-Spielen ein ſolcher Mann
zu werden / daß man noch lange nach dem
Jüngſtentage von mir wird zu ſagen wiſſen. Das kan leicht geſchehen / verſetzete
der König / aber wie iſt eigentlich euer Name? Mein Name Wolweiſer Herr / ſagte der Küſter / heiſſet Ambroſius Caprimul-
gius, zu teutſch Broſius Ziegenmelcker / wie
ich denn auch ein paar Ziegenbocks Hör-
ner im Wapen / und oben dem Helm einen
bundten Hahnen führe. Das iſt trauen
ein recht ſchönes Wapen / ſagte der König /
aber / was habt ihr ſo für Comödien / die
H iij   ihr

ihr mit euer Geſellſchafft pfleget zu ſpielen?
Derer ſind unterſchiedliche/ ſagte Ambroſius, unter welchen gleichwol etliche ſchöner und angenehmer/ als die andere/ ſonderlich läſſet ſich wol ſehen die Comödia
von Markolfus/wie derſelbe die Katze lehret das Licht halten;Item die Comödia von
der ſchönen Magellona/vom Ritter Pon-
tius / von der ſchönen Frauen im Berge
mit ihren 7. Zwergen/ vom Käyſer Octa-
vianus/ von Pyramus und von Thys-
bas/ die ſich ſelber umgebracht/von Dido-
nis und Aenatias/von Käyſer Julius und
Brutius/von dem Schornſteinfeger/von
Matz Pumpen und noch wol 1000. andere. Wir pflegen auch bißweilen wol geiſtliche Hiſtorien / als von Cain und Abel /
von Eſther und Haman/ von Judith und
Holofernes / von Tobias und ſeinem
Hunde / und mehr andere dergleichen zu
ſpielen/mich düncket aber/daß es mit demſelben an dieſem Orte wol nicht werde an-
geleget ſeyn denn es ſcheinet/ daß es allhier
gar luſtige Burß giebet / die lieber etwas
kurtzweiliges/ als ernſthafftes oder geiſtli-
ches ſehen. Nein/nein / mein lieber Herr
Ambroſius/ſagte der König / wir mögen
zwar

zwar etwas frôliches leiden/ aber auch wol
ernſthaffte Tragôdien oder Traurſpiele
ſehen/ können derowegen die Herren Co-
môdianten ſich nur fein mit einander un-
terreden/ was ſie auff den Abend für ein
Stücklein machen wollen/ Ich werde unterdeſſen mit meinen anweſenden Herren
Gäſten eine Weile auff die Jagd reiten/ ſo
bald wir aber wieder zu Hauſe kommen /
müſſet ihr euch mit eurer Geſellſchafft allhier einſtellen. Gar wol/ gar wol/ geſtren-
ger Hr. König/ ſagte Meiſter Ambroſius/
wir wollen uns fertig machen und alſo ſpielen / daß wir nebenſt einem paar hundert
Marcken/ auch einen unſterblichen Ruhm
mögen davon tragen.

Hierauff ſtund der König mit allen
anderen anweſenden Königlichen und
Fürſtlichen Perſonen von der Taffel auff/
ſich zu Pferde/ und ferner auff die Jagd zu
begeben/ blieb alſo niemand auff dem Pla-
tze/ als der Herr Ambroſius/ der mit lauter
Stimme rieff / daß ſeine Leute ungeſaumt
ſolten zu ihm kommen/ damit ſie wegen eines gewiſſen Traur- oder Freudenſpieles /
das ſie auf den Abend ſolten fürſtellen/ ſich
H ijerſt-

erstlich sein unterreden könten; worauff sie
sich alsobald finden liessen / und fein in der
Ordnung kamen auffgetretten. Der erste
war seines Handswercks ein Pühsterflicker / hatte ein altes ledernes Kleid an und
trug sein Handwercks Zeug unter den Armen. Der ander war ein Quacksalber /
der mit Seiffen-Ballen / Läuse-Salbe
und Wurmkraut / deß er ein Lädichen
am Halse mit sich schleppete/ einen grossen
Handel trieb/ dieser hatte ein Kleid an von
wol zwantzigerley Farben / und eine drey-
doppelte Kette von außgebrochenen Menschen Zähnen am Halse hängen. Der dritte war ein Ratzenfänger/ dieser trug einen
grossen breiten Degen an der Seite/ worauff eine lebendige Ratze saß/ und ward er
von den andern für einen Cavallier ge-
scholten / und Capitan de Ratzi tituliret.
Der vierdte war ein Schweinschneider /
hatte ein schmutziges Köller und alte
rohte zerrissene Hosen an/ trug sein Werck-
zeug/ dessen er sich täglich gebrauchte in der
Hand. Der fünffte war ein Schornsteinfeger / mit seiner schwartzen leinnen Kap-
pen und Hosen / die recht schön Schorn-
steinfärbig/ zierlich angethan / trug sein
Schrap-

Schrapeiſen vorn am Gürtel und die lange Stange auff der Schulter / ſahe ſonſt
aus / als wäre er des Teuffels Stieffbruder
geweſen. Der ſechſte war ein Zigeuner /
mit ſ i ner bunten Decke um den Leib / und
einem Krantz von Johannes-Kraute / wilden Hopffen / oder Hahrtau (womit ſolche
Narren Künſte thun wollen /) auff dem
Kopffe / gelbbraun von Geſichte / mit langen ſchwartzen ſcheußlichen Hahren. Der
ſiebende war ein Bäſembinder / hatte ſchier
das Anſehen / als wenn es ein gemeiner
Baur wäre geweſen / pflag ſonſten mit viel
tauſenden zu handlen / verſtehe aber nur
Bähſemreiſern. Der achte war ein Beu-
telſchneider / dieſer war am allerſchönſten
bekleidet / und pflegte gemeiniglich einen
Oberſten zu agiren / hatte ſonſten ſein
Scherichen / womit er den Leuten die Beutel unſichtbar machte / unter dem Gürtel
ſtecken. Der neunte war ein Bürſtenbinder / ſahe treflich verſoffen aus / und trug
ein groſſes Bund Saubürſten unter dem
Arm / hatte auch eine Schuhbürſte auff den
Huht geſtecket. Der zehnde war ein Die-
besfänger / dieſer hatte von grühnem Zeuge ein kurtzes Mäntelchen um / trug ein

H v lan-

langen/verrofteten Brahtspieß an der Sei=
te/ und allerhand Sorten von Stricken
oder Seilen in den Händen. Der elffe war
ein Seiltäntzer/ der auch mit den Docken
trefliche schöne Spiele/ als von der Wihr=
tin/ die der Teuffel mit dem Schubkarren
gen Himmel füret/ von Meifter Hämmer=
ling/ und andere mehr dergleichen tröftli=
che Sachen / wufte fürzuftellen.   Der
zwölffte war ein Chartenmahler/ welcher
ein gantz bund-vermahltes Kleid an/ und
die schönen Apoftel und heilige Männer
als den Hertzen-König/ Rauten Weib /
Klebern-Knecht/ Spahten-König / und
wie sie alle mehr heiffen/ rund um den Huht
her geftecket hatte / welches luftig anzufe=
hen. Der dreyzehende war ein Kohlen=
träger/ in feinen ehrbahren schwartzen Ha=
bit/ trug feinen Kohl-Sack auff den Na=
cken/ fahe fonft natürlich aus / als wäre er
dem Teuffel aus der Bleiche entlauffen.
Der vierzehende war ein Scheren-Schleif=
fer / welcher aber mit feinem halbzerbroch=
nen Schleiffteine gar elend kam auffge=
zogen / konte doch fein Scherenschleiff /
Scherenschleiff/ dermaffen wol über die
Gaffe ruffen / daß alle Mägde und alte

Weiber

Weiber zu den Thüren kamen / auff dieſe
folgten noch drey in einem Gliede / als ein
Müller / Kupler und Leinnenweber / mit ihren Inſtrumenten / welche wol die Ehr-
bahrſte unter allen / zu deme / auch noch
zimlich reichlich angethan und bekleidet
waren. Schließlich / kam unſer ehrbahr
Monſieur Pickelhering / auch daher getret-
ten. Dieſer war zimlich dick und fett von
Leibe / jedoch nur kurtz dabey / hatte eine
Schlaff-Haube mit Ohren auffgeſetzet /
und einen Papirnen Kragen von Krämer-
häußlein um den Halß gethan / der Mantel war nicht zwo Spannen lang / das
Kleid halb gelb und halb roth von Farben /
und war im übrigen ſeine gantze Kleidung
alſo beſchaffen / daß man den ehrlichen Pi-
ckelhäring ohne Lachen ſchwehrlich konte
betrachten. Wie nun dieſes ſein Geſind-
lein alſo bey einander war / ſchloſſen ſie einem Ring / und ſtund der alte Dorff-Kü-
ſter mit ſeinem alt zerriſſenen Buche und
weiſſen Stabe / als ihr Regent und Ober-
Herr mitten inn / derſelbe fing alſo an zu reden: Ihr meine hochgeliebte Herren Söhne / es kan euch nicht unbekandt ſeyn / zu
was Ende wir ſind anhero gefordert / daß

wir nemlich ſollen auf dieſem Königlichen
Beylager eine ſchöne Comödien agiren /
müſſen derowegen darauff bedacht ſeyn /
was wir für eine Hiſtorien für uns neh=
men / welche alſo muß von uns geſpielet
werden / daß wir nicht allein Ehre und
Ruhm / ſondern auch ein gutes Stück
Geldes dafür bekommen/ denn etliche un=
ter euch ein paar neuer Hoſen gar hoch
von nöhten haben / wil demnach von euch
ſämptlichen Herren Comödianten verneh=
men/ was ihr vermeinet/ daß wir zu dieſem
mahle ſpielen ſollen/ ob wir etwas Geiſtli=
ches/ oder etwas Weltliches ſollen fürſtel=
len? Von geiſtlichen Comödien habe ich
fünfe/ als die vom heiligen Hiob/ von Eſ=
ther/ von Judith/ von Tobias/ vom reichen
Mann und vom armen Lazarus? Auff die=
ſe Frage / fingen ſie alle gantz unordentlich
durch einander an zu ruffen / der eine wolte
Geiſtlich/ der ander Weltlich / jedoch wa=
ren nur fünffe unter dem gantzen Hauffen/
welche eine geiſtliche Geſchichte ſpielen
wolten/ als nemlich der Pühſterſticker/ der
Ratzenfänger / der Schornſteinfeger / der
Bürſtenbinder und der Kartenmahler /
dieſe fünfe rieffen über laut : Man müſte
　　　　　　　　　　　　　　　　den

den Ehstand mit Gott anfangen / und
dieweil ietzt allhie ein Königliches Beylager
würde gehalten / so müste man auch etwas
Geistliches spielen / und solte sich die Histo-
ria von Tobias gar wol dazu schicken / deñ
durch den Tobias könte der Printz / als
Bräutigam / durch seine Sara aber die
Printcessin als Braut verstanden werden.
Bald rieff hierauff der Schweinschneider /
was doch das für Possen wären? Ihr
Kerle / sagte er / habt keinen Verstand / wer
wil unter uns der alte Tobias seyn / und
sich lassen in die Augen schmeissen / und wer
ist unter uns so klein / der die Schwalbe
könte agiren? Das wil ich wol thun / sagte
Pickelhering / was gilts / ob ich nicht einen
so blind wil machen / daß er in etlichen
Stunden nicht viel liebliches sol sehen.
Halts Maul du Narr / rief der Diebefän-
ger / wer könte von uns der Fisch seyn / der
den jungen Tobias wolte verschlingen / a-
ber sich deßwegen müste zu Stücken hau-
en lassen / wer wolte sich / wie diesem armen
Fische geschehen / das Hertz und die Leber
lassen aus dem Leibe reissen? Dieses kan
unmüglich gespielet werden. Und eben also ist es auch mit den andern Comödien

be-

beſchaffen/rieff der Beutelſchneider/denn
wer wil ſich wie Haman/an einen Baum/
der fünfzig Ellen hoch iſt / laſſen auffhen-
cken ? Wer wil mit unzehlichen Schwähren beladen/ ſo lange Zeit in der Aſche ſitzen/
ſich mit Scherben kratzen / und von ſeinen neheſten Anverwandten / ſich einen
Hauffen unnützer Worte geben laſſen/ wie
Hiob hat thun müſſen ? Wenn ich Job
ſeyn ſolte/und ich würde von einem ſolchen
ungeſchliffenen Eliphaß von Theman mit
ſo unhöflichen Worten angefahren / ich
ſchlüge ihm bey dem Element an den Halß/
daß der rohte Safft darnach flieſſen müſte.
Ja/ ſagte der Kohlenträger / wer iſt wol
unter dem Hauffen/ der einen Abel agiren/
und ſich von Cain wolte laſſen zu tode
ſchlagen ? Der Scherenſchleiffer wolte mit
geiſtlichen Sachen auch durchaus nichtes
zu thun haben: Denn/ ſagte er/ wer wolte
unter uns ein ausſätziger Lazarus ſeyn/und
für des Reichen Thür auff dem Miſthauf-
fen liegen ? Und / wer wolte doch wol ein
Hund ſeyn/ und dieſem Bettler ſeine un-
flähtige Schwähren lecken ? Das thue
der Teuffel und ich nicht.   Ja/wer hat
Luſt im höllischen Feuer zu ſitzen / und mit
dem

dem Reichen das ewige Crucior zu schrey-
en/ dafür wil ich lieber einen gantzen Tag
gut Hamburger Bier und Taback sauffen.
Endlich ward über dem Gezäncke ein solches wildes und wüstes Geschrey/ daß keiner sein eigenes Wort hören konte/ biß daß
es zuletzt von Worten gar zu Schlägen
kam/ und sich der Pühsterflicker / Quack-
salber/ Ratzenfänger/ Schweinschneider/
Schornsteinfeger / Zigeuner / Besembin-
der/ Beutelschneider/ Diebesfänger/ Bür-
stenbinder/ Seiltäntzer/ Chartenmacher /
Kohlenträger/ Scherenschleiffer / Müller/
Kupler und Leinnenweber/ dergestalt zer-
zauseten / daß es für die Anwesende eine
Lust war/ solches anzuschauen / biß zuletzt
der Hr. Ambrosius/ der mit seinem Stabe
weidlich darunter schlug / aber drüber auch
manche rechtschaffene Ohrfeige wieder be-
kam/ Friede unter ihnen machte / da dann
nach langer Theidigung ein Außschuß võ
der gantzen Gesellschaft in 4. Personen be-
stehend/ die man für die allerklügste hielte/
ward gemacht/ die zuletzt beschlossen/ dz anfänglich eine ernsthafte Tragödia oder
Traurspiel/ dieweil Hr. Ambrosius vom
König vernommen/ daß er dieselbe gerne sehẽ
möchte/

möchte/solte fürgestellet/und denn folgendes Tages nach Belieben/eine lustige Comödie gespielet werden / zu diesem mahle
aber/ so bald nur die Königl. Gesellschafft
wiederum würde angelanget seyn/wolten
sie die betrübte Geschicht und jämmerliche
Begebenheit von Pyramus und Thysbe
denselben für die Augen stellen / welchen
Schluß die Herren Comödianten alle sich
letzlich wolgefallen liessen. Hierauf ward
nun die Außtheilung der Personen fürgenommen worüber sich denn abermahl ein
neuer Zanck erhub/der auch schwärlich ohne Stösse wäre abgelauffen / wann nicht
Herr Brosius ihnen so gute Worte gege-
ben/ der Pickelhering wolte ohne einkigen
Danck des Fräuleins Thysbe Person agi-
ren/ und ob man ihm wol fürhielte / daß
solches schier unmüglich wäre / angesehen
er einen grossen Bahrt hätte/ blieb er doch
dabey/ sagend / daß er denselben entweder
ins Maul nehmen / oder aber ein Pflaster
darüber legen wolte/ im übrigen/ wenn er
so gar klein und subtiel redete/ und mit einem schönen Frauen-Rocke/Schleyer und
Halß-Kette wäre gezieret/ solte einer tausend Eyde schwöhren / daß er die schönste
und

und perfecteste Dame von der Welt wäre/ womit der sinnreiche Pickelhering endlich die andere alle hat überredet / daß sie billigten / er unangesehen seines grossen Bahrtes / der Thysbe Person fürstellen solte. Der Bürstenbinder wolte mit gantzer Gewalt Pyramus seyn/ der Schornsteinfeger aber/ ward ihme von der gantzen Geselschafft fürgezogen/ denn sie sagten / daß keiner unter ihnen allen / so betrübet außsehen könte/ als der Schornsteinfeger/ und / dieweil dieses eine Tragödia oder Traurspiel seyn solte/ so müste derselbe mit seinem kläglichen Angesichte des Pyramus Person künstlich spielen. Wie nun dieses/ und was sonst mehr dazu gehöhret/ von ihnen also geordnet war / da kam der König mit seiner Geselschafft wiederum von der Jagd/ worauff die Herren Comödianten den Schauplatz so lange quittirten / biß der König und alle andere hohe Fürstl. Personen/ ein jedweder seine Stelle genommen / und der Herren Comödianten Gegenwart mit Verlangen haben erwartet. Indem fieng sich ihre/ der Comödianten Musick an / das waren sechs Maultrumpen / eine kleine Stock-Geige und

und eine übel geſtimmete Leyer / und dieſes
Klang ſo lieblich durch einander / daß auch
die Hunde dafür erſchracken und für
Furcht luſtig mit heuleten / welches ein
groſſes Gelächter verurſachete. Bald darauff / trat mein lieber Ambroſius / der alte
Küſter daher / deñ der war Prologus / oder
der Vorredner. Er hatte einen groſſen Prügel an ſtatt eines Scepters in der Hand /
trug ſonſt ſeine gewöhnliche Kleider uñ alten beſchabenen Mantel an / auf welchen ſie
ihme ein paar Gänſe-Flügel hatten gemachet / und eine Crone von gelben Papir
auffgeſetzet / anzuzeigen / daß er ein heiliger
Engel wäre / wobey ſich aber ſein langer
Zigenbahrt gantz und gar nicht ſchicken
wolte. Nachdeme er ſich nun etliche mahl
gegen die Zuſchauer geneiget hatte / fing er
ſeine Reymk an / das Buch gleichwol ſtets
in der Hand haltend / damit er nicht irren
möchte. Der Eingang ward gemacht mit
ungefehr dieſen Worten: Gott grüſſe euch
Hn. alle zuſamen / die ihr hier ſeyd zuſammen kommen ein ſchönes Spiel zu ſchau-
en an / das ein gar hochgelahrter Mann /
euch wil fürſtellen jetzt allein / von Pyramus und Thysbe fein / die ſich ſo ſchreck-
lich

Noch ſehr geliebet/ dz ſie der Tod auch hat be-
trübet/ und haben ſich ſelbſt umbgebracht/
hierauff nun gebet fleiſſig acht. Es brachte
dieſer Monſieur Prologus oder Ambroſius noch vielmehr dergleichen Reymen herfür / welche ich aber nicht alle behalten /
würde auch zu weitläufftig/ fallen alle ſeine
Narrenpoſſen zu erzehlen. Wie nun dieſer
Stümpper war abgetretten/ kamen Pyramus und Thysbe auff den Platz/ da dann
der König/ nebenſt den ſämptlichen Herren und Frauenzimmer ſich faſt zu Tode
gelachet hatten/ wie ſich Pickelhering mit.
ſeinem rohten rundten Bart/ mit Frauen-
Kleideren ſo ſchön angethan/ ſahen daher
ſpatzieren / er gieng ſo enge und redete ſo
klein / als wenn er ein Mägdlein von zehen
Jahren geweſen/ damit mä feſtiglich glauben ſolte/ daß er gar gewiß Thysbe wäre/
wie er denn auch gar verliebte Geberden
führete/ wenn er mit ſeinem Liebhaber dem
Pyramus redete/ endlich / (damit ich es
kurtz mache) namen ſie beyde Pyramus uñ
Thysbe Abſcheid/ daß ſie/ bey deme / ihnen
wol bewuſten Brunnen wiedrumb wolten
zuſammen kommen/ worauff ſie mit vielen
Hertzen

Hertzen und Küſſen von einander giengen.
So bald dieſe vom Platz waren/kam Meiſter Ambroſius und nebenſt ihm der Ra-
tzenfänger/ der Schweinſchneider, der Zigeuner und Seiltäntzer wiederum auffge-
tretten/ worauff Herr Broſius ſie folgender Geſtalt anredete : Ihr meine Herren
Kammeraden/ daß ich euch abſonderlich
habe erfodern laſſen/geſchiehet darum/daß
ihr mir bey dieſer hochwüchtigen Action o-
der Handlung mit Raht und That möget
zu Hülffe kommen.   Ihr wiſſet daß dieſe
Hiſtorien von Pyramus und Thysbe bey
der Nacht geſchehen / da gleichwol der
Mond gar helle hatte geleuchtet / denn ſie
ſonſt einander bey dem Brunnen nicht
hätten finden können.   Nun rahtet mir
doch/ wie wollen wir es machen / daß der
Mond ſcheinet ? Der Ratzenfänger gab
für / man müſte einen Mond von rohtem
und gelben Papier ſchneiden /und ſelbigen
oben an den Boden kleben.   Ey/ſagte der
Schweinſchneider / das iſt ein kindiſcher
Raht / wie kan ein Papierner Mond einen Schein von ſich geben / hätten wir etwas von dem verfaulten und bey der Nacht
glimmenden Holtze/ das wolten wir auff-
                                    hencken.

hencken. Narren allzumahl sagte der Zigeuner / der Mond stehet ja nicht immer
stille / sondern muß die gantze Nacht fortgehen. Mein Raht wäre / daß man eine
Leuchte nehme / darinn zwey oder drey
grosse Liechter / und hengete dieselbe an eine
Fleischgabel / welche einer unter uns stets
halten / jedoch alle Vierteil-Stunde ein
wenig damit fortgehen müste / das würde
natürlich anzusehen seyn / als wenn ein
Mond am Himmel stünde. Dieser
Vorschlag ward alsobald für den Besten
angenommen / die Fleischgabel mit der
Leuchte und angezündeten Liechtern herzu
gebracht / welche der Seiltäntzer steiff muste in der Hand halten / und also hatte auch
dieser Punct seine Richtigkeit.

Wie nun Meister Ambrosius mit den ü-
brigē dreyen wieder abgetretten war / kamē
zween andere / die brachten einen grossen
Kübel mit Wasser getragen / welchen sie
mitten auff den Schauplatz niedersetzeten /
sagende: Dieses ist der außgehauene Brun-
ne / bey welchem Pyramus und Thyßbe sollen zusamen kommen / und damit gingen
sie wieder davon. Flugs drauff kamen
abermahl zweene / die trugen ein grosses / etwas

was dick gepaptes Papir / darauff waren
Striche gemacht / als ob es eine Maur
ſeyn ſolte. Dieſes/ ſprach der eine / iſt die
Maur bey dem Brunnen / hinter welcher
Pyramus und Thysbe ſich hertzen und
umfangen werden/ dieweil aber dieſes ge-
pappete Papir von ſich ſelber nicht ſtehen
konte/ berichten ſich die beyde/ daß ſie nieder
knien / und die Mauer gleichſam alſo halten wolten / denn wann ſie beyde auffrecht
ſtünden / möchten ſie etwan können geſehen werden. Wie ſie nun alſo auff den
Knien ſaſſen und die Mauer hielten/ frag-
ten ſie den Mond: Ob er ſie auch ſehen könte? Der Mond oder Seiltäntzer mit der
Fleiſchgabel antwortete nein/ gar nicht/ damit winckten ſie dem Mond oder Gabel-
träger / daß er ja nichts mehr reden ſolte.
Worauff die Thysbe oder Monſieur Pickelhering in Frauen-Kleidern/ welcher ſeinen rohten Bahrt ſteiff hatte auffſetzen laſ-
ſen/ herfür tratt / und kläglich anfieng zu
ſingen : Wo bleibſt du lieber Pyramus
mein / ohn dich kan ich nicht frölich ſeyn /
bey dieſem klaren Mondenſchein/ ach komme doch bald und kuſſe mich fein/ und/ wie
ſie nun weiter fortfahren wolte/ kam einer /

der

der sonst der Besenbinder war / auf allen
vieren daher gekrochen / diesen hatten sie 4.
oder 5. Schaff-Felle um den Leib gebun-
den/damit er ja einem Löwen ähnlich sehen
möchte. Unter den Schaff-Fellen hatte
er drey junge Katzen/ und einen Topff mit
Blute. Wie nun dieser auff Händen und
Füssen also daher kroch / fieng er erschreck-
lich an zu brüllen / und sagte unterweilen
dazu: Ich bin die Löwin/ich bin die Löwin/
worüber das arme Jungfräulein Thysbe
oder Pickelhering so hefftig erschrack / daß
sie eyligst davon lieff und ihren Mantel im
Stiche ließ/ worauff sich die brüllende Löwin legte und herum welkte / ließ damit
ihre junge Katzen hinter den Schaffhäu-
ten herfür kriechen und auff den Platz lauf-
fen/und diese solten die junge Löwen seyn /
welche die Löwin gebohren. Darauff
gosse sie das Bluht auß dem Topffe auff
der Thysbe Mantel / und warff hernach
den Topff unter die Zuschauer in Stücken / und wie sie noch etliche mahl starck
gebrüllet und dabey gesaget hatte : Nun
habe ich meine junge Löwen gebohren /
samlete sie ihre Katzen wieder zu hauffe unter die Schaffs-Peltze / und kroch damit
von

von der Schaubühne hinweg. Bald darauff kam Pyramus oder der Schornſtein-
feger/ mit einem ſtarcken Prügel auff den
Platz getretten/ der folgender Geſtalt anfieng zu reimen: Nun Glück/wirſt du mir
laſſen kommen/ die ich hab in mein Hertz
genommen/ die allerſchönſte Thysbe mein/
die wil ich küſſen hübſch und fein.   Was
aber ſehe ich für mir liegen/ da ſolt ich wol
bald Furcht von kriegen/ ich ſehe es iſt ja
ohn alle Liſt/ daß diß der Thysbe Mantel
iſt/ Ach! ach ein Löw hat ſie zerriſſen/ jetzt
muß ich mich vor Angſt beſeichen.   Der
Löw hat ſie hinweg getragen/ ach könt ich
dieſem Schelm nachjagen! Nein ſie iſt tod/
ich wil nicht leben/ jetzt wil ich meinen
Geiſt auffgeben.   Auff dieſe bittere Klage/
riſſe der tapffere Pyramus ſein Wambs
auff/ und gab ſich mit dem Prügel einen
Stoß oder drey auff die Bruſt/ daß er jämmerlich zu rücke fiel/und Mors todt blieb.
Kaum war ihm die Seele zu den Elenbo-
gen außgefahren/ da kam die unglückſelige
Thysbe/ ſonſt Pickelhering genannt. Dieſe ſchöne Dame/ wie ſie vermeinte/ ihren
Pyramus friſch und geſund daſelbſt anzu-
treffen/ fand ſie ihn Stein todt liegen.
                                    Die-

Dieſes brachte ihr ſolche Schmertzen/ daß
ſie dem Schornſteinfeger alſobald auff
den Leib fiel und ihn wol tauſendmahl
küſſete / und dabey dieſe klägliche Worte
herauß ſtieß: Ach Pyramus nun iſts ge-
ſchehn/ muß ich dich tod/ tod/ tod ietzt ſehen? Ach Pyramus du treues Hertz/ was
fühle ich einen groſſen Schmertz/ ich kan
für Heulen nicht mehr ſingen/ ich wil mich
auch ums Leben bringen/ das Schwerd /
das dir dein Hertz durchſtoſſen / ſol mich
auch tödten gleicher Maſſen / und damit
ergrieff ſie des Pyramus Prügel/ gab ſich
damit von hinten zu etliche Stöſſe in den
Rücken (welches gar poſſirlich war anzuſehen) und damit fiel ſie bey ihren Liebſten
nieder/ und war ja ſo tod/ als er war. In
dem ſie aber nieder fiele/ rief ſie gar kläglich/
ach nun bin ich tod/ worauff der Pyramus
antwortete: Fürwar ich bin nicht tod/ worauff die Thysbe verſetzete / Ach mein lieb-
ſter Pyramus / ich bin ja ſo tod als du biſt.
Darauff kam des Pyramus Echo : Ach
mein hertzliebſte Thysbe / ich bin ja ſo tod
als du biſt / und wie nun dieſe Todten ſich
alſo mit einander unterredeten/ da kam einer mit der Trummel herfür geſprun-
J   gen/

gen/hinter welchem alle die andere Comödianten herlieffen/ hatten weiſſe Hembder
angezogen / die doch faſt alle ſchändlich
verſiegelt und vergüldet waren/und trugen
beſchmutzte Leuchten / welche an ſtatt der
Fackeln ſeyn ſolten/in Händen/dieſe wolten Geſpenſter heiſſen / und tantzeten nach
der Trummel mit ihren Leuchten um den
todten Pyramus und Thysbe/welche bißweilen die Häupter empor huben/ und mit
zuſahen/ biß endlich der Seiltäntzer / der
bißhero der Mond geweſen / länger nicht
ſtille ſtehen konte/ deñ er war des Tantzens
beſſer gewohnet als die andere / kam derowegen mit unter den Hauffen/und ſprang
luſtig nach der Trummel/ verſahe es aber/
und ließ die ſchwehre Fleiſchgabel mit der
Leuchten unter das Volck fallen / welches
ein/m fürnehmen vom Adel ein groſſes Loch
in den Kopff ſchlug / auch einem anderen
die Hand ſchwehrlich verwundete/ worüber ein groſſer Tumult und ein ſolches Geſchrey entſtund/ daß kein Menſch ſein eig-
nes Wort hören konte/ welches den Kö-
nig/der ſonſt zuvor über die gar zu alberne
Poſſen hefftig gelachet/dermaſſen verdroß/
daß er ſeinen Trabanten befahl / daß ſie

die

die Comödianten alſofort ſolten vom
Plaß prügeln / welches alles viel ernſtlicher
ward verrichtet als es befohlen/ und kriegten dieſe ungehobelte/ grobe Knollen greuliche Stöſſe / wobey auch der Halb-Ehr-
würdiger Herr Ambroſius nicht ward ver-
ſchonet / muſten alſo mehrentheils alle mit
blutigen Köpffen davon lauffen / welches
denn der klägliche Außgang dieſer herrlichen Tragödien geweſen. Dieſe Erzehlung
iſt gar artig/ ſagte Herr Ingeniander, und
hat mich/ zweifels frey auch meine Mittgeſellſchaffter höchlich vergnüget/ denn man
ſpühret darauß/ wie die ſinnreiche Engel-
länder/ die gemeine Comödiantē ſo unver-
mercket haben wollen auffziehen und klärlich erweiſen/ daß unter den jenigen/welche
Traur-und Freudenſpiele vorſtellen/ein gar
groſſer Unterſcheid/und daß (dem Spruch-
worte nach) nicht alle die jenige Köche
ſind/die lange Meſſer tragen / dahero auch
verſtändige Leute / nur zu ſolchen Spielen
Luſt haben/welche gar ſinreich mit geſchick-
lichen Umſtänden außgezieret/ auff einem
wol zugerichteten Schauplaß werden für-
gebracht/ und zwar dergeſtalt / daß nicht
H ij　　allein

allein die äuſſerliche Sinne dadurch ergö-
tzet; Sondern auch die Seele zu allerhand
Tugenden und löblichen Verrichtungen
angeführet werde.   Dieſes aber geſchiehet
nicht durch ſolche Gedichte / welche nur
heidniſche Götter einführen / oder darſtellen ; Sondern welche natürliche oder
künſtliche Händel außbilden / denn dieſe
zehnmahl mehr als die heidniſche Fabeln
nützen. Jch halte aber dafür / daß dergleichen Spiele / groſſe Unkoſten erfoderen /
ſagte Artiſander, wie ich ſolches in Jtali-
en wahr genommen / wenn man daſelſt
Freuden- und Dantzſpiele / Auffzüge und
Vorſtellung / mit aller An- und Zugehör
vollenkömmlich außgerüſtet / auff die
Schaubühne hat gebracht / da man trauen
des Geldes nicht geſchonet / angeſehen man
offt mit einem ſolchen koſtbahren Wercke
Jahr und Tag zubringen / und die allertrefflichſte Singer / von weiten Orten dazu erkauffen müſſen. Wie ich vernehme /
ſagte Ingeniander, ſo redet mein Herr vor
den Freudenſpielen / welche ſingend auffgeführet werden / wie dieſelbe in Welſchland
ſonderlich an den Höfen der groſſen Potentaten gebräuchlich / wir aber reden
allhi

allhie eigentlich von ſolchen Spielen / welche nur redend fürgebracht werden / denn
dieſe ſind bey uns Teutſchen gemein/ wiewol man auch gar ſchöne Singeſpiele in
Teutſchland/ ja auch / wie ich bin berichtet
worden / ſo gar in Niederſachſen hat laſſen höhren/ welches den Zuſchauern als ein
ungewohntes/ ſehr verwunderlich fürkom-
men/ und bin ich der Meynung/ daß unſer
Herr Palatin/ als der in ſeiner Jugend mit
den Traur- und Freudenſpielen / zimlich
viel hat zu ſchaffen gehabt/ uns gute Nach-
richt davon wird geben können. Was
mich betrifft/ ſagte der Herr Rüſtige / ſo
muß ich bekennen / daß gleich wie ich von
meiner Kindheit an/ zu dergleichen Ubungen groſſe Luſt gehabt ; Alſo ich auch viel
Arbeit darin verrichtet. Denn ich nicht
allein/ wie ich noch ein Knabe war / meine
Perſon vielmahls auff den Schauplätzen
dargeſtellet / welches auch hernach/ wie ich
ſchon eine geraume Zeit auff Univerſitäten
oder hohen Schuhlen gelebet / mehr denn
einmahl geſchehen ; Sondern ich habe
auch die Feder angeſetzet/ und ſo wol in meinem jetzigen / als da ich noch im ledigen
Stande geweſen/ unterſchiedliche Comö-
J iij   dien/

dien/Tragödien und Auffzüge geſchrieben/
daß/weñ ich dieſelben alle behalten/und ſie
mir nicht/ in den mir und vielen tauſend
Menſchen / hochſchädlichen Krieges-Zeiten hinweg geraubet/auch ſonſten wunderlich von Händen kommen wären / ich deren über die dreyſſig könte darlegen / und
gereuet mich nicht ſo gar die ſaure Arbeit/ſo
ich daran gewendet / ſondern vielmehr die
edle Zeit/ welche / nachdem mir dieſe ge-
ſchriebene Traur-und Freudenſpiele ſo liederlich hinweg geriſſen/gäntzlich iſt verlohren gangen. Unterdeſſen iſt nur meine Ire-
neromachia, oder Friede und Krieg/ (für
welches Spiel ich gleichwol eines anderen
Namen geſetzet/) meine Tragödien / als
H. robes und Perſeus/ nachgehends mein
Friedewünſchend/und eine Zeit hernach
/ mein Friede - jauchtzendes Teutſchland/
durch offenen Druck herfür kommen / die
andere ſind mir theils gar von Händen gebracht / theils liegen annoch in der Finſter-
nüſſe / unter welche auch meine faſt neu-
lichſte Traur-und Freuden-Spiele/als das
glückſelige Britannien /gegen das Tyran-
niſirte/ und das wieder befreyte Engelland
zu rechnen/und dieſe werden alſo gar nicht
be-

beunruhiget/unter andern meinen Sachen
wol veralten/ denn/ob ich gleich vielmahls
bin ersuchet worden/solche Arbeit ins Reine zu bringen uñ der neugierigen Welt mit
zu theilen/so habe ich mich noch bißhero dazu nicht können bewegen lassen/ denn mei-
ne/durch so vielfältige/müheselige Verrich-
tunge zimlich geschwächte Augen/ können
das Tag-und nächtliche Schreiben nicht
mehr vertragen / hierzu komt auch der
Geldliebenden Welt grosse Undanckbar-
keit/denn/was habe ich mehr davon/als ein
ander/der gar nichtes gethan/des verfluchten Neides und höllischen Mißgunst/ die
ich darüber außstehen müssen/ zu geschwei-
gen/wie denn dieselbe / wenn ich am aller-
fleissigsten gewesen/ Gott und meinem Ne-
ben-Christen zu dienen/ mir zum aller hef-
tigsten/ von vielen Orten hat zugesetzet ⁊
Ey/ das solte ein solches unverzagtes Ge-
mühte/ das so wenig nach der Welt fra-
get/billich nicht achten/sagte hierauff Herr
Phœbisander,es wird eines redlichē Mannes Arbeit wo nicht von allen/jedoch noch
von etlichen erkennet/ und ihme deßwegen
höchlich gedancket/ zu geschweigen / daß er

J jo   eben

eben hiedurch ſeinen rühmlichen Nahmen
kan verewigen. Das iſt zwar wol etwas/
ſagte der Rüſtige / aber ich halte es doch
auch für eine groſſe Eitelkeit / ich habe nun
meine Tragico-Comœdien, oder Traur-
und Freuden-Spiele ſchon acht und fünfzig Jahre in dieſer Welt geſpielet / ſuche
nun nicht mehr/ als nach Spielung ſo vieler Tragödien/ denſelben eine fröliche End-
ſchafft zu geben / Gott helffe mit Gnaden.
Das thue der frome Gott/ ſagte hierauf H.
Ingeniander, aber noch in etlichen Jahren
nicht/ denn er verſichre ſich / daß Leute gefunden werden/ die ſeiner noch zur Zeit vielleicht nicht wol können entrahten.   Aber
laſſet uns doch fortfahren in unſerem Geſpräche : Mein Herr Palatin berichte mich
nun ferner / ob ſchon in ſeiner Jugend die
Traur und Freudenſpiele ſo ſchön anmuhtig und nützlich wurden fürgeſtellet / als
heute zu Tage geſchiehet ? Bey weitem
nicht/ ſagte der Rüſtige/ ich habe von Hol-
ländern/ Brabändern/ Hochteutſchen und
Engelländern Spiele ſehen aufführen/ von
welchen man nicht urtheilen konte / ob es
Tragödien/ oder Comödien/ das iſt/ ob es
Traur- oder Freudenſpiele waren/ denn ſie
der

der Spiele Unterscheid selber nicht verstun-
den/ dahero sie offt in den allerernsthaffte-
sten Tragödien und traurigsten Begeben-
heiten/ so viel Narrenpossen fürbrachten /
daß man den Inhalt des rechten Haupt-
Spieles schwehrlich könte erkennen. Als
ich meine erste Tragödien spielete / ward
zwar dieselbe von Verständigen und dieser Kunst erfahrnen Leuten nicht wenig gelobet / die meisten aber waren nicht allerdinges damit zu frieden/ allein darum/ weil
keine sonderliche Pickelherings - Possen
mit untergemenget wurden/ dahero ich ge-
nöhtiget ward / zu einer jedweden tragi-
schen oder traurigen Handlung/ derer ins
gemein orey/ ein lustiges Zwischen-Spiel /
sonst Interscenium genandt/ (die gleichwol
mit dem rechten Haubtwercke eigentlich
nichtes zu schaffen hatten/) zu setzen/ worauff meine Spiele alsobald ein grosses Lob
erlangeten/ angesehen/ der Welt mehr mit
dem lustigen Joan Potage oder Hans Sup-
pe/ als mit dem traurigen und ernsthaften
Cato ist gedienet / wie solches die Erfahrung bezeuget/ sonst muß ich bekennen/ daß
diese Kunst nunmehr zehnmahl höher ist
gestiegen/ als sie für 30/ 40/ oder 50. Jah-

J b   ren

ren gewesen. Dazumahl habe ich gesehen/
daß zu Anfange der Comödien alle Spieler zugleich auff die Schaubühne tretten /
einen Kreyß schliessen und etliche mahl
rings musten herum gehen / damit sie also
sämbtlich und auff einmahl von den An-
wesenden/könten gesehen werden / welche
Anordnung mir aber niemahlen hat wollen gefallen/ wie es denn auch heute zu Ta-
ge/ bey verständigen Schauspielern / meines Wissens nirgends noch mehr üblich /
denn an statt dessen/daß man alle Spieler
zugleich läst aufftretten/ pfleget man dieser
Zeit/ehe man noch zum Spielen komt/die
Auffzüge einer jedweden Handlung durch
so viele Personen/ als bey solchem Auffzu-
ge erscheinen sollen/ fürzustellen / welche
Personen gantz unbeweglich wie die stei-
nerne Bilder / mit eben denen Geberden/
derer sie sich bey der Handlung sollen ge-
brauchen/ sich den Zuschauern müssen zei-
gen/ welches zwar fein anzusehen / aber
doch gleichwol von vielen Liebhabern dieser Kunst mehrmahlen wird getadelt /
denn/ wann diese Fürstellung/ (die man
gemeiniglich Vertoninge nennet) sind ge-
endiget / so weiß schon ein jedweder Zuschauer

ſchauer/ wie viele/ und was für Spieler /
auch wie ſie gekleidet ſind / in gegenwärtigen Comödien oder Tragödien erſcheinen
werden / welches die Luſt / die man ſonſt
aus Anſchauung ſolcher Spiele zu ſchöpffen vermeinet/ ſehr vermindert/ dann/ je öff-
ter neue Perſonen aufftretten/ die man hiebevor noch nicht geſehen / je vielfältiger
wird die Ergeßligkeit bey den Zuſchauern/
und je hefftiger mehret ſich das Verlangen
bald andere Spiele und Auffzüge für ſich
zu ſehen und anzuhören. | Man kan aber
den Inhalt oder die Meynung ſolcher
Schau-Spiele auff eine weite beſſere Art
präſentiren / welche / wie wir auffrichtig
müſſen bekennen / erſtlich von den Italid-
nern iſt entſproſſen / und ſolches wird zu
wege gebracht durch ein lebhafftes Mahlwerck oder ſchöne Schildereyen / die man
ſo offt kan verändern/ als man nur ſelber
begehret/ und ſolches zwar im Augenblicke/
es geſchiehet aber ſelbiges (meines Wiſſens) auff zweyerley Manier : Erſtlich /
daß ſolcher Schildereyen unterſchiedliche
hinter einander ſtehen/ und zwar alſo/ daß
wann etwas neues ſol fürgebildet werden/
man die erſte Schilderey hinter dem Tep-
I vj   piche

piche oder Vorhange/welche zu dem Ende
eyligſt müſſen herunter gelaſſen uñ wieder
auffgezogen werden/ſchleunig/ja gleichſã
im Augenblick hinweg ſchiebe / da ſich
denn alſobald etwas anders præſentiret
oder darſtellet/ welches den Inhalt des jenigen /was weiter ſol geſpielet werden /
gleichſam mit Fingern deutet ⸱ und dieſes
wird die Veränderung des Ortes oder
Schauplaßes genannt. Darnach werden
die Wände des Schauplaßes auch alſo ge-
bauet / oder zugerichtet daßman ſie / vermittelſt einer Rollen / geſchwinder / als
man eine Hand umwendet / kan umdre-
hen/und bald dieſes/ bald ein anders ſehen
laſſen/da kan man denn in ſolchen/ſonder-
derlich den Traur-Spielen/prächtige Pal-
läſte / herrliche Luſthäuſer / anmuhtige
Garten-Gebäue/in den Freuden-Spielen
aber / welche ins gemein von bürgerlichen
und wolbekannten Sachen handelen/ge-
meine Häuſer/ Kirchen / Märckte/ Brunnen und dergleichen / wo man aber von
der Viehzucht/ Fiſcherey/ Ackerbau/Land-
leben/ Schäfferey und was ſonſt mehr dazu gehöret/ ſpielet/ Wälder/Berge/Thä-
ler/Auen/Felder/Flüſſe/Bäche/Höhlen /

Dörffer

Dörffer/Teiche/und was sonst mehr auff
dem Lande zu finden / sehen lassen / welche
vielfältige Veränderunge / auch eine vielfältige Lust verursachen.　Oben über dem
Schauplatze / müssen auch schöne und
künstlich verfertigte Wolcken schweben /
aus welchen man Engel / Geister / Adler
und dergleichen kan herab bringen/ wiewol unser Christliche Potentaten mehr
von den verfluchten heidnischen Götzen
halten/ die sie offt auff ihren hohen Festen/
also lassen aus den Wolcken steigen / welches gleichwol ihren Christlichen Glauben/
wozu sie sich bekennen/ eine schlechte Ehre
giebet. In Summa / es gehöret über alle
Masse viel dazu / wenn man ein rechtgeschaffenes Traur oder Freudenspiel/(wollen hier aber nicht sagen von der Italiäner
kostbahren Singe-Spielen)gedencket für-
zustellen/welches alles von einem Hocherfahrnen / recht Kunst-und Sinnreichen
Poeten muß ins Werck gerichtet werden.
Ein solcher Poete nun/ (wie unser Hoch-
Edler Herr Spielender seliger gar vernünfftig erinnert) muß die Baukunst/ die
Perspectiv-oder Sehe-Kunst/ die Mahle-
rey/die Musick/ den Tantz/ auch sonst noch
viele

viele andere Dinge mehr verſtehen / auch
endlich aller Perſonen Geberden zierlich
nachzuahmen wiſſen, woraus erhellet, daß
gewißlich zu der Poeterey gar ein groſſes
gehöhret / und daß ſolche nicht nur in der
Kunſt beſtehe / etliche Wörter / Verßrich-
tig mit einander zu verbinden / (welches
das geringſte, und, wenn nicht die verſtändige Erfindung der Grund ſolche Gedich-
tes iſt / für Schulpoſſen zu halten) ſondern in einer Erfahrenheit vieler / ja aller
anderer Wiſſenſchafften, und dieſes bezeuget klährlich, daß die Poeterey kein Handel
iſt für den gemeinen Mann, dieweil ſie ſeinen Verſtand weit weit übertrifft / und er
davon zu urtheilen pflegt / wie der Blinde
von der Farbe.   Einen Zahnbrecher / einen Taſchenſpieler / einen Gauckler, einen
Pritſchenmeiſter und Spruchſprächer kan
der gemeine Mann wol verſtehen und mit
Belieben anhören / aber ein recht Poetiſches Gedicht / gehöret nicht für den einfältigen Pöbel ? ſondern für gelehrte und
mehr verſtändige Leute.   Aber / wir müſſen mit der Zeit auffhören, von dieſer Materien zu reden / die ſo weitläufftig iſt /
daß man nicht nur etliche Tage / ſondern
auch

auch etliche viele Wochen damit solte zu-
bringen/wer sonst Lust hat ein mehres hievon zu wissen/ der kan vor wolgedachten /
unseres hochberühmten Herrn Barßdörf-
fers fürtreffliche Schrifften/ wie auch unsers Herren Mit-Gesellschaffters des Edlen Candorins Schauspiele Entwurff /
welches er in 5. Theilen/ wiewol nur kürtzlich herfür gegeben / nebenst unterschiedlichen anderen/ so hievon geschrieben / mit
Fleiß durchsehen/ da er von einem und dem
anderen vieleicht etwas vollkommenen
Bericht wird finden. Es ist nicht ohne /
sagte Ingeniander daß wir uns bey meiner
alleredelsten Belustigung kunstliebender
Gemühter / das ist/ bey Fürstellung der
Schauspiele / Comödien und Tragödien
zimlich lange aufhalten/ und wir demnach
wol einen Schluß möchten machen / es
wird mir aber die löbliche Gesellschaft ver-
zeihen/ daß ich noch dieses frage : Ob es
besser sey/ daß man die Traur-und Freude-
spiele in gebundener oder ungebundener
Rede fürbringe ? Diese Frage ist etwas
schwär zu beantworten/ sagte der Rüstige /
zumahlē so wol diejenige/ welche in gebun-

De-

dener Sprache ihres Hertzens-Gedancken
an den Tag geben/ihre Meynung ja ſo wol
und kräfftig werden behaubten wollen/ als
die/welche nur frey und ungebunden re-
den/welche letztere doch / meinem wenigen
Bedüncken nach / ſonderlich/wenn es in
unſerer teutſchen Mutterſprache geſchie-
het/jenem etlicher Maſſen ſind vorzuziehen.
Es iſt zwar bekannt/ daß die Alte / ſo wol
Griechen als Lateiner/in gebundener Rede
oder Verßweiſe ihre Traur- und Freuden-
Spiele geſchrieben/ auch ohne Zweifel dieſelben alſo auff der Schaubühne dem
Volcke hie erzehlet/worinn ihnen denn die
Italiäner/Frantzoſen/ Niederländer und
vielleicht noch mehr andere Nationen nach-
gefolget/ wie denn noch heute zu Tage die
Holländer und Brabänder / wenn ſie
ſchon in Teutſchland ſpielen / ihre Comödien und Tragödien / gröſſern Theils
Verßweiſe pflegen vorzubringen / wie ſolches auch bey den vorbeſagten / und dieſer
Zeit auff der Nachbarſchafft oder wol gar
in Hamburg ſpielenden Jean Baptiſta ge-
bräuchlich/der auch ſo gar ſeine Poſſenſpie-
le in Reyme hat verfaſſet/worinn er ſonder
Zweiffel / etlichen Niederländiſchen Co-
mödien-

mödien- Schreibern / als dem Edlen und
Hocherfahrnen Peter C. Hooft/ Droſten
zur Muyden und Baliutu von Goyeland
nachfolget/der die ſchöne Comödien Gra-
nida genannt/wie auch die bewegliche Tragödien von Geerhart von Velzen / ferner
das Traurſpiel Banto oder Uhrſprung der
Holländer genannt / nebenſt dem Urtheil
Paridis/alle in Verſen hat verfaſſet / welche auch alſo geſpielet worden. Eben alſo
hat es auch gemacht Gerbrand Adrianſen
Brevers / der ſcharffſinnige und wackere
Amſterdammer deſſen Traur-und Freuden-Spiele / als Griana, Rodderick und
Alphonſus, Lucella, heet Moortien / der
Spaniſche Brabänder/ der ſtumme Ritter und andere alle/ in Verſen werden ge-
funden/welche auch zu Amſterdam / und
anderen Orten in Niederland offt und
vielmahle alſo auff den Schau-Platz gebracht worden/Nun laſſe ich zwar einem
jedweden dieſes Falls machen/ was er wil/
wann aber ich für meine Perſon von dieſer
ſchönen Kunſt eine eigentliche Profeſſion
machen/ und einen rechten Comödianten
geben ſolte / würde ich in unſerer teuſchen
Sprache/ niemahlen einiges Traur-oder
Freu-

Freudenspiele Reymweise lassen fürbrin-
gen/denn/ was die Freyheit im Reden/für
einen Vortheil habe/für die jenigen /
sich an etwas gewisses / als die Verß oder
Reyme sind/so gar eigentlich binden müs-
sen/ist nicht außzusprechen. Wer frey redet/
der achtet es nicht/ob er gleich zu Zeiten einmahl fehlet oder anstösset / er kan sich bald
wieder begreiffen und solche Worte finden/
welche die Meynüg des Spiels deutlich genug entdecken/das wil aber bey den Rym-
Comödien gar nicht angehen. Ich hab
selber unterschiedlich mahl gehöret/daß die
Personen bey den Brabändern / die alle
ihre Schauspiel in Versen oder Reymen
vorbringen / wenn sie nur einmahl stecken
bleiben / sich hernach nicht haben wieder
können herauß wicklen/wie sie denn gantze
Blätter aussen gelassen und überhüpffet /
woburch der wahre Verstand des Spieles
gantz und gar ist verdunckelt worden.
Verbleiben demnach wir Teutschen billich/
bey reiner/ungebundener Rede / wobey
man auch viel freyere Geberden kan ge-
brauchen/da man sonst offte muß zucken /
wenn man Reymweise redet/ daß aber bißweilen

weilen unter die ungebundene Reden/seine
anmuhtige Lieder/ (jedoch nach Beschaffenheit der Sachen/) gemischet werden/ist
eben nicht undienlich / sondern pfleget so
wol den Traur-als Freuden-Spielen eine
feine Zierd und Ansehn zu geben. Im ü-
brigen / sollen und müssen dergleichen
Spiele allezeit Ehrreich seyn/damit die Zuschauer / dadurch gebessert und erbauet
werden / wie dann mancher ruchloser
Mensch zu seinen Gedancken komt/wenn
er in dergleichen Schau-Spielen klährlich für Augen siehet/ wie die Laster offt so
greulich gestraffet/und boßhaffte Leute ein
erschreckliches Ende nehmen / wie mir
denn wol Exempel bewust/ daß junge Leu-
te/ die von böser Gesellschafft zu allerhand
Lastern angelocket gewesen/ durch fleissiges
Anschauen solcher Spiel-Geschichte / in
welchen die Tugend hoch belohnet/ die Laster dagegen gar scharff angesehen worden/
auff einen guten Weg wieder gebracht
sind / und zu tapfferen/ ja Gott/ Kunst-
und Tugendliebenden Männern worden/
zu geschweigen / was für Nutzen Junge-
Gesellen davon haben/ wenn sie selber mit-
spielen/ wobey sie nebenst Erlernung der
Wol-

Wolredenheit und anständiger Sitten /
auch freyes und behertztes Gemühtes werden / und wolte ich in Warheit nicht ein
grosses nehmen / daß in meiner Jugend /
ich mich nicht so fleissig in dergleichen
Schauspielen hätte geübet.   Was hält
aber mein Herr Palatin von den jenigen /
fragte Artisander, welche in ihren Traur-
und Freudenspielen / fast anders nichtes
thun / als daß sie andere Leute durch die
Hechel ziehen / ja sich manchesmahl nicht
scheuen / auch wol grosse Herren zu be-
schimpffen? Dieses letzte / sagte der Palatin /
läst sich gar nicht verantworten / den grosse
Potentaten / Fürsten und Herren / welche
in heil. Schrifft Götter genennet werden /
muß man billich unbeschimpffet lassen / ist
auch mancher / der so kühn gewesen / solches
zu thun / oft gar übel deßwegen ankommen.   Sonsten haben die Comödianten /
als etlicher massen Satyrici / mit Stichel-
Reden grosse Macht / lasterhafften Personen tapffer auff die Haube zu greiffen / und
deroselben Untugenden gleichsam lachend
zu straffen / man muß aber auch hierin
Masse zu halten wissen. Gleich jetzt erinnere
ich mich einer Comödien / welche ich in meiner

ner Jugend von den Engellandern habe
gesehen spielen in einer grossen/ Volckreichen Stadt/die ich nicht nennen wil. Es
hatte eben dazumahl ein grosser und hertz-
haffter Potentat/ mit welchem die Stadt
nicht gar zu wol stund/ eine stattliche Krie-
ges-Macht auff die Beine gebracht/welche
ihr Lager nahe bey der Stadt hatte / nicht
zwar zu dem Ende/ daß er derselben feind-
lich wolte zusetzen/ sondern vielmehr einem
anderen Krieges-Herren / die gleich dazumahl anderswo gegen einander zu Felde
lagen/etlicher Massen eine Furcht einzuja-
gen Nun begab sichs / daß täglich viele
fürnehme Krieges-Bediente/ aus dem Lager in die Stadt giengen / ritten und fuh-
ren/ allerhand Sachen / derer sie benöhti-
get waren/ zu kauffen/da sie den auch häuffig bey den Comödien sich finden liessen /
und eine sonders grosse Lust an denselben
schöpften. Eines Tages / wie das Comö-
dien-Hauß so wol mit Soldaten und
Krieges-Bedienten als Bürgern der
Stadt sehr war angefüllet / spieleten die
Comödianten/von einem Könige / der seinen Sohn/ den Printzen mit des Königs
von Schottland Tochter wolte verheyrah-
ten.

ten. Unter andern Handlungen geschah
es/daß/wie der Printz oder Bräutga[m]
mit etlichen feiner Edelleuten / auff d[er]
Schaubühne/von feinem herrlichen / b[e]
vorftehenden Beylager fich unterredete/e[t]
liche mahl gar ftarck ward gefchoffen u[nd]
dabey auch Paucken gefpielet und m[it]
Trompeten geblafen. Der Printz fra[g]
te feine Edelleute / was das zu bedeut[en]
hätte/er möchte wol wiffen / demnach[t]
fchier vermuhtete/daß es auff dem Kön[ig]
lichen Schloffe wäre/wer fich doch dafe[lbft]
fo luftig machete : Der Stallmeifter/ d[er]
viel bey dem Printzen zu fagen hatte/a[nt]
wortete : Mich wundert / daß J[hr]
Durchleuchtigkeit noch darnach frag[en]
mögen/es ift eben derfelbe / der alle T[age]
auff folche Art turniret / luftig heru[m]
fdufft/bey den Damen fitzet / bey welch[en]
angenehmen Ubungen denn frifch muß g[e]
fchoffen/gepaucket und geblafen werd[en]/
diefes Handwerck treibet man ja täglic[h]
Wunder / wie man es noch kan außh[al]
ten! Der Printz fahe den Stallmeifter [ü]
ber die halbe an und fagte: Oho/ich verft[e]
he euch wol/ihr meinet / unferen Herr[en]
Vatter den König/und damit fchwieg er
ftille.

ſtille. Die Officirer oder Kriegs-Bediente /
welche dem Freudenſpiele zuſahen / verdroß
dieſer Stich gar hefftig / die Bürger a-
ber und Stadt-Leute lacheten ins Fäuſt-
chen / und lobten die Comödianten / daß ſie
den König ſo artig beſchrieben hätten / a-
ber dieſe Freude währete nicht lange / denn
bald hernach / wie der König mit dem
Printzen und ſeinen fürnehmſten Rähten
auff der Schaubühn ſich befunden / ward
gefraget / woher man doch den Sammet /
Seiden / gülden Stücke / güldene und ſilberne Spitzen / Tuch / Hühte / ſeidene
Strümpffe / und was ſonſt mehr auff das
Beylager von nöhten / nicht nur für den
König und den Printzen; Sondern auch
Liberey-Kleider darvon machen zu laſſen /
ſolte verſchreiben? Worauff der eine Vene-
tien / der ander Amſterdã / der dritte Genua /
der vierdte Augſpurg / der fünffte Leipzig / der
ſechſte Franckfurt / andere noch andere
Städte fürſchlugen / biß endlich einer herauß fuhr und ſagte; Was haben wir doch
von nöhten ſo groſſe Unkoſten zu machen /
und die Sachen eben von ſo weit abgelegnẽ
Dertern holen zu laſſe / da wir ja die Stadt /
bey welcher wir unſer Läger ietzo geſchlagen /
gleichſam

gleichſam für der Thüre haben / und
dieſer Stadt können wir ja alles das
bekommen/was wir auf dem Beylag
nöhtiget ſeyn werden. Was/ſagte der
nig/ ſolten wir dieſer Stadt unſer
gönnen ? Wiſſet ihr nicht/daß die
wohner die allergröſſeſte Betrieger /
dieſe Kauffleute die gottloſeſte Sch
ſind / welche in gantz Europa gefu
werden? Ich kenne die Bürger und K
leute dieſer Stadt von vielen Jahren/
habe es mehr denn eir mahl erfahren/
ſie nirgendswo mehr nach dichten
trachten/ als wie ſie redliche Leute um
ihrige bringen/ ſie vorſetzlich betriegen/
Waaren ſteigern/oder für doppeltes
verkauffen / und nur ſich ſelber durch
ten/ Wuchern und Banquerott Spi
mögen bereichern/ ehe wir von ihnen e
wollen kauffen / ſolten die Sachen /
wenn ſie auch noch ſo viel koſteten/gar
Japon oder China gebracht werden.
ſer ſchöne Lobſpruch machte die Zuſch
ende Cavallier und Krieges-Bediente
zuvor wegen des ihrem tapfferen König
gebenen ſchimpflichen Stiches/ leider
er hatten ausgeſehen/von Hertzen widr
                                    lachen/

ichen/ daß ſie ſagten / ey / das war recht /
aß wolten die Pfefferſäcke haben/ ſo muß
man ihné die Warheit ſagen! Die Bürger
ber/ die ſich zuvor mit des Königs Schieſ-
n und Trincken / wacker gekitzelt / lieſſen
unmehr den Kopf hangen/ ſahen aus wie
in Eſſigkrug / und wünſcheten / daß die
Comödianten mit ihren Spielen für
den Teuffel wären. Wie nun beſagte Comödianten es auff beyden Seiten alſo hat-
en verkerbet / und ſie ſahen / wie ſo wol
Bürger als Soldaten ihnen die Köpffe
uſchüttelten/ und mit den Fäuſten dräue-
en / brachten ſie den dritten Auffzug und
war auff nachfolgende Art: Wie der König abermahl nebenſt dem Printzen und
einen fürnehmſten Herren auff dem Theatro oder Schaubühne ſich befand / kam
in Edelman / und gab ihrer Königlichen
Majeſtät unterthänigſt zu vernehmen/ daß
ine Compagnie Engländiſcher Comödianten wäre ankommen/ welche / nachdem
ie verſtanden hätte / daß ein hochanſehn-
iches Beylager daſelbſt ſolte gehalten wer-
en/ unterthänigſt bäten / ob ihnen nicht
möchte erlaubet ſeyn/ etliche ſchöne Comödien und Tragödien auf demſelben zu ſpielen?

K

ler? Was/ſagte der König/Comödianten?
Wo führet der Hencker dieſe leichtfertige
Buben her/ hinweg mit dem Geſchmeiß!
An Comödianten iſt ja kein redliches Haar/
die rechte Gottesläſterer / die Lügner /
die Huren = Jäger / die Geld = Auß=
ſauger / die Landläuffer ſind nicht wehrt/
daß ſie der Erdboden ſol tragen/ laſſet ſie
nur herkommen/ ſie ſollen mir bald bald ei=
ne Comödia im Zuchthauſe vom Herren
Raſpinus ſpielen/ oder ein Ballet für den
Dreck=Karren tantzen / die Gottesſchän=
digten Buben. Ja nicht allein der König/
ſondern auch faſt alle ſeine Edelleute ſchal=
ten/ dem Könige zu Gefallen/ die arme Co=
mödianten für Schelme und Diebe / die
man mit faulen Eyern ſolte zum Lande
außwerffen.   Hierüber wurden nun bey=
des Bürger und Soldaten wiedrum lu=
ſtig/ demnach ſie ſich bedüncken lieſſen/daß
ſie nun rechtſchaffen an den Schmähe=
Vögeln den leichtfertigen Comödianten /
die ſie aller ſeits ſo hefftig beſchimpffet hat=
ten/waren gerochen. Das iſt gewißlich ei=
ne recht artige Erfindung geweſen / ſagte
Herr Ingeniander,daß dieſe ſchlaue Schäl=
cke/ nachdem ſie erſtlich dem König einen
                                        ſpött=

ſpöttlichen Stich gegeben / nachgehends
die Bürger und Kauffleute grob geſchmä-
het / endlich ſich ſelber zum allerhefftigſten
angegriffen / und dadurch allen Neid und
Widerwillen klüglich von ſich abgewen-
det/unterdeſſen mögen vernünftige Comödianten wol zuſehen/daß ſie gleichwol nicht
zu grob hechlen / denn es nicht allemahl
gleich gut zu gerahten pfleget / drum ſol
man nur dieſen Wahlſpruch mit Rechte
von ihnen können ſagen : Sie nützen und
ergetzen. Ich verbleibe immittelſt der un-
vorgreiflichen Meynung / daß Traur= und
Freudenſpiele für die alleredelſte Beluſti=
gung kunſtliebender Gemühter ſollen
und müſſen gehalten werden / womit ich
auch zu dieſem mahle meine Rede wil beſchloſſen haben.

Mein Herr Geſellſchaffter ſol freund=
lich bedanckt ſeyn / ſagte hierauff der Rüſtige / daß er uns ſeine Meynung wegen
unſerer fürgeſtelleten Frage / ſo fein deutlich hat wollen zu verſtehen geben/der Herr
Phœbiſander , wird ſich nun ferner belieben laſſen / auch ſeine Gedancken uns zu
entdecken / wir werden ſeine Erklährung
mit

mit Fleiſſe zu vernehmen / uns angelegen
ſeyn laſſen.

Demnach es meinen ſämtlichen / hochgeehrten Herren alſo gefällig / daß auch ich
auff die Frage: Welches doch wol die alleredelſte Beluſtigung kunſtliebender Gemüther ſey / mich ſol heraus laſſen; So bin
ich ſchuldig und verpflichtet / ihnen dieſes
Falles zu wilfahren / wolte Gott ich es nur
ſo treffen könte / daß ſie damit vergnüget
wären. Ich kan zwar nicht in Abrede
ſeyn / daß die Komödien und Tragödien /
wenn ſie nur recht und wol fürgeſtelt werden / die kunſtliebende Gemühter ſehr beluſtigen / bin aber der unfürgreifflichen Meynung / daß die edle Muſick oder Singe-
Kunſt / welche man billich eine recht him-
liſche / ja göttliche Gabe oder Geſchenck
kan nennen / allen Traur- und Freuden-
Spielen weit weit ſey fürzuziehen. Gewißlich / Herr Phœbiſander, ſagte hierauff
Ingeniander, er hat ſonderliche Uhrſache /
die Muſick höchlich zu preiſen / dieweil / wie
ich bin berichtet worden / er nicht allein in
dieſer Kunſt hoch erfahren / und fürtrefflich
auff der Lauten ſpielet; Sondern auch etl-
cher maſſen Profeſſion davon machet / und
andere

andere darinn unterrichtet / zudem schicket
es sich sehr wol/ daß er von dieser Materia
so rühmlich redet / angesehen die Schau-
spiele nimmermehr ohne Music seyn
müssen/ sonderlich artet sich dieselbe treflich
wol in Tragödien / wenn gar traurige
Handlung für sich gehen / daß alsdenn eine sehr sanfft und klägliche Music gemachet / und ein füglicher Text darzu gesungen wird/ es ist nicht zu glauben/ wie kräf-
tig dieses / die Gemühter kan bewegen.
Daß dieses wahr sey/ sprach der Rüstige /
habe ich selber/ unterschiedliche mahle bey
Fürstellung trauriger Geschichte auff der
Schaubühne erfahren. Als ich einsmahlen die Person eines grausahmen Tyran-
nen spielete / und ein unschuldiges / gar
schönes Weibesbild jämmerlich ließ hin-
richten/ welcher bluhtiges Haupt man bald
hernach auff der Taffel in einer Schüssel
sahe stehen/ ließ ich ein Lied / welches eine
gar klägliche Melodia hat/ und dessen Text
mit diesen Worten anfähet: Ach nun habe
ich dir mein Leben/ bleicher Tod ergeben /
u. s. w. sehr traurig spielen und singen/ worüber die Gemühter der Zuschauer/ sonderlich bey dem zahrten Frauenzimmer der-

K iij   gestalt

geſtalt beweget wurden / daß viele unter ihnen häuffig ihre Trähnen vergoſſen. Wir
hatten aber dazumahl einen ſehr guten
Capel-Meiſter / nemlich den berühmten
Engelländer Wilhelm Brade / deſſen Ge-
hülffe war / Herr David Kramer / ſel. Gedächtnüſſe / ein gelehrter Studioſus und
ſtattlicher Muſicus dabey / wie das die ſchönen Stücke / welche er zu den Comödien
und Tragödien ſelbiger Zeit geſetzet / nunmehr aber in offenem Drucke ſind zu finden / genugſam bezeugen. Als ich nach ge-
endigter Tragödie etliche fragte; Warum
ſie doch ſo bitterlich hätten geweinet / da ſie
ja wol gewuſt / daß es nur erdichtete Sachen / dem Weibesbilde auch der Kopff
nicht warhafftig heruntergehauen / ſondern nur durch die Taffel geſtecket / und der
Halß mit einer ſolchen Schüſſel / die man
in der Mitte von einander thun könte / umfangen geweſen? Gaben ſie mir zur Antwort / daß ſie nicht ſo ſehr durch die jämmerliche Hinrichtung des unſchuldigen
Weibesbildes / als durch den kläglichen
Tod der Muſick / und das bewegliche
Traur-Lied / das dabey geſungen / in ſolchen Kummer wären geſetzet / ja ſo gar ihre
heiſſe

heisse Trähnen außzustürtzen gereitzet/und
gezwungen worden.

Ist das aber nicht eine treffliche Würckung dieser unvergleichlichen Kunst/sagte
hierauff Phœbisander, und habe ich nicht
grosse Ursache/ Deroselben für allen anderen dem Preiß zu geben? Davon wollen wir
jetzo nicht streiten/ antwortete Artisander,
nur das wolte ich fragen: Wenn mein Hr.
Geselschaffter die edle Musick so hoch erhe-
bet/ ob er dadurch die Vocal-Musick/ das
ist die/ welche durch menschliche Stimmen /
oder durch die Instrumental-Musick/das
ist die / welche durch allerhand Musicalische Instrumenten wird zu wege gebracht/
wolle verstanden haben ? Ingleichen
möchte ich wol wissen / ob mein Herr ein
solches Lob eben der Musick / welche die
Alte verstanden und außgeübet/ oder nur
der heutigen/ unter uns gebräuchlichen /
wolle zugeleget haben? Ich rede allhie ins
gemein/ versetzte Phœbisander, denn /
durch das Wörtlein Musick/ verstehe
ich so wol die jenige / welche mit Stimmen / als die / welche mit unterschiedlichen Instrumenten wird gemacht.
Im übrigen lobe ich eigentlich die

Muſick / welche heut zu Tage von den aller fürtrefflichſten und kunſtreicheſten Mei-
ſtern wird geübet/ wie dieſelbe an Käyſerl.
Königl. Päbſtl. Chur- und Fürſtl. Höfen
ſind zu finden / die dann gemeiniglich in
ihrer Kunſt ſo färtig / daß man ſich drüber
zum allerhöheſten muß verwunderen. Es
können aber (ſagte hierauff Artiſander,)
die heut zu Tage lebende Muſicanten mit
den Alten in keinem Wege verglichen werden. Warum das nicht/ fragte Phœbiſander? Darum / ſagte er / daß die jetzige
Muſici mit ihrer Kunſt und Wiſſenſchaft/
das nimmehr leiſten / oder zu Wege bringen können/ was die Alten gethan haben.
Ja ich darff wol kühnlich ſagen / daß wir
zu dieſer Zeit/ für Jammer gleichſam nur
im Schatten ſingen und ſpielen. Denn /
wo findet ſich wol heute zu Tage ein Aſclepiades, deſſen Muſick ſo kräfftig war/ daß
er durch dieſelbe eine groſſe Auffruhr / die
unter dem Volcke war entſtanden/ ſtillete/
und alles fein wieder zu recht brachte; Wo
haben wir zu dieſer Zeit einen Damon/ der
die freche und unbändige Jugend / bloß
durch ſeine gravitätiſche Muſick und ernſthaffte Tonos oder bewegliche Sangwei-
ſen/

ſen/dergeſtalt konte zähmen / daß ſie alle
Büberey/ Leichtfärtigkeit und Uppigkeit
zurücke ſetzend/ und die Laſter verflachend/
der Ehrbarkeit ſich gäntzlich ergaben/ und
den rühmlichſten Tugenden mit höheſtem
Fleiſſe nachhingen? Wer bringet uns heute zu Tage einen Craten ſiſchen Thales/der
durch ſeine fürtreffliche Muſick und überauß liebliches Pfeifwerck/allerhäd ſchwehre Kranckheiten/ ja die giftigſte Seuche
der Peſtilentz konte vertreiben und hinweg
jagen? Wenn wir bey dieſer Zeit durch
unſere jetzige / ſo wol bey den Höfen der
großmächtigſten Potentaten / als in den
fürnehmſten Städten gebräuchliche Mu-
ſick/ dergleichen Wunder könten verrich-
ten/ und ſolche Würckunge ſehen laſſen /
ſo wolte ich ſelber bejahen/ daß ſie die gröſſeſte und herrlichſte unter allen freyen Künſten wäre zu ſchätzen.   Es muß gleichwol
ein jedweder vernünfftiger Menſch beken-
nen/ daß das ewige himmliſche Licht / der
allergröſſeſte Gott / ſey der wahre und eintzige Uhrſprung oder Anfänger aller Harmonien und Ubereinſtimmung/ denn die
Harmonie hat ihre Ordnung / und errei-
chet die Einigkeit.   Nun iſt ja Gott der

                    K 9   An-

Anfänger und Fortſetzer aller Ordnung /
dabenebenſt auch die höheſte Einigkeit.
Was mehr! Gott iſt die allerhöheſte und
unaußſprechlichſte Freude / dahero die jenige / die ſich recht erfreuen / ſind Gott ſo
viel näher / weßwegen auch die alten Philo-
ſophi oder Weißheitkündiger nicht übel geſaget haben / daß das Gemühte eines klugen und verſtändigen Menſchen / ſchwebe
allezeit in Freuden.   Was iſt aber eigentlich Freude! Nichtes anders / als eine rechte Harmonie oder Übereinſtimmung / welche durch kein beſſer Mittel / als durch die
edle Muſick in den menſchlichen Hertzen
kan erwecket und fortgeſetzet werden. Dieſes alles ſtreite ich nicht / ſagte Herr Artiſander, ſondern bin mit meinem Herren
Geſellſchaffter dieſes Falles gantz einig /
nur das kan und wil ich behaubten / daß die
heutiges Tages übliche Muſica / eine ſo
herrliche Krafft und treffliche Würckung
bey weitem nicht ſpühren läſt / als die Muſica der Alten gethan hat.   Ey warumb
ſolte ſie das nicht thun können / verſetzte
hierauff Phœbiſander, wird doch von allen recht gelehrten und Muſick- erfahrnen
Herren geſtanden / daß die unvergleichliche
Kunſt

Kunst und Wissenschafft der Musick/ nunmehr auff das allerhöchste sey gestiegen / woraus nohtwendig muß folgen/ daß sie in alten Zeiten / lange so vollenkommen nicht gewesen / als sie nunmehr wird befunden/ denn sonsten könte man nicht sagen/es wäre mit ihr auff das Höheste kommen? Recht so / antwortete Artilander , ich läugne nicht / daß die Musick trefflich hoch sey gebracht/ wenn ich betrachte die vielfältige Enderung der Harmonien und die mancherley künstlich gesetzte Stücke/ wie auch die sonderbahre und hertzbeweglliche Art/ derer sich die heutigen Musici auf unterschiedlichen ihren Instrumenten gebrauchen/ denn/ in diesem allen sind sie den Alten sehr weit überlegen : Nur dieses kan ich erweisen / daß die Musici bey den Alten gar viel grössere Krafft und Würckung gehabt/ als die heutige/ denn in und bey ihrer Musick ist gleichsam eine himmlische und göttliche Krafft gewesen/ welche bey der heutigen gar schwehrlich / es wäre denn etwan unbekannter und verborgener Weise zu finden. Man sehe doch nur die eintzige Geschicht von David un Saul an/ welche beschrieben wird im ersten Buche

Sam. am 16. Cap. da wir vernehmen
daß der Geiſt des Herren ſey von Saul ge-
wichen / und ein böſer Geiſt habe ihn ſo
unruhig gemachet / darauff gaben ſei-
Rähte und Diener den Anſchlag / d[aß]
man einen Mann ſuchen ſolte / der n[ur]
könte auff der Harffen ſpielen / auff d[aß]
wenn der böſe Geiſt Gottes über ihn kä-
me/ er mit ſeiner Hand ſpielet / und es be[ſ]-
ſer mit ihm würde / worauff Saul ſeine[n]
Knechten befahl/ daß ſie ſich ſolten umm[e]
ſehen/ nach einem Manne/ der es wol könn-
te auff Seitenſpiel.   Da hat man de[n]
Sohn Iſai/ nemlich David gefunden/de[r]
ſehr wol und fertig auff der Harffe ſpielete.   Dieſer ward ungeſäumt hinein gebracht zu Saul/ ſo bald nun der unruhige
Geiſt über Saul kam / nam David ſein[e]
Harffe und ſpielete darauff mit ſeine[r]
Hand/ alsdenn erquickete ſich Saul un[d]
ward alſobald beſſer mit ihm/ und der böſe
Geiſt wiche von ihm.   Das laß mir ein[e]
herrliche und kräfftige Würckung de[r]
Muſick ſeyn / wodurch ein ſo mächtig[er]
Geiſt als der Satan iſt / hat können vertrieben und in die Flucht gejaget werden.
laß mir einen eintzigen Muſicanten heute
zu

ju Tage dieses nachthun/ so wil ich ihn /
als einen tapfferen Helden abbilden! Die
Italidner zwar halten sich dieser Zeit für
die allerfürtrefflichste Meister in der Mu-
sick/ da wir doch auch in Teutschland/ solche herrliche und begabte Männer haben /
daß sie den Welschen im geringsten nicht
dörffen weichen ; Aber ich wil ihnen Trotz
gebohten haben/ laß nur ankommen ihren
Prosperum Sabtinium, Hannibalem Zoi-
lum, Archanum de Crivellio, Asprilium
Pacelli, Joan: Baptist: Luentellum, Fran-
ciscum Columbinum, Innocentium, Vi-
varinum Bastian. Misorocam Raven.
Hortensium, Polydori Camerinum, lasset
herfür traben die grossen Künste ihres Cas-
pari Cassati, ihres Rigatti, Suevi Donati,
Jacomi Charissimi, Francisci della Porta,
Foggii, Marini, Alexand. Grand. Mon-
tevverd. Minotii, Rovetiæ, Frescobaldi ,
Lilii, und wie ihre grosse Künstler etwan
alle mehr heissen mögen/ laß sie ankommen
und versuchen/ ob sie mit ihrer Musick/und
wenn sie gleich dieselbe durch etliche hundert Musicanten vorstelleten / auch das
allergeringste und schlechteste Teufelchen
könnten verjagen/was gilts/ob sie nicht alle
mit

mit einander ſtumpff anlauffen werden ?
In Anſchauung dieſer merckenswürdigen
Geſchicht/ſo ſich mit Saul und David zugetragen / erhellet klährlich/ daß die edle
Muſica zur ſelben Zeit tauſendmahl kräfftiger geweſen/als ſie nunmehr zu finden /
denn ich bin der gäntzlichen Meynung/daß
dieſes Mittel / den Teufel zu vertreiben /
nicht nur am Könige Saul/ſondern auch
ſchon zuvor an vielen anderen/ſey practici-
ret und verſuchet / auch bewehrt erfunden
worden/ und ſolches zu glauben / bewegt
mich der Vorſchlag der Königlichen Rähte / welchen ſie dazumahl / als ein böſer
Geiſt vom Herren Saul plagte / gethan
haben : Denn/ woher wuſten ſie doch/daß
das künſtliche Spielen auff der Harffen
den böſen Geiſt konte vertreiben? Ohne allen Zweiffel haben ſie erfahren / daß dieſes
ſchon bevor mit anderen angangen/ dahero ihr Raht/ den ſie gegeben / nicht etwan
ungefehr / oder aus ihrem eigenen klugen
Gehirn/ ſondern aus der Erfahrung her-
kommen/und/ dieweil dazumahl die Muſic eine ſo ſo herrliche Würckung gehabt/
daß ſie hat können den Teufel vertreiben /
ſolches aber die heutige nicht vermag/ wie
die

die Erfahrung bezeuget/ so schliesse ich/ daß
die Musica/derer sich die Alten gebrauchet/
der heutigen und dieser Zeit üblichen / weit
weit sey fürzuziehen. Es lässet sich dieses
zwar etlicher Massen hören/ sagte hierauff
Herr Phœbisander, ich erinnere mich aber/
daß ich einsmahlen etliche hochgelehrte
Leute habe gehöret von diesem Handel eine
Streit-Rede führen/da dann ein fürtref-
licher wolbelesener Mann aus den Schrif-
ten der berühmtesten Rabinen erwiese/daß
diese Krafft/ den Teuffel zu verjagen/nicht
in Davids Harffe/ noch in deroselben anmuhtigen Klange oder Harmonia bestan-
den ; Sondern der gute Geist Gottes habe den bösen Geist vertrieben/und/welches
von etlichen für das fürnehmste wird gehalten / so sol der allerheiligste Nahme
Gottes/ Jehova, Adonai oder Tetragram-
matum, auff besagter Harffe oder musica-
lischem Instrument des Davids / seyn
geschrieben oder geschnitten gewesen /
welches wunderbahren und geheimen
Nahmens Würckung so groß / daß/ so
bald David die Harffe nur angerühret
und einen Geistreichen Psalm darzu gesungen / der böse Geist / der den Saul
so

ſo unruhig machte / uhrplößlich hat weichen und davon fliehen müſſen / und bin
ich ſchier der Meynung / daß / wenn man
noch heute zu Tage eine Harffe auff eine
ſolche Art zurichten könte / ſie ſolte eben ſo
viel / als des Davids Inſtrument würcken /
kan derowegen dieſer Schluß nicht gelten:
In alten Zeiten / hat man durch die Muſick den Teuffel können verjagen / daß nun
nicht mehr geſchiehet oder auch geſchehen
kan / darum iſt die Muſick der Alten / der
heutigen weit fürzuziehen.   Zu deme /
wenn es die Zeit erleiden wolte / könte man
erweiſen / daß die / dieſer Zeit übliche Muſick / vielleicht gröſſere Wunder könte außrichten / als die / ſo für etliche tauſend Jahren im Gebrauch geweſen.   Einmahl iſt
dieſes gewiß / daß die Muſick eine fürtreffliche Gabe des Allerhöchſten ſey / denn / wenn
wir betrachten / wie unſer Leben mit ſo unzehlig viel Trübſeligkeiten ſey angefüllet /
ſo haben wir Gott höchlich zu dancken / daß
Er uns ſolche Mittel geſchencket / wodurch
die Leib und Seel verderbliche Traurigkeit
aus dem Hertzen und Gemühte der Be-
trübten und Leydtragenden kan gebannet
werden.   Nun iſt ja wider die Beküm-

mernüß keine bewehrtere Artzney zu finden/
als eben die Muſick/Dahero ſie auch bey den
Alten/auff welche ſich der Herr Artiſander
ja ſelber beruffet/ſo hoch geſchätzet worden/
daß man die jenige / ſo die Muſick nicht
verſtunden/für ungeſchickte/ grobe Tölpel
und nichtswiſſende Geſellen / ja kaum für
halbe Menſchen gehalten. Beſagte Alten
wuſten nun ihre Muſicken auff unterſchiedliche Weiſe anzuſtellen/ denn / wenn ſie ihre Mannſchafft zum Kriege auffmunteren
und ihnen einen friſchen Muht machen
wolten / hatten ſie eine ſonderbahre Art
auff Muſicaliſchen Inſtrumenten zu ſpie-
len/ Bey ihren Mahlzeiten und Gaſtereyen
hatten ſie wieder eine andere Art/ die Gäſte
frölich zu machen/noch eine andere Art hatten ſie zu ſpielen und zu ſingen / wenn
ſie ihren Göttern opfferten und in der Andacht begriffen waren / wie ſie denn ihren
vermeynten Gottesdienſt niemahls ohne
die Muſick hielten/ denn / ſie waren der
gäntzlichen Meynung / daß ihr Gebet
und Opffer den Göttern nicht angenehm
wäre / wenn ſie nicht dabey ſpieleten und
ſungen/ zu dem wolten ſie dadurch zu verſtehen geben/ daß die jenige/ die den Göttern

tern ein Opffer thun/ und zu ihren geheilig-
ten Altaren tretten wolten/ die muſten eines ſtillen / ruhigen und friedlichen Gemühtes ſeyn/ und müſte man ſein Gebet
ſein ſittig/wol übereinſtimmend oder Har-
moniſch/ das iſt recht muſicaliſch für die
Götter bringen / woran ſie meines Bedünckens / bey ihrer damahligen irrigen
Meynung nicht ſo gar übel gehandelt /
denn es ſol ein ſolches Gemühte / das mit
allerhand häußlichen Geſchäfften iſt ver-
wickelt / ſich gar nicht zum Gottesdienſt
begeben / ſondern man muß alle andere
Verrichtungen vergeſſen und bey Seite le-
gen/ wenn man im Tempel oder für dem
Altar ſeine Andacht zu üben iſt gewillet /
und das iſt nun alſo eine und zwar richtige
Urſache geweſen / warum die Alten bey ihrem Gottesdienſt ſich ſtets einer wolklingenden Muſick gebraucht/ wozu noch dieſe
andere kommen/ daß/ dieweil ſie dafür hiel-
ten/ daß ihre Götter himmliſche Leiber o-
der Cörper/ ſie auch ferner glaubten / daß
ſolche aus den Harmoniſchen Zahlen und
Ubereinſtimmungen wären gemachet/ oder
zuſammen geſetzet/ ſo wolten ſie durch ihre
Geſänge/ Lieder/ muſicaliſche Inſtrumen-
ten/

ten/ und Täntze / ihrer Götter Natur etlicher Massen nachäffen/ erlustigten sich dennoch sehr/ wenn sie opfferten/ ihre Fest-Ta-
ge hielten/ frölsche Gastereyen dabey anstel-
leten und des Leibes wol pflegeten/ dann
auff solche Weise (sagten sie) genössen sie
ihrer GötterGlückseligkeit/ ja/ sie könten e-
ben hiedurch zu der unsterblichen Götter
Natur gar nahe kommen oder gelangen /
und hiezu gab ihnen auch dieses Anlaß/ daß
sie glaubeten/ daß das herrliche und grosse
Werck Gottes diese sichtbare Welt in dem
Concent/ oder in einem anmuhtigen har-
monischen Klange und Gesange bestünde/
weßwegen sie der gäntzlichen Meynunge
waren/ daß alles/ was durch die Music zu
wege gebracht / ja auch nur musicalisch genennet würde/ den Göttern lieb und angenehm wäre. Wir Christen haben grosse
se Ursachen / dem allerhöhesten Gott von
Grund unserer Seelen Lob und Danck zu
sagen/ daß wir / von solcher erschrecklichen
Finsternüsse befreyet/ von dergleichen verfluchten Götzendienst nichtes wissen / ja
dafür einen Greuel und Abscheu haben /
sondern nunmehr uns dieser herrlichen

Wissen-

Wiſſenſchafft der Muſick/den waren/ewi-
gen/und allein dreyeinigen GOTT und
Schöpffer Himmels und der Erden zu loben und zu preiſen/ recht können gebrau-
chen/ ja dieſem heiligen und groſſen Gott
bringen wir unſere Lob und Danck-Lieder/
durch welcher wunderbahre und überauß
ſüſſe Würckung/ wir Chriſten manchesmahl zu der Liebe des allergühtigſten
Schöpffers dergeſtalt hingeriſſen werden/
daß das andächtig gemachte/und vermittelſt ſolcher geiſtreichen Geſänge und darauff geſetzten wunderſüſſen Weiſen/in ihren allerwerhreſten Bräutigam Chriſtum
Jeſum gantz verliebtes Hertz/ untzehliche
Freuden-Trähnen durch die Augen auß-
ſtürtzet/ und dieſes/ vermeyne ich/mag ja
noch wol mit rechte/eine hochverwunderli-
che Würckung der Muſick genennet/ und
der Alten ihrer Kunſt oder vielmehr Krafft/
wenn ſie den Traur-Geiſt durch die Muſick vertreiben/ an die Seite geſetzet oder
mit derſelben verglichen werden/ ja wenn
ich ſagte/daß ſie noch viel ein mehrzes thäte/
oder vollbrächte als jene/ würde ich in
Warheit nicht daran liegen. Und eben
dieſer Meynunge bin auch ich/ ſagte der

Rüſti-

Rüſtige / denn / was ich ſo offt und vielmahlen an mir ſelber erfahren ; das muß
ich ja billich glauben. O wie manches herrliches / geiſtreiches Lied habe ich gehöret
ſpielen und ſingen/das mir die Augen naß
gemachet! Es verſuche es einer nur (ich rede aber von einem/der ein rechter Menſch /
zufoderſt der ein guter Chriſt iſt) und laſſe ſich ein wolgeſetztes Traur-Lied / als et-
wann einen Buß-Geſang / einen Kreutz-
Geſang/oder ein andächtiges Lied von dem
Leyden unſeres allerſüſſeſten HErrn Jeſu/
worauff auch eine gar klägliche Melodia
gemachet / künſt-und beweglich fürſpielen
und ſingen/er gebe acht auff die Hertzbre-
chende Worte und höre mit Verſtande die
zwar jämmerlich - aber künſtlich geſetzte
Melodien/was gilts / ob er ſich der Trähnen wird erwehren können? Auff ein anderes Mahl / nehme er ein freudiges Lob-
und Danck-Lied / deſſen Text reich iſt von
friſchen und frölichen Worten/die Sang-
weiſe aber auch luſtig daher gehet / ich wil
ihn verſicheren / daß/ wenn er auff beydes
gute Acht hat / ihme ſolches ebenmäſſig
die Trähnen / nicht aber Traur - ſondern
Freuden-Trähnen werde außtreiben. Eine

ne ſo gar wunderbahre Krafft hat die edle
Muſick in ſich/ daß ſie einen Menſchen/ bald
auff das äuſerſte frölich/ bald auff das äuſerſte traurig kan machen/ und das geſchiehet bißweilen durch den bloſſen Text allei-
ne/ wenn derſelbe wol und beweglich wird
geſungen/ bißweilen durch das kunſtreiche
Spielen eines fürtrefflichen Muſici / bißweilen durch beydes / wann nemlich ein
Muſicant auf dem einen oder andern Inſtrument künſtlich ſpielet/ und läſſet einen
füglichen Text recht anmuhtig darzu ſingen. Auff ſolche mancherley Art und Weiſe kan uns die edle Muſick das Hertz rühren! Es ſind kaum zwey Monath verlauf-
fen/ daß mich ein gar fürtrefflicher Muſicus nebenſt einigen guten Freunden beſu-
chete: Es wuſte derſelbe/ daß ich / ob ich
ihn gleich die Zeit meines Lebens mit Augen nicht geſehen/ dennoch/ ein groſſer Liebhaber ſeiner edelſten Kunſt wäre / ließ ſich
deßwegen nicht nur in meiner Behauſung/
in Gegenwart etlicher fürnehmer Perſo-
nen/ die ich hatte laſſen herzu fodern / dieſen groſſen Künſtler zu ſehen und zu hören;
Sondern auch in meiner Kirchen/ (welches in einer groſſen und Weltberühmten
Stadt

Stadt / man bißhero von ihm gar nicht
hat erhalten können) dergestalt auff der
Geige hören / daß wenn jemahlen in der
Welt ein Orpheus gewesen / der die Ver-
storbenen wiederum habe können ins Leben bringen / Ich schwören wolte / daß dieser Herr S. der rechte natürliche Orpheus
wäre / der nicht nur die Menschen / sondern
auch die unvernünfftige Thiere / ja so gar
die Bäume / Stauden / Steine und Fel-
sen zum Hüpffen und Springen solte bewegen. Dieser neuer Amphion / dieser unvergleichlicher Arion / spielete unter andern
auch zwey geistliche Psalmen / als Vatter
unser im Himmelreich / und Allein zu dir
HErr JEsu Christ / mit einer so fürtrefflichen Art und sonderbahren Anmuhtigkeit / daß ich es ohne Vergiessung etlicher
Trähnen / unmüglich konte anhören / denn
es war doch gar zu beweglich ! Ich habe
zwar auch manchen trefflichen Künstler
auff der Geige gehöret / als den alten / ehrlichen / annoch lebenden Herren Johann
Schop / Ich habe gehöret den berühmten
Engeländischen Violisten / Wilhelm Brade / Ich habe gehöret auff dem sehr prächtigen

gem Beylager/des Königl. Dennemärcki-
ſchen Printzen Chriſtiani höchſtſeligſten
Andenckens den Frantzoſen Fuccart , der
mit vorwolgedachtem Herren Schopen /
daſelbſten concertiren, oder einen muſicaliſchen Kampff hatlen muſte/worinn aber
der Frantzoſe den Kürtzeren gezogen. Ich
habe gehöret auf dem gleichfals anſehnli-
chen / Hochfürſtlichen Beylager Herren
Chriſtian Ludowigs / Hertzogen zu
Braunſchweig und Lüneburg viele herrliche Männer / ja wol über 20. welche alle
dazumahl über die Maſſe kunſtreich auff
der Viole ſpieleten/und kan noch alle Tage in unſerm groſſen Hamburg treffliche
Künſtler hören ; Aber / das kan ich mit
Warheit ſagen / daß mir ſeines gleichen
unter allen obbenandten / die gantze Zeit
meines Lebens nicht iſt vorkommen / und
man vielleicht ſagen wolte / daß ich ſolches etwan nicht gnug verſtünde / oder
ſonſt eine gar zu groſſe Gewogenheit auff
dieſes Menſchen Kunſt geworffen hätte /
ſo kan man nur die allertrefflichſte Künſtler fragen / die mit ihme einer Profeſſion
ſind/ die werden ihme eben ein ſolches Lob
und Zeugnüſſe ſeiner Kunſt geben. Ja ich
habe

habe mit etlichen hochberümten Musicis
geredet/welche/unangesehen sie seine Freunde nicht sonderlich waren/ihm auch deßwegen nicht viel gutes nachredeten / dennoch
bekennen musten/ dz sie seines gleichen noch
niemahlen auf der Geige gehöret/und man
jar schwehrlich dieser Zeit einen finden
würde/ der ihm auff diesem Instrument ü-
berlegen.   Dieses alles aber erinnere ich
bloß und allein zu dem Ende/ daß ich beweisen möge/ wie wir zu diesen ietzigen Zei-
ten/ ja so gute/wo nicht bessere Künstler in
der Musick haben/als bey den Alten gewe-
sen/ ja die vielleicht eben so wol den Traur-
Geist können verjagen/als David / wenn
er auff der Harffen hat gespielet. Aber/was
ist es von nöhten /   daß man so gar viele
Worte hievon machet / es gibt ja die Er-
fahrung/ daß auch wol grobe Instrumen-
ta/ als da sind die Leyren/ Schalmeyen /
Sackpfeiffen/ Trommelen/ die Menschen
können frölich/ bißweilen auch wol bald
närrisch und toll machen/ wir wollen hier
nicht sagen von Trompeten und Heerpau-
ken / denn mit diesen lautklingenden In-
strumenten/ lassen Käysere/ Könige/ Fürsten und Herren sich auffwarten / wiewol
　　　　　　L　　　　　　　man

man ſich ihrer auch im Kriege/ ja offt jun=
ge Blühtchens ſo friſch und heldenmuh=
tig machen/ daß ſie ohne eintzige Furcht an
den Feind gehen/ und/ wenn ſie die Trom=
peten und Heerpaucken ſo ſtarck durch ein=
ander hören ſchreyen/dergeſtalt ihren Fein=
den zuſetzen/ daß das edle Menſchenbluht
häuffig wird vergoſſen / welches trauen
keine ſchlechte Würckung der Muſick iſt ;
Nur muß ich kürtzlich einer faſt lächerli=
chen Geſchicht erwähnen/welche mir gleich
jetzt einfält/ und ſich für etwan 3. Jahren
dieſes Ortes hat zugetragen. Es wohnete
in hieſiger Gemeine auff einem Dorffe ein
fürnehmer Krieges Bedienter/welchen alle
des Dorffes Einwohner eines Tages hat=
ten helffen ſeinen Acker beſtellen. Dieſen
Leuten allen gab beſagter Officirer / auff
den Nachmittag nach verrichteter Arbeit
eine gute Mahlzeit/ hatte auch etliche ande=
re fürnehme Herren und Freunde gebetten/
welche er aber in einem abſonderlichen Ge=
mache tractirt. Auff den Abend / wie der
Trunck in den Mann kam/ gerieten zweene
von den Acker=Studenten in Uneinigkeit/
alſo/ daß ſie mit Fäuſten einander fein hur=
tig

tig zerschlugen / die andere / derer noch etliche 30. waren fassen stille und sahen diesem
Rauff-Handel mit Lachen zu. Die beyde Kämpffer aber / wurden etliche mahl
verglichen / hatte aber nicht lange Bestand / denn sie einander bald wieder bey
den Köpffen kriegten. Der Krieges-Bediente aber / als Wirt / der nebenst etlichen
der Gäste seine Lust hieran hatte / wünsche-
te / daß sie sich alle mit einander also zer-
schlagen möchten. Was geschiehet? Er
läst seinen Trommelschläger auff eine hohe
Leiter steigen und rechtschaffen frisch Lär-
men schlagen. Es hatte der Kerl kaum
angefangen ein solches Gepolder mit der
Trummel zu machen; Siehe / da lagen
die gute Dorff-Teuffel / alle zusammen
einander in den Haaren / und zerschlugen
sich so jämmerlich / daß fast keiner unter
ihnen war / dem nicht Nase und Maul
hätte geblutet / und / welches das lä-
cherlichste von allen / so bald der Trommel-
Schläger auffhörte zu spielen / so liessen
diese vierzig Kerl auch ab vom Schlagen /
und verschnaubeten ein wenig / so bald
er aber die Trummel wieder rührete /
und das vorige Lärmen-Schlagen er-

L ij   neuerte

neurte / so gieng in demselben Augenblick
der Rauffhandel wieder an / und zerzause-
ten sich alle diese Kerl / die gleichwol sonst
gantz und gar keinen Zanck / Haß oder
Widerwillen mit einander hatten / so
grausamlich / daß man gedachte / sie würden sich noch gar ermorden / blieb doch
gleichwol dabey / daß die meisten gute Lö-
cher im Kopffe / die sie einander mit Kan-
nen und Krügen gemachet / mit zu Hause
namen / nachdem sie endlich für Mattigkeit fast keine Faust mehr rühren könten.
Also konte dieser Trummelschläger mit seinem Kalbfelle / so viel Köpffe halb rasend
und toll machen so offt er nur wolte / und
wenn er nachliesse mit dem Spiele / so war
wieder guter Friede und Vertraulichkeit /
welches recht lächerlich anzusehen. Dieses
ist mir ein schlechtes Exempel / sagte hierauff Phœbisander, und ist doch gleichwol
hierauß zu spühren, was für kräftige Würckung die edle Musick könne für den Tag
bringen / man könte aber dergleichen vielmehr / und die von weit grösser Wichtig-
keit den Liebhabern der Musick für die Augen stellen / wenn solches die Zeit wolte er-
laden / doch wird derjenige / der den Sa-

chen

chen etwas fleissiger nachdencket / leicht etwas finden/das ihm die Fürtrefflichkeit dieser herrlichen Wissenschafft viel deutlicher
abmahlet und zu verstehen gibt / insonder-
heit wenn er bey sich betrachtet / wie der
allerweiseste Gott durch Zahl / Masse und
Gewichte/ alles habe geordnet / und wie
die heilige Vätter / diese Kunst so fleissig
haben gelehret / auch erbauliche Lieder ge-
machet/ wie Syrach bezeuget. Ich wil hie
nicht weitläufftig erwähnen/ wie dem Py-
thagoras/ von welchem man schreibet/ daß
er die Krafft der Zahl von den Egyptischen
Priestern habe erlernet als er in Italien
kommen/ damit er unter andern auch die
Tonos/ oder den Laut und deroselben Unterscheid möchte erforschen / von ohngefehr
das jenige kund worden / was er durch seine tieffsinnige Gedancken sonst nicht erforschen können.

Denn/ als er einsmahlen eines Schmie-
des Werckstätte vorbey gieng/ und hörete/
wie diese Leute das glüende Eysen auf dem
Amboß hämmerten / hat der unterschiedliche Klang / den sie mit ihren Hämmern
machten / ihme eine solche Schärffe mit
einem ernsthafften Thon vermischet/ in die

Ohren gebracht / daß er eine ſonderliche
Harmonie oder Ubereinſtimmung darinn
vermerckte. Da hielte nun dieſer gelehrter
Mann alſobald dafür/daß er endlich ein=
mahl die recht erwünſchte Gelegenheit ge=
funden/das jenige mit Augen und Händen
zu ſehen und zu greiffen / was er eine Zeit
hero mit groſſer Mühe geſuchet. Worauf
er mit den Schmieden beſſere Kundſchafft
gemachet/ihrer Arbeit fleiſſiger zugeſehen/ſie
geheiſſe ihre Hämer verwechſelen/die er her=
nachmahls auch gewogen / und in Sum=
ma / ſo mancherley fürgenommen / daß er
zuletzt hinter die Kunſt kommen/und erler=
net/wie nach dem Laut der Schmiedehäm=
mer der muſicaliſche Thon oder Klang /
etlicher Maſſen einzurichten / wie hievon
Cicero / Macrobius und andere weitläuf=
tiger können geleſen werden.   Seithero
haben die verſtändige Griechen die Muſic
und den Geſang in gröſſeren Ehren gehal=
ten/ ſo gar auch / daß die jenige / ſo dieſe
herrliche Wiſſenſchafft nicht verſtunden /
unter die ſchlechte und nichtes wiſſende
von ihnen wurden gerechnet.   Dahero
auch die allerfürnehmſte Leute unter ih=
nen

nen ſich bemüheten/ daß ſie in dieſer Kunſt
fertig ſeyn und viele andere übertreffen
möchten/wie denn der weitberühmte griechiſche Hertzog Epaminundas in der Muſick und auff Seitenſpielen trefflich erfahren geweſen / und der fürtreffliche Phi-
loſophus Ariſtorenus / iſt in der Muſick
ſo geübet geweſen/ daß er faſt einem jedweden Trotz bieten können.   Dargegen
ward es dem tapfferen Fürſten Themiſtocles gar ſchimpfflich ausgedeutet / als er
auff einer fürnehmen Gaſterey / ein muſi-
caliſches Jnſtrument / welches ihme ward
dargereichet / daß er ſeine Kunſt darauff
ſolte hören laſſen/ wieder von ſich gab/ dieweil er ſonder Zweiffel ſich nicht getrau-t
hat / mit ſeinem Spielen bey den Gä- ſt
Ehre einzulegen oder Danck zu verdi nen/
worüber er von etlichen für einen Jdioten/
oder nichtswiſſenden Geſellen iſt gehalten.
Gleich wie nun Themiſtocles wegen ſeiner
Unerfahrenheit in dieſer ſchönen Wiſſenſchafft nicht wenig iſt beſchimpffet ; Alſo
wird obgedachter ſein Landesmann Theo-
renus höchlich gerhümet / indem er ſo gar
außführlich von der Muſick/ welche er ſa-
ſſ jo   get/

get/daß ſie eine Seele oder Geiſt ſey/dabe-
nebenſt auch ſo nützlich hat geſchrieben /
daß der fürtreffliche Boetius ſeine Schrif-
ten in die lateiniſche Sprache hat überge-
ſetzet/ in welchem unter andern auch wird
erwieſen/daß die Muſick alle andere Wiſ-
ſenſchafften/in ſich begreiffet/ohne welche
dieſe edle Kunſt nicht könne oder möge
recht fortgeſetzet werden. Sonſt wiſſen
diejenige/welche in dieſer Kunſt gründlich
erfahren /daß die Alten/ die modos muſi-
cos, oder die Sang-Arten/ nach etlichen
Völckern haben benahmſet / der Phrygi-
ſche Klang oder Geſang iſt nach _den
Phrygiern/der Lydiſche nach denen in Ly-
dia/ und der Doriſche nach den Doriern
genennet worden/ zu dieſen dreyen Tonen
oder Sangahrten/iſt letztlich auch der vierte von dem Therſander oder Pythoclide
erfundener mixtolydius kommen. Den
Phrygiſchen Thon/ modum oder Sang-
Art haben die Alten nicht ſonderlich loben
wollen/ ſondern iſt für Barbariſch gehalten worden/ dieweil die Menſchen zum
Grim/Zorn und Rachgier gereitzet / wie
denn vermittelſt eines ſolchen/nach Phry-
giſcher Art geſetzeten Geſanges/die Lacedä-
mo-

monier und Cretenser/sollen auffgewiegelt
und endlich dahin seyn gebracht worden/
daß sie als tolle / rasende und Hirnschelli-
ge Leute / einen gar blutigen Kampff mit
einander angefangen / und eben dieses
Thons hat sich der weitberühmte Musicus
Timotheus gebraucht / als er den König
Alexander hat gemachet von der Taffel
auffstehen / seine angenehme und fröliche
Gesellschafft verlassen/seinen Harnisch mit
grossem Eyffer anziehen / seine Waffen
schleunigst ergreiffen / und dergestalt um
sich hauen und stechen / daß man nur Gott
gedancket / daß Timotheus mit Spielen
aufgehöret/und der König etlicher Massen
wieder zu Sinn und Gedancken kommen/
welche merckenswürdige Geschicht von
mir / schon fürlängst anderswo gantz außführlich in unser teutschen Sprache ist beschrieben: Von einem griechischen Jüng-
linge erzehlet Boetius? daß derselbe durch
eben diesen Phrygischen Thon also auffge-
bracht und beweget worden/ daß er hefftig
geeylet/ein Hauß/worin er eine beschreyete
Huhr oder leichtfertige Metze war/ anzu-
zünden und in die Asche zu legen. Was
den lydischen Thon oder Sang-Art be-

L v   trifft/

trifft / so ist zwar derselbe von dem Pla-
to darumb / daß er etwas scharff / und
von der Eingezogenheit des Dorischen
Thons allzuviel zurücke weichend / zu dem
Wehe - Klagen könne gebrauchet werden / verworffen ; Andere aber vermeynen / daß er auch den jenigen / die von
Natur ein fröliches und lustigs Gemühte haben / sehr angenehm und bequehm
sey / wie denn die Lydier / von welchen er
den Nahmen bekommen / ins gemein
sehr lustige und überauß fröliche Leute gewesen / die sich mit dergleichen Gesän-
gen höchlich haben ergetzet / auch die Tuß-
cier / so von den Lydiern herkommen / sich
deroselben bey ihren Tantz-Festen gebrauchet.   Anlangend nun ferner den Dorischen Tohn / so ist derselbe gar ernsthafft /
sittsam / den schweren Gemühts-Bewe-
gungen sehr dienlich / auch nicht wenig
geschicket zu den Bewegungen des Leibes/
weßwegen er auch den anderen weit ist fürgezogen / und sonderlich von den Creten-
sern / Lacedämoniern / Arcadiern / und
dergleichen Liebhabern mehr in gar hohen Ehren und Würden gehalten worden.

Dieses

Dieses hat sehr wol verstanden der gewaltige Feld-Herr Agamemnon / welcher / als er mit den anderen Griechischen
Fürsten in den Trojanischen Krieg sich
begeben muste / hat er einen Doricum
Musicum , das ist / einen solchen Musicanten / der alle seine Sachen aus dem
Dorischen Thon pflag zu spielen / zu Hause gelassen ; daß er seine Gemahlin / die
Clytemnestram / vermittelst dieser ehrbahren Sangweisen / bey ihrer Ehrbarkeit /
Zucht und Keuschheit solte bewahren / hat
auch der leichtfertige Buhler Aegystus /
diese an Leibe und Gemühte so treflich begabte Königin / nicht ehender können zu
Falle bringen / als biß er diesen sehr kunstreichen Dorischen Musicanten vom Hofe geschaffet / oder / wie etliche Geschicht-
Schreiber behaubten / denselben gantz und
gar umbs Leben gebracht hatte.

Auch könten wir gar wohl hierinnen
fortfahren / und noch ferner handelen
von dem vierdten Thon / der Mixtolydius genennet wird / welcher sich auch
über alle Massen sehr wohl schicket zu den
Trauer-Spielen oder Tragödien / wie
denn auch / wenn man jemand zum hertz-

lichen

lichen Mittleyden / oder inniglicher Traurigkeit wil bewegen / wir könten auch reden von den andern 3. Thonen oder Weiſen / die ſie collaterales oder Seiten-Tho-
ne heiſſen / ſonſt Hypodoricus / Hypodo-
lydius und Hypophrygius genannt / daß
man alſo eben ſo viele Thone / als Plane-
ten hat / wiewol der Ptolemäus zu dieſen
Sieben noch den Achten erfunden / den
er Hypermixtolydium genannt / und darum / daß er der Allerſchönſte / dem Firma-
mente des Himmels hat zugeeignet; Dieweil aber meine Rede ſich etwas weitläuf-
tiger hat erſtrecket / als ich ſelber vermeinet /
halte ich dafür / ich werde nun meine Se-
gel etwas müſſen einziehen / und meinen
anderen Herren Geſellſchafftern auch ihren freyen Lauff laſſen. Es iſt ſeine Rede
nicht über die Gebühr geweſen / (ſagte
hierauf Phœbiſander,) mein lieber Herr
Palatin / ich habe ihm / wie auch ohne
Zweiffel meine Mit-Geſellen gethan /
hertzlich gerne zugehöret / angeſehen / er
nicht wenig vernünfftig Beweißthumb
meines Satzes / daß nemlich die Muſick
die alleredelſte Beluſtigung kunſtliebender Gemühter ſey / gar artig hat beyge-
bracht /

bracht / wodurch besagte meine Meynung
desto stärcker und kräfftiger wird behaub-
tet / habe deßwegen vielmehr Ursache ihme
höchlich wegen solcher seiner Bemühung
zu dancken. Ich mußwol bekennen/(sagte hierauff Herr Ingeniander,) so wol der
Herr Palatin als auch unser Phœbisander,
haben zimlich viele Sachen fürgebracht /
durch welche sie die Herrligkeit und Für-
treffligkeit/sonderlich die höchstverwunder-
liche Würckung der Musick wollen erwei-
sen/Ich weiß aber nicht / ob deme allem so
richtiger Glaube sey beyzumessen? Es schei-
net wol / daß die Alten viel Dinges ge-
schrieben/ich kan mir aber schwehrlich ein-
bilden / daß sich es alles in der That und
Warheit also solte oder könte verhalten /
es wäre denn Sache / daß es nicht nur mit
der damahligen Musick/sondern auch mit
den Menschen/die zu der Zeit gelebet / eine
gantz andere Beschaffenheit gehabt hätte.
Als zum Exempel ? Es hat unser Herr
Palatin aus den alten / griechischen Ge-
schichtschreibern gleich jetzt erwähnet / daß
der König Agamemnon / seine Gemahlin
die Clytemnestra so lange bey der Ehre und
Redligkeit erhalten / als ein Musicus mit
einem

einem langgekürtzeten oder Spondäiſchen
Thon / der auch ſonſt Doricus genennet
wird/ ihr feine Melodeyen oder Sangwei-
ſen (wozu auch ohne Zweiffel beweglic e
Terte geſetzet geweſen) hat vorgeſpielet / ſo
bald aber dieſer Muſicant abgeſchaffet/ habe ſie ihrer Ehr und Redligkeit vergeſſen uñ
ſey zur Huhre worden. Dieſes glaube ich
ſchwehrlich/ daß es heute zu Tage angehen
würde.   Es müſte trauen derſelbe ein treflicher Muſicant ſeyn / der ein friſches jun-
ges Weib / das ſonſt von Natur Luſt zum
Handel hatte/ mit ſeiner Geigen oder Laute dahin bringen könte / daß ſie auch/ wenn
ſchon ihr Mann zehen gantzer Jahr von
ihr bliebe/ wie der Agamemnon ſol gethan
haben/ ihre Keuſchheit unverſehrt behielte.
Vielmehr fürchte ich / wenn ein ſo eitel-
geſinnetes Weib/ fürnehmlich eine Italiä-
nerin; ſonſt keine Gelegenheit darzu hätte/
der Muſicant ſelber das gute Beſte thun
müſte/ und gemahnet mich dieſes bald/ als
da einsmahlen erzehlet ward / es wäre
ein Trompeter geweſen / der ſo trefflich
blaſen können / daß er auch Leute / die
gantz taub geweſen / und nur ein wenig /
oder auch wol gar nichtes konten hören /
wieder

wieder zu rechte gebracht / und ihre Ohren
dergestalt geöffnet / daß sie alles was geredet worden / vollkömmlich verstehen können: Ein ander darauff geantwortet: Er
hätte auch einen Trompeter gekennet/ der/
wenn er seine Trompete / in einem engen /
fest verschlossenem Gemache angesetzet/der-
massen kräfftig geblasen/daß die jenige/ so
bey ihm gewesen/und sonst sehr wol hören
können/ stocktaub geworden/ vermeynete/
daß dieses viel ehender / als jenes durch
die Trompete könte verrichtet/oder zu wege
gebracht werden. Was man ferner von
dem Asclepiades vorgiebt / daß seine Musick so kräfftig gewesen / daß er auch eine
grosse Auffruhr / so sich unter dem Volcke erhaben / dadurch gestillet ; So wolte ich für meine Person viel davon halten /
und des Asclepiades Kunst über die Massen hoch schätzen/ wenn ich entweder / da
dieses geschehen / selber dabey gewesen /
oder versichert wäre / daß man noch auff
den heutigen Tag dergleichen Wunder
durch die Musick könte verrichten.   Es
haben die Engelländer vor etlichen Jahren
den Ruhm gehabt / daß unter ihnen fürtreffliche Musicanten / die auff Violinen
oder

oder Geigen/ fürnehmlich auff der Violen
di Gamba über die Maſſe wol ſpieleten /
zu finden / dahero ſie auch dazumahl bey
den mächtigſten Fürſten in Teutſchland
Beſtallung hatten / und in deroſelben
Hoff-Capellen mit groſſem Lobe auffwar-
teten/ gleichwol haben in dem letzten Eng-
liſchen Tumult/ da das Feur der Aufruhr
durch das gantze Königreich lichterlohe
brennete / ſo viele Aſclepiades ſolches nicht
ſtillen/ noch die grauſame Hertzen der bluht-
gierigen Engelländer ſo viel beſänfftigen
können/ daß ſie ihres frommen/ unſchuldigen Königs verſchonet/ und keinen Mär-
tyrer aus ihm und anderen Groſſen/ ihrem
Hertzfrommen Könige getreuen Leuten gemachet hätten.   In Summa/ es iſt wol
hoch zu beklagen / daß / da Auffruhr und
Zwentracht an ſo manchem Orte regieret /
ſich nirgendswo ein Aſclepiades wil finden laſſen! ſcheinet demnach/ daß die Kunſt
auffrührige Gemühter durch die Muſick zu
zähmen/ nunmehr gäntzlich ſey verlohren.
Eben eine ſolche Beſchaffenheit hat es auch
in dieſer Zeit mit dem Damons, von deren
einem Herr Phœbiſander kurtz zuvor er-
wähnete/ daß er vermittelſt ſeiner gravitätiſchen

tiſchen Muſick / die unbändige Jugend
von dem Laſterwege auf die höchſtgerühm-
te Tugend-Bahn gebracht / und alſo gar
nützliche Leute aus ihnen gemachet hätte.
Wo findet man aber heute zu Tage einen
ſolchen Damon? Wer bringet uns ſolche
Muſicanten herfür? Und geſetzet / daß ſich
einer angebe / der die Jugend durch die
Muſick wolte klug und fein ehrbar ma-
chen/würden denſelben ſeine Schüler nicht
für einen offenbahren Narren und Ertz-
Phantaſten halten/ ja mit ſeinem Singen
oder Spielen / nachdeme ſie ihme erſtlich
mit der Ruhten gute Produckte oder
Schillinge gegeben / wol gantz und gar
zum Lande hinaus jagen? Und / was mögen doch die alte Geſchicht-Schreiber von
den Cratenſiſchen Thales viel auffſchnei-
den/daß derſelbe durch ſeine Muſick/ ſo viele ſchwehre Kranckheiten geheilet/ ja die gif-
tige Seuche der Peſtilentz gäntzlich habe
vertrieben? Wenn dergleichen Thales für
2. Jahren / in den groſſen und Weltberühmten Handels-Städten Amſterdam
und Hamburg geweſen / und hätten die
abſcheuliche Plage der Peſt /die dazumahl
viel

viel tauſend Menſchen hinweg geriſſen /
durch Singen oder Spielen können verjagen / ja wenn noch dieſe Stunde in der
groſſen Hauptſtadt des Königreichs Enge-
land in London / wo dieſe Seuche grauſam
jetzo hefftig wütet / ein ſolcher Thales vor-
handen wäre / ich glaube ſicherlich / man
würde ihm ſchier göttliche Ehre erweiſen /
es würde auch ein ſolcher Muſicant mehr
als Königliche Schätze können zuſammen
bringen. Kurtz geſagt: Es beſtehet die Für-
trefflidkeit der Muſick in der bloſſen Meynunge / welche einige Leute von ihr ge-
ſchöpffet / wie denn auch ſie / die Muſicanten ſelber / ihre Kunſt dermaſſen hoch achten / daß ſie offt nicht wiſſen / wie ſtatlich ſie
ſich wollen ehren und reſpectiren laſſen /
dahero laſſen ſie ſich wol hundertmahl bitten / ehe ſie ein Stücklein zu ſpielen oder zu
ſingen anfangen / und (wenn ſie denn mercken / daß man ihnen fleiſſig und mit Andacht zuhöret / können ſie keinen Schluß
mit ihrer Muſick machen / und muß man ſie
faſt ja ſo ſehr bitten / daß ſie mögen auffhören / als man zuvor muſte Anſuchung bey
ihnen thun / daß ſie ein Stücklein ſüngen o-
der auffſpieleten / wobey mir einfält / daß

für

für etlichen Jahren / ein guter Sänger zu
einem gelehrten Mann kame/und demselben einen Gruß von seinem Sohn brachte/
als aber der Herr diesen Menschen nicht
kennete/fragte er ihn: Ob er etwan ein Stu-
dent wäre/der mit seinem Sohne Kund-
schafft hätte? Antwortete der Musicant :
Ey kennet mein Herr den fürtrefflichen uñ
berühmten Altisten nicht ? Dieser hörete
bald/wie viel die Glocke geschlagen / hieffe
den berühmten Sänger sehr freundlich
wilkommen / sagend / daß er sein Hauß
nunmehr für gar glückselig schätzete / daß
ein solcher weitbelobter Musicus darinn
wäre angelanget/verhoffete der Ehre zu ge-
nieffen/ daß er seine anmuhtige Stimme /
da so viel von zu sagen wäre/hören möchte.
Der Sänger / dem das Hertz schon drey-
mahl so groß geworden / als es sonst von
Natur war / antwortete darauff etwas
lächlend : Das kan vielleicht noch wol geschehen. Hierauff ward er in ein Gemach
geführet/woselbst etliche fürnehme/fremb-
de Leute saffen / welche einem Actui / oder
Handlung solten beywohnen/denn es solte daselbst ein Käyserlicher/offenbarer No-
tarius gemachet oder creiret werden.   Es
er-

erblickete aber der Sänger ein Clavicordi-
um/ das in beſagtem Gemache ſtund / zu
welchem er alſobald hingieng / und ſehr
plötzlich / ja recht ohnverſehens zu ſpielen
und überlaut zu ſingen anfing/ welches den
Anweſenden anfänglich zu hören / gar
lieb war.   Als er aber unauffhörlich fort
ſang und gar keinen Schluß konte oder
wolte machen / dadurch die Handlung die
man für Handen hatte / ſo ſehr lange ge-
hindert / die beywoſende Herren und Ge-
zeugen aber / eine gute Zeit von dem Mit-
tages-Mahl / die nach vollendeter Handlung war angeſtellet / wurden abgehalten/
wünſcheten ſie von Hertzen / daß dieſer
ſonſt guter Muſicant / nur gar nicht wäre
hinein kommen/ und/ ob ſie ihn gleich höchlich erinnerten/ daß es hohe Zeit/ den Actum
anzufangen/ und daß es ſchon über 1. wäre/
kehrete er ſich doch nirgends an / Er ſang
und ſpielte noch immer fort/ biß zuletzt einer
aus dem Wirtshauſe kam / der ihme ver-
meldete/ daß ſeine Geſellſchafft auch ſchon
wäre angelanget/ er möchte ſich doch unge-
ſäumet bey ihnen einſtellen / durch welches
Mittel ſie endlich ſeiner loß wurden / denn
er ſonſt biß in die finſtere Nacht ſolte muſi-

ciret haben/und wenn gleich die dazumahl
anwesende Herren und Freunde / dabey
hätten verhungeren und verdursten sollen.
So gar wunderliche Kautzen gibt es zu Zeiten unter den Musicanten / daß sie manchesmahl weder Zeit noch Gebühr wisse in
acht zu nehmen.   Ich wil hie mit Still-
schweigen vorbey gehen/ wie viele/ die sich
auff die Music gelegt/ wie die Bettler hin
und wieder durch die Länder schweiffen /
und ihr Stücklein Brod elendiglich genug
verdienen/ heissen und sind also rechte Ertz-
Vaganten / dahero auch ein hochgelehrter
Mann/ als dergleichen Burß einsmahlen
für sein Hauß kahmen/ und um des lieben
Pfennings willen ein Jubilate daher sungen und fiedelten / zu seinen Gästen sagte :
Daß man schwehrlich einen ernsthafften/
bescheidenen / züchtigen und tappferen
Mann finden würde/ der sich auff die Musick hätte geleget/ dahero auch solche Musicanten von den vernünfftigen Griechen /
Bachus-Künstler genennet werden / als
welche gemeiniglich Leute von bösen Sitten wären / die ihr Leben leichtfertig zu-
brächten / theils auch grosse Armuth bey
ihrer Kunst litten/ da denn die Dürfftigkeit
vieler-

vielerhand Laſter pflegte zu gebähren und
zu vermehren. Eben dieſer hochverſtän-
dige Mann ſagte bißweilen ; Es kähmen
ihme etliche Muſicanten / als die Verrähter für / von welchen das lateiniſche
Sprüchwort bekannt iſt : Proditionem
amo, Proditorem odi. Ich liebe zwar
die Verrähterey/ aber den Verrähter haſ-
ſe ich / wie ſich denn dieſes Sprüchwortes
groſſe Herren pflegen zu gebrauchen. So
ſchöpffen fürnehme Potentaten aus der
Muſick ihre Freude und Wolluſt/ was a-
ber der Muſicanten Perſon angehet / ſo
verachten ſie dieſelben auffs äuſerſte/ ja halten ſie theils für Schmarotzer und Gauckler. Dahero iſt es ſo wol dem tugendhaff-
ten Käyſer Auguſto/ als dem Laſtervollen
Nero zu groſſer Schande gerechnet wor-
den/daß ſie ſich der Muſick ſo trefflich hatten befliſſen / da gleichwol Auguſtus / als
ihm ein gelehrter Mann deßwegen eine
ſcharffe Erinnerung gethan / davon abge-
ſtanden / Nero aber hat ſich noch immer
mehr und mehr auff die Muſick geleget/ iſt
aber dadurch in die gröſſeſte Verachtung
und Spott gerahten. Der Macedoniſche
König Philip/ gab ſeinem Sohn einen gar
ſtar-

starcken Außputzer / als er gehöret / daß
derselbe bey einer Gesellschafft gar lieblich
hatte gesungen/ welches (wie er sagte) keinem Fürsten zustünde. Und / warumb
wird doch der Jupiter bey den griechischen
Poeten weder spielend noch singend gefunden? Eben darumb / das dieses einer
solchen fürnehmen Person sehr übel würde anstehen / welches auch ohne Zweiffel
die Ursach gewesen / daß die vernünfftige
Pallas / die Flöhten / Zincken / oder Cor-
net zerbrochen und weit von sich geworffen. Als Alexander der Grosse einsmahlen gar künstlich auff der Lauten spielte /
und sein Hoffmeister Antigonus darüber
zukam / hat er ihm die Laute in Stücken
geschlagen / und sich dabey dieser ernstli-
chen Worte gegen ihme gebrauchet:
Schämet euch Printz / daß ihr in diesem
Alter noch spielet und singet / da ihr doch
schon des Regiments abwarten sollet.
Und zwar / wenn man die Warheit sol
bekennen / so kan fast nichts gefährlichers
erdacht werden / als wenn man den üp-
pigen Sängern / Pfeiffern / Seiten-
Spielern, und wie solche Leute etwan mehr
heissen/ so fleissig- und scharffes Gehör giebt/
und

und dadurch gleichſam das ſüſſe Wolluſts⸗
Gifft in ſich ſauget / da denn dieſe Syre⸗
nen/ durch ihre geyle/ leichtfertige Worte
und Weiſen / die Gemühter dergeſtalt offt
bezauberen/ daß endlich die arme/ verführ⸗
te Leute von denſelben in den Pfuhl. Der
zeitlichen und ewigen Unglückſeligkeit ge⸗
zogen und jämmerlich verſchlungen wer⸗
den. O wie manchem gehet es / wie dem
vielſehenden Argus/ welcher / ob er gleich
100. Augen hatte/ dennoch durch eine ein⸗
tzige Pfeiffe ward eingeſchläffert/ und ſei⸗
nes Lebens erbärmlich beraubet/ mag hie⸗
von auff dieſes mahl ein mehrers nicht ge⸗
dencken. Ich vermeyne auch/ daß es hie⸗
mit genug ſey/ ſagte hierauff der Phœbiſan⸗
der, die edle / ja himmliſche und göttliche
Muſick / hat ſich dermaſſen durch die He⸗
chel müſſen ziehen laſſen / daß diejenige /
welche das/ was geſaget/ nicht allerdinges
recht verſtehen / einen Abſcheu für dieſer
fürtrefflichen Wiſſenſchafft ſolten bekom⸗
men/ ich kan mir aber nicht einbilden/ daß
das jenige / was dieſes Falles von meinen
Herren Geſellſchafftern widerliches fürge⸗
bracht worden/ ernſtlich ſey gemeynet ge⸗
weſen/ angeſehen/ man ja vielmehr rühmli⸗

ches

ches / als scheltenwürdiges von dieser herrlichen Kunst könte an den Tag geben /
wenn man sich nur so viel wolte bemühen.
Unterdessen wissen wir gar wol / daß die unvergleichliche Musick einen göttlichen Ur-
sprung hat / wie denn solches auch die Hey-
den geglaubet / dabenebenst dafür gehalten / ja recht und wol gesaget / daß die Himmel mit einer schönen und musicalischen
Harmonie bewegt werden / welches denn
klährlich bezeuget / daß die Musick die aller-
älteste Kunst unter der Sonnen sey / wie den
auch die Musick alles in sich begreiffet / und
nichtes in der Welt ist / daran man nicht die
Musicam und Geometriam / das in die
Sing- und Meßkunst klärlich kan spüren.
Es haben zwar die alten Philosophi mancherley Meynungen von den ersten Erfin-
dern dieser Kunst nachgelassen / einer hat sie
dem Amphion / der ander dem Dycaisio /
der dritte dem Mercurio / der vierte dem
Pythagoras zugeschrieben / wiewol auch
der Athenäus fürgibt / daß die Musick ihren Anfang von der Vögel-Gesange habe
genommen / wodurch den Menschen Gelegenheit gegeben worden / den Sachen
ferner nachzudencken / und also je länger /

M　je

je weiter darinn zu kommen / welche letzte
Meynung ſich etlicher Maſſen hören läſt ;
Freylich läſt ſich dieſelbe hören / ſagte Artiſander, denn/man betrachte doch gleich jetzt
das recht künſtliche und muſicaliſche Geſchrey der Nachtigal / wie wir ſie in gegenwärtigem Garten mit höchſter Luſt anhören / da man klärlich den Unterſcheid ihres
Singens kan vermercken / denn die eine
Nachtigal ſinget viel lieblicher / als die andere / eine machet mehr Aenderunge in ihrem Geſange/ als die andere/ eine kan mit
ihrem Odem länger aushalten als die an-
dere/ eine zwitzert viel ſchärffer / als die an-
dere/ gebt nur fleiſſig acht ihr Herren / ſo
werdet ihr in der That befinden / daß ich
nichtes anders / als die Warheit rede / ey
höret nur den mercklichen Unterſcheid und
bedencket dabey / ob nicht auch die aller-
kunſtreichſten Muſicanten/von dieſem kleinen Vögelein etwas können lernen / wie
wir denn ſchon längſt ein artliches Stücklein / auff unterſchiedlichen Inſtrumenten
ſonderlich der Flöhten haben gehöret mu-
ſiciren / welches / dieweil es in Engelland
erſtlich iſt gemachet/ die engliſche Nachti-
gall wird genennet. Es könte auch ſonſt
noch

noch gar viel von dem kunstreichen und mu-
ficalischen Singen der Vögel allhier bey-
gebracht werden/ wenn solches nicht schon
vorlängst/ von dem Weltberümten Jesu-
iten P. Athanasio Kirchero, in seinem un-
vergleichhem Buche Musurgia genannt/
wäre geschehen/ worinn er auch beweiset /
daß der dumme Kuckuck / nach seiner Art
einen zimlichen Musicum gebe/ wie wir ja
dasselbe auch um diese Jahres Zeit deutlich genug können hören / darff deßwegen
keinen fernern Beweißthum führen. Diese seine Zwischen-Rede / ist nicht unange-
nehm/ sagte hierauff der Phœbisander zu
dem Arrisander, und ist dieselbe daher ent-
sprungen / daß ich unterschiedliche Meynunge von den ersten Erfinderen/ der edlen
Musick habe angezogen/ man mag mir a-
ber bald diesen/bald jenen zum Urheber dieser herrlichen Wissenschafft machen; So
verbleibe ich doch bey dem allerheiligsten
und warhafftigsten Geschicht-Schreiber
dem Manne GOttes/Moses/ welcher be-
zeuget/ daß Jubal / der Sohn Lamechs
sey ein Vatter und Meiste gewesen/ aller
der jenigen/welche auff Pfeiffen / Orgeln
und Instrumenten spielen.   Es ist aber
M ij   diese

dieſe herrliche Kunſt / von Anfange der
Welt her/ faſt bey allen Völckern hoch geſchätzet / und in groſſen Ehren gehalten
worden/ wie wir denn zu Anfange dieſes
Dißcurſes etlicher fürtrefflicher Leute bey
den Griechen erwähnet / die ſ̶i̶ℓ̶ℓ̶ zum
Ruhm gezogen/ daß ſie in der ▉▉▉ck für
andern gelehrt und erfahren geweſen/ und
ich mich über den Lycurgus verwunderen /
doch ſonſt gar geſtrenge Geſetze gegeben /
auch einen ſehr ernſthafften Wandel ge-
führet/ daß er gleichwol pflegte zu ſagen ?
Es ſey die edle Muſica von Gott den Menſchen gegeben fürnehmlich zu dem Ende /
daß ſie ihre überauß groſſe Beſchwärunge
uñ Sorgen/deſto beſſer und leichter möchten vertragen / hat ſie auch eben deßwegen
ſeinen Lacedämoniern. und/ dz ſie ihre Kinder fleiſſig darinn üben ſolten/ ernſtlich an-
befohlen/ welches trauen allhie wol zu mercken.   Dieſen gravitätiſchen Lycurgum /
hat nichts anders bewogen / dieſe überauß
nützliche Wiſſenſchafft dermaſſen hoch zu
ſchätzen/als daß er ſehr wol verſtanden hat/
die Muſick ſey ſo anmutig/daß ſie alle Dinge durch ihre Lieblickeit könne bewegen /
denn ſie benimt den Traurigen ihre Trau-
rigkeit/

rigkeit/ die Luſtigen erfreuet ſie noch mehr /
die Liebhaber machet ſie verſchlagen / die
Andächtige immer fertiger/ Gott zu loben/
ſie ſchicket ſich faſt zu allen Dingen / und
leitet die Gemühter der Zuhörer allge-
mach wo ſie dieſelben nur zu haben begeh-
ret / ſie iſt ein über groſſer und beſtändiger
Schatz/reitzet und treibet zu guten Sitten/
ſie ſtillet der Zornigen Wüten / dahero ſie
auch billig eine gantz vollkommene Kunſt
wird genennet/ derer keine andere kan ent-
behren/und in Summa / es kan die edle
Muſica recht Wunderwercke verrichten.
Solte ich hie ferner anführen / wie offt
und vielmahls wir durch den Geiſt Gottes in H. Schrifft ermahnet werden / mit
Singen und Spielen den groſſen GOtt
vom Himmel zu loben/würde es mir an der
Zeit gebrechen/ man nehme nur den Pſal-
ter Davids zur Hand/ da wird man ſehen/
wie, ernſtlich der königliche Prophet es
meynet / wenn er uns gleichſam aus vollem Halſe zuſchreyet: Singet dem Herren ein neues Lied/ machet es gut auf Sei-
tenſpiele mit Schalle/ ja wenn er das köſt-
liche Pſalter-Büchlein mit dieſer herrlichen Ermahnung beſchlieſſet/ daß wir nem-

M iij   lich

lich unſeren Gott ſollen loben mit Poſau-
nen / mit Pſälter und Harffen / mit Paucken / mit Reigen / mit Seiten / mit Pfeiffen / mit wolklingenden Zimbeln / worauß
klährlich erſcheinet / daß David kein beſſer
Mittel hat können erfinden / ſeinem GOtt
zu dienen / als mit einer wolklingenden
Muſick / worinn er ſich auch die gantze Zeit
ſeines Lebens hat geübet. Bezeuget nicht
ſein Sohn Salomo / welcher ja der aller-
weiſeſte unter den ſündlichen Menſchen geweſen / daß der Wein und die Muſick das
Hertz erfreuen? Siehet nicht der heil. Johannes in ſeiner Offenbahrung auch die
Tiehre / welche dem HErren ein neues Lied
geſungen / welches alles ja gnugſam erwei-
ſet / daß die Muſick / nicht nur von Menſchen / ſondern auch von Gott ſelber lieb
und angenehm werde gehalten. Und was
bedarff es noch groſſer Weitläufftigkeit ?
Wird nicht der Engel und Außerwehlten /
im andern und ewigen Leben ſtetige und
unaufhörliche Ubung ſeyn / daß ſie den Allerhöheſten Gott / mit den alleranmuhtig-
ſten Liedern und Geſängen ſollen rühmen /
loben und preiſen? Ich könte hievon ſolche
herrliche Sachen fürbringen / daß man mir
mit

nit hertzlicher Luſt ſolte zuhörē dieweil aber
von ſolcher himmliſchen und ewigen Muſick unſer wehrter Palatin, in dem andern
Theil ſeiner H. Seelen-Geſpräche / (wel-
he nunmehr Gott Lob ſchon unter der
Preſſe ſind /) außführlich hat gehandelt.
So ſchlieſſe ich hiemit / und wiederhole
iur nochmahlen dieſen meinen unwieder-
reiblichen Satz / daß nehmlich die hoch-
zeprieſene Muſick / die alleredelſte Beluſti-
zung ſey kunſtliebender Gemühter / wor-
ney ich es auch laſſe bewenden.

Der Herr hat einen gar guten Schluß
in ſeiner Materia gemachet / auch ſeine
Meynung wol befeſtiget / ſagte hierauff
der Räſtige / und glaube ich nicht / daß in
dieſer löblichen Geſellſchafft / auch wol gar
keiner unter allen unſeren Ordensgenoſ-
ſen zu finden / der die edle / ja recht himmliſche Muſick ſolte gering ſchätzen / viel
weniger ernſtlich ſchmähen / oder unge-
bührlich von derſelben reden / ich halte dieſe
herrliche Wiſſenſchafft für eine überauß
annuhtige Beluſtigung Kunſt- und Tugendliebender Gemühter / wovon noch
ſehr / ſehr viel zu ſagen wäre / dieweil wir uns
aber jetzo nothwendig der geliebten Kürtze
müſſen

M ij

müſſen befleiſſen; Als wollen wir dem Herren Phœbiſander Ruhe gönnen/ und darauff ferner den Herren Artiſander , als
welchen nunmehr die Ordnung betrifft /
freundlichſt erſuchen / daß er ſich wolle belieben laſſen / nach Gelegenheit der Zeit nur
mit wenigem uns anzudeuten/ was denn
das jenige in ſeinem Hertzen / Sinn unnd
Gedancken ſey/ Welches er für die alleredelſte Beluſtigung kunſtliebender Gemühter ſchätze? Ich bekenne/ daß es nunmehr meine Gebühr / ſagte hierauff Artiſander, auch meine Gedancken von dieſer
wichtigen Frage zu offenbahren / möchte
wünſchen/ daß ich es zu meiner Herren Geſellſchaffter guter Vergnügung jetzo treffen könte wer de mich doch bemühen/etwas
nach Vermögen zu leiſten.   Anfänglich
nun kommt mir dieſe Frage/und was bißhero darauff geantwortet iſt / nicht allein
recht vernünfftig für/ſondern auch gar artig und ſehr wol gefüget in dem Hr. Ingeniander die Schau-Spiele für die alleredelſte Beluſtigung kunſtliebender Gemühter gehalten/ dagegen der Herr Phœbiſander behauptet/ daß es die Muſic ſey/ſo wol
die jenige / welche durch lebendige Stim-
men/

rien/ als die auß unterschiedlichen Instrumenten kan zu wege gebracht werden.
Diese zweyerley Belustigunge / als die
Schauspiele/ und die Music/ folgen nun
gar fein auff einander / denn / was würde
es wol für eine schlechte Beschaffenheit mit
den Traur- und Freuden-Spielen haben/
wenn keine bewegliche Music dabey wäre / als welche dergleichen Spielen ihr
rechtes Leben und Anmuhtigkeit gleichsam
ertheilet? Ob nun zwar die Music eine gar
herrliche Wissenschafft ist/ wie kurtz hiebevor mit trefflichen Gründen erwiesen: So
ist doch gewiß / daß eben die Music/ welche mit lebendigen Stimmen wird gema-
machet/ und da man herrliche schöne Geist-
und Sinnreiche Texte singet / die Instru-
mental-Music weit übertrifft/ wie solches
die Erfahrung Sonnenklahr bezeuget /
Dahero geschiehet es/ daß wolgesetzete/ sonderlich aber geistliche und himmlische Lie-
der/ mehr wegen der erbaulichen Texte als
der darauff gesetzten Melodien (wiewol
dieselbe auch billich ihr hohes Lob behalten)
von Gottliebenden und verständigen Leuten werden gerühmet/ und eine solche Poesie in hohem Wehrt gehalten/ daß ich dem-

M v   nach

nach nicht ſo gar ungereymt urtheilen dörf-
te/ daß eben dieſe ſchöne Wiſſenſchafft der
Poeſi/ mit gutem fuge für die alleredelſte
Beluſtigüg kunſtliebender Gemühter könne gehalten werden/ wie ich mir denn wol
getraue/ dieſen meinen Satz oder Meynung/
mit unwidertreiblichen Gründen zu behaubten. Dieſes läſt ſich auch hören/ ſagte
hierauff Herr Ingeniander , Ich habe die
Poeſi oder Dicht-Kunſt allemahl für eine
herrliche Wiſſenſchafft gehalten / welche
der ſelig verſtorbene Spielende der theure
Harßdörffer/ einer ſchönen und keuſchen
Jungfrauen vergleichet / aber ich möchte
gerne wiſſen/ ob mein Herr Geſellſchaffter
die Poeſi/ (welche er die alleredelſte Belus-
ſtigung kunſtliebender Gemühter nennet)
ins gemein / und wie man ſich derſelben
zu allen Sprachen gebrauchet / oder nur
abſonderlich unſere teutſche Dicht-Kunſt
allhie wil verſtanden haben ? Es iſt zwar
die Poeſi ins gemein / verſetzete hierauff
Artiſander, gar hoch zu rühmen/ und iſt
faſt keine Sprache unter dem Himmel/ in
welcher die Dicht-Kunſt nicht ſolte geübet
werden/ ſo gar auch / daß es unter Barbariſchen Völckern / nach ihrer Art treffliche

che Poeten giebet / wie denn in den Afri-
caniſchen Städten/ als da ſind Tripoli /
Algier / Marocca / Feß / Tunis und wie
dieſe Oerter (welche der See-Räuberey
halber / leyder! mehr als zu berühmt oder
bekandt ſind) mehr heiſſen/ ſich offtermah-
len die beſte Poeten verſamlen ſollen/die in
Gegenwart der Obrigkeit ſelbiger Oerter/
für viel tauſend Menſchen / die ihnen mit
groſſer Begierde zuhören / ihre verfertigte Gedichte / Lieder und Lobgeſänge nach-
einander erzehlen/oder herſagen/bißweilen
auch wol ſingen/ da dann die jenige/welche
die zierlichſten und ſinnreicheſten Gedichte
fürgebracht / von den Oberherren / Baſ-
ſen / Regierern oder Gouverneuren der
Städte mit ſchönen Kleidern/ Trinck-Ge-
ſchirren/ nützlichen Bücheren / und anderen dergleichen angenehmen Sachen her-
lich beſchencket / und dadurch immer mehr
und mehr auffgemuntert und angefriſchet
werden/in dieſer rühmlichen Wiſſenſchaft
der Himmliſchen Poeſi von Tage zu Tage freudig fortzufahren / welches auch
die Urſache iſt/ daß viele junge Leute / unter dieſen Barbariſchen Völckern in der
Dicht-Kunſt ſo fleiſſig ſich üben/ daß man

nunmehr gar keine Schrifften bey ihnen
findet / die von anderen Völckern ſonderlich den Spaniern zu Zeiten in ihre Sprachen überſetzet werden. Alſo wäre es gar
leicht / fuhr Artiſander ferner fort / von der
Dichtkunſt in Genere oder ins gemein eine
herrliche Lob-Rede anzuſtimmen / zu die-
ſemmahl werde ich aber bloß und allein
bey unſer teutſchen Poeſie oder Dichtkunſt
verbleiben / zumahlen wir ja alle gebohrne
Teutſche / und demnach höchlich verpflichtet ſind / den Glantz und das Auffnehmen
unſerer edelſten Mutter-Sprache / (welche durch die Poeſie nunmehr faſt zu ihrem
gröſſeſten Wolſtande oder Vollenkom-
menheit gebracht iſt /) aus allen Kräfften
zu befoderen / wiewol ſolches bereits võ vielen herrlichen Geiſtern geſchehen / und wir
Teutſche mit rechter Warheit ſagen können / daß weder die Hebräer / die doch viele
Sachen Poetiſch beſchrieben / noch die
ſinnreiche Griechen / noch die beredete Lateiner / noch einige Völckerſchafft der
Welt / ſo viele / gute / gelehrte / und trefflich
geübete Poeten gehabt / als wir nunmehr
unter den Teutſchen fürſtellen / und dadurch den Frantzoſen / Italiänern / Spaniern /

niern / ja allen andern Völckern der gantzen Welt / sie mögen auch heissen / wie sie
wollé/Trotz bieten können. Ich bin hierinn
mit ihm durchaus einerley Meynung/sagte
hierauff der Rüstige / mein wehrter Herr
Artisander, denn/ ob ich wol auch anderer
Nationen Gedichte in ihrer Sprache gele-
sen/ habe ich doch wenige gefunden/ die es
der unserigen gleich gethan hätten / kan
mich demnach nicht genug verwunderen /
daß etliche die sich für gelehrte Leute außge-
geben/ zu behaubten unterstanden/daß die
teutsche Sprache viel zu rauh und uhn-
geschickt sey/ daß man anmuhtige / wol-
klingende Gedichte/Reymen und Lieder in
derselben verfertigen könte / da doch das
Gegentheil nunmehr viel heller / als die
Sonne erscheinet / und zwar hat man
nicht nur heute / oder für 20. 30. 40. Jahren erstlich angefangen teutsche Verse/Ge-
dichte und Lieder zu schreiben ; Ach nein !
Man hat schon für etliche 100. Jahren
Leute gehabt/welche nach selbiger Zeit Beschaffenheit solche Lieder zu Papir gebracht/
die sich noch wol lesen und hören lassen /
wovon bey etlichen fürtreflichen Männern
und erleuchteten Scribenten unter den
Frucht-

Fruchtbringenden/ als dem unvergleichlichen Spielenden/ dem/ um unſere teutſche
Sprache höchſtverdienten Suchenden /
den Sinreichen und Hocherfahrnen Erſu-
menden/ dem Hoch Adelichen Unverdroſ-
ſenen / dem weitberühmten Erwachſen-
den/und anderen mehr kan nachgeſchlagen
werden. Wir wollen aber auff dieſesmal
ſo gar weit nicht rücke gehen/ ſondern nur
den groſſen und theuren Mann Lutherum
an ſtatt vieler/ zum Exempel darſtellen /
der uns in unſerer teutſchen Sprache ſolche herrliche / geiſtliche Lieder hat nachge-
laſſen/daß wir billich hohe Urſache haben/
GOtt dem HErren von ganßer Seelen
dafür zu dancken / Ich wil aber nur bloß
und allein von ſeiner Poeſi ſagen/über welcher man ſich offtmahlen nicht genug kan
verwunderen/ denn etliche ſeiner Lieder ſo
kunſt-richtig/ und nach denen/ uns heute
zu Tage fürgeſchriebenen Geſeßen oder
Regeln (von welchen daßumahl der groſſe Mann das allergeringſte nicht gewuſt)
ſind verfertiget und zu Papier gebracht/
daß wenig daran zu tadelen / dahero Ich
offte bey mir gedacht/ es müſſe an dieſem ſo
hocherleuchteten Luthero alles ſonderlich

seyn gewesen/ in dem er auch in dieser Wissenschafft der edlen / dazumahl fast unbe-
kandten Poesi so hoch gestiegen / daß er
auch von sich selber / und ohne einiges
Menschen Anleitung hat verstehen können/
welche Syllaba im Teutschen lang oder
kurtz wäre / auch was für ein Unterscheid
unter den Jambischen und Trochaischen
Versen / und wie alles so beweglich unnd
nachdencklich in unserer edelsten Mutter-
Sprache könte ausgedrücket werden/wo-
mit Er viele / dieser Zeit lebende Poeten /
welche ihren stoltzen Bedüncken und Ein-
bildungen nach/ lauter Virgilien und Horatien sind/ mächtig beschämet/ zumahlen
etliche unter denselben ihre Reyme so erbärmlich zusammen flicken/ den Thon der
Wörter so wenig beobachte/oft so viel Vocales oder selbst lautende Buchstaben lassen
an einander stossen/auch sonst so unzehliche
Fehler begehen / daß einer der in dieser her-
lichen Kunst gründlich erfahren / sich mit
dem Heraclito entweder darüber zu Tode
weinen/ oder mit dem Democrito zu Tode
lache solte/ welches denn die eigentliche Ursache ist/daß diese schöne Wissenschaft nicht
nur von gemeinen / sondern auch wol von
hoch-

hochgelehrten Leuten nunmehr ſehr verachtet / ja wol gar für eine Bettel-Kunſt um
des ſchändlichen Mißbrauches / ſolcher
kahlen Reymen-Macher wird gehalten.

Es iſt nicht ſo gar lange / daß ich ein
Gedicht geleſen / in welchen ſich der Poet
beklaget / daß man ihn für einen Perſius
und Juvenalis halte/dahero er auch ſo ſtolz
geworden / daß er gar höhniſch ſchreibet
von allen Dichteren/ die von den käyſerlichen Pfaltz-Hoff-Grafen/mit der Poetiſchen Lorbeer-Krone gezieret werden / da
muß ihm die weiſſe Kälberhaut / oder der
Pergamenten Brieff mit güldenen Lette-
ren gezieret/ der eingeflochtene (ſolte inn/
nicht eingeflochten heiſſen) Krantz von allzeit grünen Blättern / der theurgeſuchte
Nahm/ des Pfältzers (ſo ſchimpflich nennet er die Comites Palatinos / die ihme a-
ber übel pfältzen dörfften) eigene Hand /
welches alles wie er ſchreibet ſey übel ange-
wand (ſolte angewendet heiſſen / fürwar
ein grober Fehler!) und anders mehr dergeſtalt herhalten / daß ich mich über den
Frevel dieſes Menſchen nicht genug verwundern können. Es hat aber eben dieſer
Juvenalis und Perſius, der ſich rühmet /

daß

daß er von fürtrefflichen Leuten mit einem
groſſen/güldenen Becher ſey beſchuncken/
(ſolte beſchencket heiſſen/ iſt abermahl eine
greuliche Faute!) in beſagtem Ehren-Ge-
dichte/ welches doch kaum eines Bogens
lang/ zimlich viel Fehler mit hingeſetzet/
ſonderlich findet man viele Hiatus oder
Riſſe/ da unterſchiedliche Vocales oder
ſelbſtlautende Buchſtaben zuſammen ſtoſ-
ſen/als; Nicht wie in jungen Tagen/
da ſollen i ei in einander/ welches einen
gar ſchlimmen Laut in gebundener Rede
verurſachen/ hätte er für das wie/ das
Wörtlein als gebrauchet/wäre dieſer Fehler nicht begangen. Alſo hat er auch geſetzet die Untreu/ die Alten/Treu
und Dienſt/ da abermahl drey Vocales zuſammen kommen/das aber gar heßlich klinget. Sonſten hat er auch etliche
Wörter/ die von Natur langkurtz ſind/
kurtzlang/ und hinwiederumb kurtzlange
für langkurtze geſetzet/als das Wort auß-
ſchreyen/ da iſt das auß lang und das
Schreyen kurtz/er hat es umbgekehrt und

auß ſchreye geſchrieben/ſofindet man auch
in

in dieſem Gedicht Außlegt für Außlegen/
Dennoch / für Dennoch/ welches / daß es
unrecht/ auch die Schühler wiſſen. Alſo
hat er auch vier gleichlautende Endunge
nach einander geſetzet/ als geht/ ſteht/ ſte-
hen/ ſehen/ welches/ wie ſehr übel es lautet/
und dannenhero für einen überauß groſſen
Fehler zu halten. Ein jedweder vernünfftiger leicht kan urtheilen. Die gröſeſte Zierligkeit unſerer teutſchen Poeſi beſtehet darinn / daß die Reymgebände fein lieblich /
rein und ungezwungen klingen. Nun iſt
aber in unſerer Helden- und Mutterſprache
nichts unangenehmers/ als wen gleichlautende Wörter ſo geſchwinde auff einander
folgen / wie man daſſelbe nicht nur in ge-
bundener/ ſondern auch in ungebundener
Rede klärlich kan ſpühren / verdirbt deßwegen das ſo ſchleunigſt auff einander folgende gehn/ ſtehn/ ſtehen / ſehen/ das gantze Gedichte / fürnehmlich in Alexandrini-
ſchen Verſen / welche zu den Helden-Ge-
dichten mehrentheils gebrauchet werden/
(mit den Sonnetten oder Kling Reymen
hat es eine gar andere Beſchaffenheit)
wie-

wiewol auch etliche Endwörter sich leyder
übel reymen/als weñ dieser Juvenalis schicken und Stücken/schaffen und schlaffen/
zünden und finden / truncken und Ge-
schuncken/welches Geschencket heissen sol/
und dergleichen Ubel zusammen lautende
Wörter in vorbesagtē seinem so theuer ver-
goltenen Gedichte reymet / zugeschweigen
der Gewalt die er etlichen Wörtern hat angethan /. in deme er aus Viersyllbigen /
Dreysylbige/und aus Dreysylbigen Zwey-
sylbige gemachet / also hat er gesetzet abge-
wande / sol heissen abgewendet / veracht /
sol heissen verachtet/ erhöht / sol heissen er-
höhet;/und was etwan mehr Schnitzer darinn zu finden. Ich erinnere aber dieses alles nicht etwan zu dem Ende / daß ich den
Verfasser besagten Gedichtes/der sonst vielleicht gelehrt genug seyn mag / hiedurch
wolle beschimpffen/wovon ich feyrlichst bedinge; Sondern dieweil es unsere jtzige Unterredung also mit sich bringet/und ich nur
durch ein solches eintziges Exempel klärlich
möge erweisē/dz wenig heute zu Tage gefü-
den werden / die unsere teutsche Poesi recht
aus dem Grunde verstehen/denn/wenn ein
solcher trefflicher Geist/ den man für den
                                    teut-

teutſchen Perſicum und Juvenalem hält /
ſo viele Fehler/in einem eintzigen Gedich-
te/ das kaum eines Bogens lang begehet ;
Was vermeynen meine Herren Geſellſchaffter / ſolten denn unſere ſchlechte/oder
mittelmäſſige Poeten nicht thun? Ich verſichere euch / daß man in ſolcher Leute
Schrifften viele Scheffel / gantze Ton-
nen/ ja groſſe Pack-Häuſer voll Fehler fin-
det/ die manchesmahl ſo grob / daß ſie einem verſtändigen Liebhaber dieſer edlen
Wiſſenſchafft die Cholicam oder Stanguri-
am verurſachet/die Kürtze aber unſeres Ge-
ſpräches wil es nicht zugeben/ein mehrers
hievon/dieſesmahl auff die Bahn zu bringen.

Es iſt mir gewißlich l:yd/ ſagte hierauff
Artiſander, bin auch verſichert / daß meine
Herren Mittgeſellſchaffter es nicht zum
Beſten empfinden/ daß unſer wehrter Pa-
latin/ ſeine Rede ſo kurtz abbricht/denn wir
von dem Fehlern/ſo von den meiſten teutſchen Dichtern werden begangen/noch gerne ein mehrers unterrichtet ſeyn möchten /
damit man ſich deſto beſſer dafür hüten
könte/dieweil aber hievon weitläufftig zu
reden/ ihme nicht beliebig / müſſen wir es
uns

uns auch alſo gefallen laſſen.   Unterdeſſen bekenne ich meines Theils gerne / daß/
ſo ſehr mir die elende Schartecken etlicher
Bettel-Poeten zu wider ſind / ſo hertzlich
gerne leſe ich Geiſt-und Sinnreiche Schrif-
ten/ rechtſchaffener/ gelehrter / wolgeübter
und erbaulicher Poeten / welche/ wie jener
Orpheus mit ſeiner Leyren thate/ nicht nur
die vernünfftige Menſchen / und unvernünfftige Thiere/ ſondern auch wol gar die
ſonſt unbewegliche Felſen können bewegen / ja faſt hüpffend und ſpringend ma-
chen/ und zwar ſolche Poeten ſind unſterb-
licher Ehren wehrt/ die man auch billich
reichlich unterhalten und begaben ſolte. Es
befindet ſich aber gemeiniglich das Wi-
derſpiel/ in dem man ſiehet/ daß ſolche gelehrte und hochbegabte Leute offt Noht lei-
den/ andere ſchlechte Geſellen aber/ die/ mit
ihren Schmeichel-Gedichten/ ſo mit einem
hauffen hochprahlenden Worten/ wiewol
ohne einigen Verſtand oder Nachdruck
ſind angefüllet/ reichlich beſchencket/ ja wol
zu trefflichen Aemptern und hohen Würden befodert werden.   Es iſt nicht gar
lang/ da ward mir die Abſchrifft eines Ge-
dichtes gegeben / welches ein ſolcher guter
                                        Schlu-

Schlucker einem fürnehmen Herren zu
Ehren gemachet/ deſſen Anfang/ dafern ich
es gleichwol recht behalten/ alſo lautet :

Ich ſchwehr Euch bey dem Bauch des Glückes/
Herr von Sinnen/
Welch über Sonniſch ſind/ und können bald
gewinnen
Die Hertzen alles Volcks/ das Feur in Augen
hat/
Und weiß für heiſſe Lieb allein den beſten
Raht.

Ich ſchwehr euch bey dem Kopff des Todes /
groſſer Meiſter
Des reichen Seneca / daß alle hohe Geiſter
Die da gemachet ſind von allerbeſten Zeug /
Das überhimmliſch ſich verwundern über
euch.

Ich ſchwehr euch bey dem Schwantz des Aeo-
lus / ihr habet
Ein güldenes Gehirn mit Tapfferkeit begabet/
Verbrehmt mit Diamant / geſchmücket mit
Rubin/
Beſetzet mit Saffir / recht wie man findet
ihn.

Ich ſchwehre tauſendmahl euch bey der Venus
Nabel/
Beym Donner Jupiters und bey Neptunus
Gabel/
Daß ihr / O groſſer Herr/ ſeyd ein ſo groſſer
Mann/
Daß euch der groſſe Matz nicht groß gnug
rühmen kan. Doch

Doch meine Leyre auff / auff auff bit meine
Geige /
Ihr meine Paucken auff/mein Harff jetzt auch
nicht schweige /
Trompeten tra ra ra / bibibum / bibibum / bi-
bibum /
All ihr Poeten schreyt / es sey ja keiner stum /
Jetzt geh ich zum Parnaß / auff daß ich helffe
singen
Den Musen / die mir viel Geschenck entgegen
bringen /
Und daß ich unterweiß auff der Viole-
Gamm
Den Gott Apollo selbst der Musen Bräuti-
gam.
Da sollt ihr klährlich sehn / recht bey der Pal-
las Lantzen
Nach meiner frischen Leyr die Götter alle
tantzen
Das Hufft-gebohrne Kind sol grosse Wun-
der thun /
Hierauff HochEdler Herr / hierauff so mer-
cket nun :

Dieses war also das Exordium oder
der Eingang vorbesagter Ehren-Schrifft/
welche ferner so läppisch war gestellet / daß
alle Verständige / die sie gelesen / einmüh-
tig schliessen musten / daß der Dichter der
grösseste Hasen-Kopff gewesen / der in
gantz Europa zu finden / gleichwol ward
be-

berichtet / daß der Poet hundert Ducaten
dafür bekommen / wiewol andere vermeynten / es wäre nur ein groſſer / auß- und inn-
wendig übergüldeter Pocal geweſen. Dieſes kan ich leicht glauben / ſagte hierauff Ingeniander, wenn die Ehren-Schrifft von
einem rechtſchaffenen / verſtändigen Poeten
außgefertiget worden / ſo wäre nicht leicht
eine Vergeltung erfolget / denn es gemeiniglich der Gebrauch iſt / daß man gelehrte
und erfahrne Leute umbſonſt läſſet arbei-
ten / da mancher Lumpen-Kerl dargegen
herrlich wird beſchencket und befodert / a-
ber Gott vergebe es euch / Herr Artiſander,
daß ihr nicht das gantze Gedicht habet behalten / Ich habe mich über den ſchönen
Eingang / bald zum Pfaltzgrafen gelachet /
wie groß ſolte die Luſt geweſen ſeyn / wenn
man das gantze Corpus haben könne /
denn iſt der Kopff ſo ſchön gebildet / ſonderlich durch die herrliche Ohdſchrühre /
bey des Glückes Bauch / bey des Todes
Kopff / des Oeolus Schwantz / der Venus
Nabel / des Jupiters Donner / des Neptunus Gabel / wie viele treffliche Saalbade-
rey'n muß der gantze Leib wol in ſich begreiffen? Der artige Frantzöſiſche Schalck

Der

der ſich Francion nennet / führet einen ſolchen Poeten in / der / wie er wolte vom
Bette auffſtehen / in ſeiner des Francions
Gegenwart / ſeinem Kammerdiener Caſ-
caret alſo zugeruffen : Ho Calcaret, ça je
me veux leuer; apporte moy mon bas de
ſoy, de la correction & de l'amplification
de la Nymphe amoureuſe: donne moy mon
haut de chauſſe du grand Olympe, & mon
pourpoint de l'Heliotrope: Je penſe, que
mon manteau des Lauriers du Triomphe
viendra fort bien deſſus.   Kan in unſerer
teutſchen Sprache heiſſen : Holla Raſka-
rett / ietzt wil ich auffſtehen / bringe mir
meine ſeidene Strümpffe der Verbeſſe-
rung und Vergröſſerung der verliebten
Nymphen her : Lange mir meine Hoſen
von dem groſſen Olympus / und mein
Wambs von dem Heliotrope.   Ich halte dafür / daß mein Mantel von dem Lor-
beerbaum des Triumphes ſich ſehr wol dabey ſol ſchicken. Dieſer muß trauen auch
kein ſchlechter Phantaſt ſeyn geweſen / welches darauß erhellet / daß / da er gefraget
worden / warumb er ſeinen Kleidern ſolche
wunderbahre Nahmen gebe? Er darauff
geantwortet / wie daß er ein Buch geſchrie-
	N	ben-

ben/welchem er den Titul gegeben/die Ver-
beſſer = und Vergröſſerung der verliebten
Nymphen / dafür habe er ein paar ſeidene
Strümpffe bekommen. Noch für ein anderes Buch/welches er den groſſen Olympus genennet / habe man ihme ein paar
neue Hoſen/noch für eins/Heliotrope/ein
Wambs/und für eine Schrifft/die er unter dem Nahmen Lorbeer-Baum des
Triumphs herauß gegebē/einē neuē Mantel geſchencket/ haben alſo die Kleider nach
den Büchern heiſſen müſſen/ dieweil er gedachte ſeidene Strümpffe/Hoſē/Wams/
Mantel zur Vergeltung für ſeine gehabte
Mühe und Bücherſchreiben hat bekommē.
Muß mir aber dieſer Kerl nicht ein feiner
Poete ſeyn geweſen? Solte er nicht unterſchiedliche Windmühlen im Kopffe gehabt
haben? Man könte ja ſchier nichtes narri-
ſchers erdencken! Ihr redet die Warheit/
mein Herr Artiſander, ſagte hierauff der
Rüſtige/ uñ kan man auß dieſer/des Francions luſtigen Erzehlung erkennen/was für
unſelige Leute und närriſche Haſenköpffe
die Bettel-Poeten ſind / welche mit ihren
lumpichten Reimen und Gedichten/ nicht
nur das Brodt/ ſondern auch ſo gar die
Klei-

Kleider/ Hosen/ Wambs/ Mantel und
Strümpffe müssen verdienen/ welche Bet-
teley auch meines Bedünckens/ wol der fürnehmsten Ursachen eine gewesen/ daß man
in einer grossen volckreichen und wolbekan-
ten Stadt/ so gar ernstlich hat verboten/
kein einziges Ehren-Lied / noch Hochzeit-
Gedicht/ noch Grabschrifft / oder dergleie-
chē etwas mehr zu drucken/ wodurch gleichwol (wie nit weinige hochverständige Leute
vernünfftig davon urtheilen) vielen trefflichen geschickten/ hoch- und wolverdienten
Leuten allzunahe geschiehet/ als welcher Ge-
dächtnüsse/ an statt/ daß es ewig solte erhalten werden/ durch dieses gar zu strenges Ge-
bott/ schier gäntzlich wird außgetilget / zu
wider der treuhertzigen Ermahnung des
klugen Lehrers Syrach/ daß man nemlich
berühmte Leute auch nach dem Tode sol lo-
ben/ bevorauß/ wann sie zu ihren Zeiten löbliche Thaten gethan/ weißlich gerathen und
geweissaget/ Land und Leute vernünfftig re-
gieret/ auch sonst in allerhand schönen Künsten und Wissenschafften sich fleissigst geübet. Ist demnach meines schlechten Bedün-
ckens/ eine sehr grosse Undanckbarkeit/ wañ
wolverdienter Leute herrliche Eigenschafftē

N ij.   rühm-

rühmliche Tugenden / ſo gar leicht und
bald vergeſſen werden / daß man auch die
geringſte Ehren-Schrifft ihnen nicht nach-
ſetzet / wodurch ſonſt nicht allein ihre hin-
terlaſſne hochbetrübte Anverwandte mercklich getröſtet / ſondern auch der Selig-
Verſtorbenen gute Eigenſchafften in fri-
ſcher und unverwelcklicher Blühte könten
erhalten werden. Ich läugne zwar nicht/
daß in Anſetzung dergleichen Ehren-Ge-
dichte ein groſſer Mißbrauch mit unterge-
lauffen / es ſolte aber derſelbe den rechten
Gebrauch unſerer edlen Poeſi nicht ſo gantz
und gar haben auffgehebet / man ſolte billich die elende / unverſtändige Bettel Poeten abgeſchaffet / und dargegen rechtſchaf-
fene / gelehrte Leute in Ehren und Würden gehalten haben / aber alle Gelehrte
und Ungelehrte über einen Kamm ſcheren/
das heiſſet das Kind mit dem Bade auß-
gegoſſen. In Warheit / ich habe mich ſelber nicht genug verwunderen können / ſagte
hierauff Artiſander , daß man löblichen
Gebrauch ſo gar hat abgeſchaffet / und
von keinen Ehren-Schrifften noch Lob-
Gedichten / noch Klag-Liedern / die doch
von den Alten in ſo hohem Wehrte gehal-
                                             ten

ten / auch noch an etlichen Orten nicht
ſchlecht geſchätzet werden / mehr wil wiſſen.
Mein Herr Palatin hat trauen wohl und
rühmlich gethan / daß Er ſo vielen fürnehmen Leuten von Mann= und Weibes Perſonen / worunter auch groſſer Fürſten / tapffere Helden / und andere Hochverdiente /
ſolche Ehren=Schrifften hat nachgeſetzet /
welche nicht allein / der Verſtorbenen
rühmliche Tugenden und herrliche Eigenſchafften klährlich an den Tag gegeben /
ſondern auch zugleich aller Welt kund gemachet / was für ein auffrichtiges Hertz /
Mein Herr Palatin / gegen ſolche ſeine
Freunde / nicht nur bey ihren Lebens=Zei-
ten / ſondern auch nach dem Tode getragen / und / ob ich zwar ſolcher / von ihme
gemacheter Klag=Lob= und Ehren=Schrif-
ten ſehr viel geleſen / iſt mir doch keine ſo
wol in der Gedächtnüſſe verblieben / als e-
ben die jenige / die er dem ſelig verſtorbenen
Gekröhnten / oder dem Weyland theuren
Martin Opitzen / ſchon für etlichen zwantzig Jahren hat nachgeſetzet / worinnen
nicht nur des groſſen Mannes fürtrefliche
Geſchicklikeit und hohe Gaben zierlich
ſind außgeſtrichen / ſondern auch des Pa-

latins

latins unverfälſchete Liebe und Treu/ die er
gegen dieſen ſeinen hertzwerthen Freunde
jederzeit auch nach dem Tode getragen/ aller Welt iſt für die Augen geſtellet worden.
Dieſes/auff des weitberühmten Herrn O-
pitzen ſeliges Abſterben/von unſern Rüſtigen geſetztes Lob-Traur- uñ Klag-Gedich-
te/habe ich niemahlen geſehen/ ſagte Herr
Ingeniander, wiewol ich bin berichtet worden / daß es in öffentlichem Drucke zu fin-
den/könten meinem Herrn Geſellſchaffter/
auß demſelben etliche Zeilen wieder einfal-
len/ ſo wolte ich gebeten haben/ uns ſelbige
hören zu laſſen/ dann ich dieſen groſſen O-
pitz/jederzeit habe gehöret trefflich rühmen.
Gar viel/werde ich auß beſagtem Ehren-
Gedichte wol nicht mehr wiſſen/ verſetzete
hierauff Artilander, jedoch kan ich mich
noch etlicher ReimZeilen erinnern/ſonder-
lich der jenigen/wodurch er ſeine hertzliche
Gewogenheit/ die er gegen dieſen theuren
Mann getragen/an den Tag gegeben/ dañ
ſo ſchreibet er in dem 567. und etlichen folgenden Verſen/biß faſt zum Ende :

Denn/weil ich dich mein Freund/ſo hertzlich
ſtets geliebt/
So machet mich dein Todt umb ſo viel mehr
betrübt.

Ich

Ich habe dich geliebt/ich lieb' und wil dich liebē/
So lang ein kluger Geiſt ſich wird im Dichten
üben/
So lang' ein' edle Seel' hie ſuchet Tag und
Nacht/
Was ſie bey jederman groß und verſtändig
macht.
Ein ander mag den Todt des liebſten Bruders
klagen;
Ich wil allein von dir/mein theurer Opitz/ſagen.
Ja deiner ſol alsdann bey mir vergeſſen ſeyn/
Wann nicht mehr geht herfür der Sonnen
klarer Schein.
Stets wil ich emſig nur nach deiner Seele
ſchreyen/
Wil ſeufftzen für und für : Wann andre ſich er-
freuen/
So ſol mein ſchwaches Haupt recht als ein
Thränen-Bach
Dich ſuchen durch die Fluht der Augen vor
und nach.
Diß iſt mein feſte-Schluß/dich ewig zu betzaurē/
Dann / weil du haſt verdient hier ewiglich zu
tauren/
Und doch der frevle Todt dich hat geſchleppt
dahin/
So gön' es mir/dz ich auch ewig traurig bin.
Gib mir die Harffen her/du König außerkohren/
Du treuer Schäffer du/von Jſai gebohren/
Obs müglich wann ich friſch die ſchwache
Seiten zwing'/
Alsdann ich meinen Freund ins Leben wieder
bring'/

Und du mein Orpheus/ laß mich deine Zyther
schlagen/
Dadurch Eurydice ward aus der Grufft ge-
tragen/
Als ſie bleich/kalt und todt ſchon längſt ver-
ſcharret lag/
Ach gönne mir/daß ich diß auch erhalten mag!
Kan denn der ſüſſe Thon das abgeraubte Leben
Herr Opitz / als ich offt dir wünſche / wieder
geben/
Wolan / ſo komm heraus / laß Sarck und
Marmel ſtehn/
Ja wol/ Ich wünſch umbſonſt/ es iſt um dich
geſchehn!

Dieſes iſt es/ was ich mich ungefehr
aus mehrbeſagtem Lobe-Traur- und Klag-
Gedichte weiß zu erinnern / das übrige /
Demnach die gantze Schrifft in 620. Verſen beſtehet / iſt mir mehrentheils entfal-
len. Es iſt auch dieſes wenige mir ſehr angenehm geweſen zu hören/ ſagte Ingeniander, möchte wünſchen/ daß ich des gantzen
Klag-Gedichts habhafft ſeyn könte/ aber
eins/ mein Herr Palatin/ muß ich hie fra-
gen/ wil nit hoffen / daß man mir ſolches
zum ärgſten deuten werde : Mein Herr
hat zuvor uns eines teutſchen Juvenalis
Gedichte angemercket/ dz er vier gleichlautende Endung nach einander geſetzt/ als
gehn/

gehn/ ſtehn/ ſtehen / ſehen / ſehr übel klin-
gen/ und daß ſolches für einen nicht ſchlechten Fehler in der Dicht-Kunſt zu rechnen/
ich habe aber aus jetzt angehörtem Theil der
Klag-und Lob-Rede/ dem hochverdienten
Opitz nachgeſetzet / ein ebenmäſſiges vernommen / denn daſelbſt ſich auch vier
gleichlautende Reim-Endungen nach einander finden/ als geliebt/ betrübt./ lieben /
üben/ möchte wol gerne wiſſen / ob denn
dieſes nicht auch für einen Fehler zu achten? Gar nicht / antwortete hierauff der
Rüſtige/ denn dieſes iſt nicht wie jenes aus
Unwiſſenheit/ ſondern mit Vorſatze und
Fleiß alſo geſetzet : Es hat der Dichter
hiedurch die groſſe Traurigkeit/ welche ihme
des theuren Opitzen Tod hat verurſachet/
an den Tag geben wollen / drum ſetzet er
erſtlich das Lieben/ und alſobald darauff
deſſe Würckung/ nemlich das Betrüben/
iſt alſo ſein Lieben ſo groß/ ſein Betrüben/
noch viel gröſſer/ daß er ſich auch nicht weiß
herauß zu wickeln/ und eben dadurch/ daß
man ſolche Emphatiſche aber nachdrü-
ckende Worte wiederholet/ kan man die
Hertzen zum Mitleyden bewegen/ ſonderlich / wenn man das kräfftige Wort

Lie-

Lieben/alſo viermahl/wie an dieſem Orte
iſt geſchehē/nacheinander ſetzet/wie ſolches
der Augenſchein giebet/alſo klinget es nicht
übel/ſondern hat vielmehr einen ſonderbaren Nachdruck/wann einer ſchreibet:

Die Liebe ſo mich quält/iſt lauter Feur zu nennē/
Mein Hertz das ſchwim̄t im Blut und muß doch
ſtündlich brennen/
Es brennt wie dürres Stroh / ein jeder/der
mich kennt/
Spricht: Schaut doch / wie der Menſch ſo
jämmerlich verbrennt.

Hie ſiehet ein jedweder Verſtändiger/
daß das Wort brennen und verbrennen
etliche mal wiederholet wird/ allein darumb daß man die Häfftigkeit dieſer Plage
darauß möge erkennen. Sonſten kan es
unſere Teutſche Sprache gar übel leyden/
wann man gleichlautende Wörter (verſtehe wann keine kräfftige Emphaſis oder
nachdrückliche Meynung darunter verborgen) ſo gar nahe aneinander ſetzet / wovon viel nützliches Dinges könte beyge-
bracht werden.

Ich bedancke mich freundlich / ſprach
Ingeniander, daß mein Herr Palatin uns
ſeine Meynung über dieſe Frage ſo klärlich andeuten und zu vernehmen geben
wol-

wollen/ und bin ich der Meynung/ daß in
unſerer edlen Dicht-Kunſt noch viel nützliches und nothwendiges verborgen ſtecket/
ſo bißhero nicht der Gebühr nach iſt in
acht genommen / wäre demnach hoch zu
wünſchen/ daß ein recht außführlicher Bericht von den Mängeln unſerer Teutſchen
Poeſie durch einē/ derin dieſerKunſt gründlich erfahren/ möchte an den Tag gegeben
werden! Das könte vielleicht jemand wol
leiſten/ antwortete hierauff der Rüſtige/
aber/ hilff lieber GOtt / was würden ſich
alsdann ein Hauffen naſeweiſe Tadeler
finden! Ich habe ſchon vor vielen Jahren ein ſolches Tractätlein von den
Mänglen der Teutſchen Poeſie zu Papier
gebracht/ iſt mir aber in den verderblichen
Krieges-Zeiten wieder von Händen kommen. Jedoch verſichere ich meine liebwer-
the Herren/ daß/ wann ich beſagtes Buch
ſchon wieder könte mächtig werden / ich es
doch nicht begehrte herauß zu geben / oder
gemein zu machen/ und das fürnemlich
darumb/ dieweil ein jedweder/ der heute zu
Tage nur einen kahlen Reim kan dahin
ſchmierē/ ſich einbildet/ daß er ein groſſer uñ

N vj　　　　voll-

vollenkommener Poet ſey/ ja ein ſolcher/ dẽ
kein Menſch/ er ſey auch ſo gelehrt oder verſtändig als er immer wolle/ einiges Fehlers
köñe oder dörffte beſchuldigen/ da würde
man Wunder über Wunder ſehẽ/ wie hart-
näckicht ein jedweder auff ſeiner Meynung
würde beharren/ und nimmermehr glau-
ben/ daß er in ſeinen Gedichten etliche grobe Schnitzer begangen / wenn man ihm
ſchon ſelbige / viel kláhrer / als der helle
Mittag iſt / kánte beweiſen/ ſo groß iſt der
Stoltz uñ die Selbſtliebe unſerer heutigen
Dichter/ oder/ daß ich recht ſage/ Reymen-
macher/ denn der rechtgeſchaffenen Dichter oder Poeten keñe ich zu dieſer Zeit ſo we-
nig/ daß ich ſie faſt in einem Odem wolte
hernennen.　　Dieſes glaube ich ſehr wol/
ſagte hierauff Artiſander, ſonderlich/ wenn
mein Herr Palatin ſolche Dichter allhie
verſtehet / die in allen Geſchlechtern der
Reymen fürtrefflich ſind erfahren. Solte man aber ſolche Leute wol finden/ ſagte
Herr Phœbiſander, und wie bielerley Reim-
Arten können wir in unſerer teutſchen
Sprach wol fürſtellen? Sehr biele / antwortete der Rüſtige/ denn unſe e Helden-
Sprache iſt ſo reich und fruchtbar/ daß es
uns

uns an neuen Reim-Ahrten/ über die sonst
bekante und gewöhnliche / fast niemahlen
wird mangeln/ jedoch ist zu mercken / daß
wir in unserer Teutschen Sprache anfänglich vier Haupt-Geschlechte der Reimē haben / als erstlich die Langkurtze / oder Tro-
chaische/ fürs ander die Kurtzlange / oder
Jambische/ fürs dritte/ die Lang-gekürtzete
oder Dactylische/ und viertens/ die Kurtzlange oder Anapästische/ welche 4. Haupt-
Reim-Ahrten / (wie unser hochverdienter
Suchender gar vernünfftig erinnert) auß
unveränderlichen / angebohrnen Eigenschafften und natürlichen Gründen der
Teutschen Wörter / wie auch dero mancherley Zufälle bey Doppelungen / Ablei-
tungen/ Zeitwandelungen und dergleichen
entstehen / daß also einem Verständigen/
in Teutscher Sprache nichtes gezwungen
vorkomt/ sondern die Kunstwege und richtige Bahnungen öffnen und geben sich
wol leitend uñ sanfftführend an die Hand/
dafern gleichwol dieselbe gehöriges Fleisses
gesuchet und recht angetroffen werden. U-
ber diese vorbesagte vier Haupt-Reimahr-
ten/ sind añoch unterschiedliche neue Reim-
Ahrten zu finden / als da ist erstlich die

ab-

abwallende Reim-Ahrt / wann wechſels-
weiſe langgekürtzete und langkurtze Glieder (Daĝyli und Spondæi)ſich darſtellen/
alſo / daß allezeit auff eine langgekürtzete
eine langkurtze Reim-Maſſe muß folgen /
und/dieweil mir dieſe Reim-Ahrt gar lieblich und luſtig iſt fürkommen / als bin ich
(meines Wiſſens gleichwol)der erſte geweſen/
der in oder nach derſelben etwas geſe-
tzet/wie ich dann auff freundliches Begehren unſers edlen Suchenden/ als meines
hertzwerthen Freundes und hochgeliebten
Herrn Geſellſchaffters folgendes Liedlein
einsmahlen gemachet/wovon ich nur drey
Strophen habe behalten:

1.

Grauſame Mißgunſt/ Krohne der Schlangen/
Alle die Laſter/ſo du begangen/
    Werden dir geben
    Hölliſches Leben.

2.

Tugend und Unſchuld werden ſich freuen/
Deine verlogene Diener nicht ſcheuen/
    Welche mit Schanden
    Liegen in Banden.

3.

Göttliche Warheit krieget und ſieget /
Redliches Hertz/ dich billich vergnüget/
    Was ich geſchrieben/
    Neider verſtieben!   Die-

Dieser Reim-Ahrt/ welche gleichwol nicht so gar leicht ist/ kan man sich am füglich- sten in frölichen Sachen bedienen / wie- wol sie auch nicht zu verwerffen / wann man sie zu ernsthafften Dingen gebrau- chet.   Ferner haben wir auch die kurtz- schiessende Reim-Ahrt / darinn ein jeder Verß mit einer langgekürtzeten Reim- Maaß oder Dactylo sich endiget/ welche sonsten in den lang- gekürtzeten Haupt- Reim-Ahrten ungebräuchlich ist/ ich wil nur ein paar Strophen/ so auff diese kurtz- schliessende Reim-Ahrt von mir gemacht/ anhero setzen/welche also lauten :

1.

Ach/wann hört doch auff die Grausamkeit/
Die das Teutsche Reich plagt diese Zeit/
Schauet allzumahl unser Vatterland
　　　Steht im Brand!

2.

Wirst du lieber Herr uns barmhertzig seyn
Und uns geben des Friedens Sonnen-Schein/
Ach so wollen wir jauchtzend preisen dich ewi-
　　　glich.ꝛc ꝛc.

Weiter habē wir die Eilhebende/wie auch die gegentrettende Reim-Ahrt/ in welchen ich auch etwas gesetzet/muß aber / umb die Zeit zu gewinnen/ solches zu diesem mahle vorbey gehen. Mit dem Genere Phaleucio
habe

habe ich es ebenmäſſig verſuchet / und befunden / daß es in unſer Teutſchen Sprach
wol angehet / und / dieweil dieſe Reim-Ahrt
noch von wenigen wird gebrauchet / habe
ich die Probe des jenigen / was hierinn von
mir verfertiget / euch kürtzlich zu verſtehen
geben wollen : Wie unſer liebes Teutſchland in den grauſamſten Krieges-Flamen
ſtund / habe ich folgende Phaleuciſche Verſe verfertiget :

1.

Du mein Vatterland / das du biſt geweſen
  Mit ſo mancherley Gaben angefüllet /
Das der Himmel gleichſam hat außerleſen /
  Horch / wie grauſamlich Mars in dir itzt
                   brüllet /
Ach / wann ſeh ich dich wiedrumb recht geneſen?

2.

Iſt dein Herrligkeit dann ſo gar verſchwunden /
  Wie der flüchtige Dampff uñ Rauch vergehet;
  Weil der Friede wird gantz nicht mehr gefunden
    Und ſo manniche Krieges-Macht in dir ſtehet /
So dich jämmerlich quälen alle Stunden / ꝛc. ꝛc.

Wie nach verlauffener kalten Winters-
Zeit / der liebliche Frühling wiederumb
auftratt / habe ich dieſe Phaleuciſche Verſe / derer Reimung nur ſteigend iſt / zu Papier gebracht / wovon ich allein dieſe beyde
Strophen muß erzehlen.

1. Nun

1.

Nun sich Himmel und Erd erfreut
Ju der lieblichen Frühlingszeit/
Nun die Vögelein stimmen an/
Das die Menschen ergetzen kan.

2.

Nun die Flüsse so sanfft und fein/
Wiederumb schleichen ins Meer hinein/
Nun der Winter sich legt zur Ruh
Und die Hitze nimt täglich zu/ etc.

Ferner habe ich es auch mit der Saffischen Reim-ahrt / nicht weniger mit dem Genere Heroico der Lateiner / und dann endlich mit der Alcaischen Reim-Ahrt versuchet/und befunden/ daß es mit allen denselben/wie auch unterschiedlichen vermengten Reim-Ahrten/die wir Teutsche in grosser Anzahl haben können/gar wol angehet/ ich bin aber der unvorgreifflichen Meynung/ daß ein rechtschaffener/wolbegabter Tichter / seine Kunst am allerbesten in den vier reinen Haupt-Reim-Ahrten/derer wir zuvor gedacht/ könne sehen lassen/ wie dañ auch in demselben biß anhero die allerschönste Sachen sind geschriebē/im übrigē muß der jenige / der in den frembden / als Saffischen/ Alkaischen und dergleichen Reim-Ahrten etwas wil setzen/das sich ohne

ne Eckel ſoll leſen laſſen / ein ſehr fürtreffli=
cher / wohlerfahrner und hochbegabter Poet
ſeyn / dem alles / wie Waſſer auß der Feder
flieſſet. Solten aber unſere elende Stümp=
ler und Papier=Verderber mit ſolchen
frembden und ſchwehren Reim=Ahrten
anfangen und auffgezogen kommen / wür=
de ſonder allen Zweifel ſolch Zeug darauß
werden / daß die Raßen= und Mäuſefän=
ger hinfort wenig Verdienſt in Teutſch=
land mehr haben dörfften / darumb unver=
worren / gibt das beſte Garrn.

Dieſer Bericht / ſprach Artiſander, die=
net nicht wenig / meinen Saß zu befeſti=
gen / Krafft welches ich mich unterwinde
zu behaupten / daß die ſüſſe Poeſie / ſey die
alleredelſte Beluſtigung kunſtliebender
Gemüther / dann / wen ſolten doch wohl
die mancherley Ahrten der Reime nicht er=
geßen / da ich bald eine Trochäiſche / bald ei=
ne Jambiſche / bald eine Dactyliſche / bald
eine Anapäſtiſche Reim=Ahrt in ſo vielen
ſüßklingenden Oden oder Liedern mag hö=
ren / vieler anderer / vermiſcheter zu geſchwei=
gen / derer kurß zuvor mit mehrern iſt er=
wähnet worden? Alle Nationen oder Völ=
ckerſchafften / als die Griechen / Römer /
Fran=

Frantzosen/Spanier/ Engelländer/ Ita-
liäner/ ja die alte Gothen / Dähnen und
Schweden habé ihre Poeſie jederzeit höchlich geliebet/ tragen (auch noch dieſe gegenwärtige Stunde) an derſelben ein ſonder-
bahres Wohlgefallen / wie viel mehr wir
Teutſche/die wir es allen Völckern/ Zun-
gen und Sprachen in derſelben weit zuvor thun. Wir müſſen zwar den Italiänern ihre Venierios, Taſſos, Petrarchas,
Arioſtos, Sannazarios, den Frantzoſen ihre
Urfeos, Marottos, Bartaſien, Theophi-
lem, Ronſarden, Malherben, Colletetten,
Den Engelländern ihre Sidneos, den Spaniern ihren Lope de Vega carpio, Montal-
van, Monte Maior, Boſcan, Polo, Garci-
laſſo de la Vega , den Niederländern ihre
Heinſios, Hoofren, Grotios, Douſas, Ca-
tzen, Brederoden, und faſt unzählische andere gönnen; Wir Teutſche aber/ haben
nunmehr faſt von fünfftzig Jahren her/ ſolche treffliche Leute in unſerer Mutterſpra-
che/uñ derſelben hochgeſtiegenen Poeſie ge-
habt/daß wir alle andere Nationen damit
trotzen / und wann man ihre und unſere
Schrifften recht gegen einander halten ſolten / damit ſchamroht machen können.
                                    Wir

Wir haben in unſerer Helden-Sprache
außerleſene Virgilien, die eine andere Æ-
næis, oder fürtreffliche Helden-Gedichte
geſchrieben. Wir haben tieffſinnige Horatien, welche ihre Lands=Leute durch faſt
unzehliche Lieder/ (unter welchen gleichwol
die Geiſtliche billig den Preiß behalten)
höchlich erluſtiget. Wir haben unterſchiedliche ſinnreiche Martialen, die mit ihren
kurtzen und ſehr nachdencklichē Uberſchriff-
ten/ der Welt gezeiget/ wie gar artlich man
die allernachdencklichſte Sachen/mit we-
nigen/aber füglichen Worten könne darſtellen. Und zwar/ man muß auffrichtig
bekennen/ daß/ſeithero / die hochlöbliche
Fruchtbringende Geſellſchafft/ ihren Anfang genommen/viele treffliche Geiſter/auf
dieſe ſchöne Wiſſenſchafft ſich geleget/wie-
wol es nicht allen/ſondern nur dem wenig-
ſten Theil gelungen/indeme die meiſten gar
nicht verſtanden/wie trefflich viel zu einem
rechtſchaffenen Poeten gehöre. Ich wil
ſetzen / daß einer ſehr wohl habe ſtudieret/
und in den allerſchönſten Künſten und
Wiſſenſchafften fürtrefflich ſey erfahren/
wie dann dieſes von Rechtes wegen zu einem guten Poeten gehöret; So wird doch
dar-

darumb nicht alſobald folgen/ daß ein ſolcher geſchickter Menſch ein guter Tichter
werden könne/ die Urſache iſt / daß er von
Natur zu dieſer edlen Ubung nicht taug-
lich/ dann die Poeten / etliche wollen auch
die Mahler und Schilder / denen andere
auch die künſtliche Muſicanten beyfügen/
können durch die Unterweiſung zu ſolchen
Leuten/ die man ohne Heucheley kan fürtrefflich heiſſen/ nicht gemachet/ ſondern ſie
müſſen Tichter/ Schilder und Muſici gebohren werden. Ich kenne unterſchiedli-
che/ trefflliche Leute/ ſo wol unter Gottes-
als Rechtsgelehrten/ die mit Gewalt Poeten ſeyn und heiſſen wollen/ weßwegen ſie
auch keine Gelegenheit verſäumen/ bald ein
Lob- bald ein Traur- bald ein Schertz- Gedicht auffzuſetzen / welche doch alle ſo gar
hätt und unlieblich klingen/ daß/ wer ſie lieſet und höret/ in Augen und Ohren ſchmer-
tzen empfindet/ wann ſich dann einer/ in
der Ticht-Kunſt Wohlerfahrner/ nur mit
dem geringſten Worte läſſet verlauten/
daß ihme ihre ſchöne Reimen nicht aller-
dings gefallen/ zeiget ihnen auch wol den
einen und andern Fehler/ und wil ſie eines
beſſern unterrichten/ ſo werden ſie alſobald
darü-

darüber ſo zornig/daß ſie ſolche verſtändige und weitberühmte Männer offt mit bittern Schmäheworten abfertigen / geben
auch bißweilen für / daß ihre Schrifften
auß bloſſem Neide getadelt werden / und
daß man ihnen die ſonderbare Geſchicklig-
keit und Gaben/ womit ſie von Gott ſind
beſeliget/nicht gönne/ ſehet/ ſo groß iſt die
Poetiſche Inbildung offt bey Gelehrten/
und ſonſt in andern Wiſſenſchafften wolerfahrnen Leuten/gehet ihnen alſo/ wie jenem wohlbekandten Dorff-Schulmei-
ſter/(verzeihet mir/daß ich ſo gar ungleiche
Leute allhie gegeneinander halte)der gleichwol zuvor ein Schneider / eine Zeitlang
auch ein Mußquetirer war geweſen. Dieſer begab ſich auch auff das Veißmachen/
wovon er gleichwol ſo wenig verſtund/ als
ich von der Mexikaniſchen Sprache. Es
waren aber ſeine Reimen / wie des alten
Meiſterſingers zu Nürnberg/Hanß Sachſen / wiewol unſer Schulmeiſter die Ge-
bände/ wie auch den Thon der Syllaben/
bey weitem nicht ſo wol/als Hanß Sachſe
in acht genommen/und war dennoch dieſer närriſcher Menſch ſo ſtolz in ſeinem Sin
daß er vermeynte/ ein anderer Virgilius zu
ſeyn/

seyn / von welchem er einsmahlen gehöret
hatte/daß derselbe auch ein Poete gewesen.
Er schrieb nicht nur etliche Bücher sondern
gantze Rieß Papier voll Verse / und hat er
vielmahlen von unserm Palatin / der mir
diese ahrtige Historien erzehlet/begehret/ dz
er ihme doch einen Verleger darzu verschaf-
fen möchte/worüber derselbe/wie auch andere verständige Leute/sich manchesmal zer-
lachet. Unter anderen hatte er auch etliche
Letterwechsel gesehen/ sonderlich/ daß man
auß einem Namen/ vermittelst eben derer
Buchstaben / die in demselben befindlich/
andere Wörter oder Sprüche könte herfür
bringen/die sich garahrtig / zu Zeiten auch
sehr nachdencklich auff den Namen schicke-
ten/ wie dann in solchen Anagrammatibus
Der Edler und Hochgelehrter Herr Magister Johannes Frentzel zu Leipzig/eine solche Färtigkeit hat / daß ich nicht glaube/
seines gleichen in gantz Teutschland ietziger
Zeit werde gefunden / unser Schulmeister
aber/der im geringsten nicht wuste/ was ein
Anagramma zu bedeuten hätte/ oder / worinn ein rechter Letterwechsel bestünde/ver-
meinte gäntzlich/ wann sich die Wörter
nur

nur ein wenig mit einander reimetē/ſo hätte er es trefflich wol getroffen/da doch nichtes närriſchers / nichtes lächerlichers noch
ungereimters unter der Sonnen/als ſolche
poſſirliche Anagrammata könte gefunden
werden/er hatte zweene gantzer Bogen voll
ſolcher Anagrãmaten zuſammen gebracht/
wozu er fürnehmer/ja theils hoher Standes Perſonē Namen gebrauchet/als Fran-
ciſcus Stapel / muſte nach ſeiner Letter-
wechſel-Ahrt/ Lampriſcus Kapel heiſſen/
alſo Johannes Riſtius hieſſe Immanuel
Chriſtus/Jaſper von Ortzen/Blaſper von
Lórtzē/Gabriel Wiſchert/Dabriel Diſchert/
Joachimus Möller/ Doadimus Köller /
Theodorus Morrien/Redoflorus Lorrien/
Chriſtian Peterſen/Zadock Deterſen. Als
einsmahlen dieſer wunderlicher Heiliger/
in des Rüſtigen Behauſung und Gegen-
wart/ wobey ſich auch andere gute Herren
und Freunde befunden / ſolche und mehr
andere dergleichen Poetiſche Grillen herfür brachte/ ſtelleten ſich die Anweſende/als
wann ſie ſich höchlich darüber verwunder-
tē/welches ihn ſo ſtoltz machete/daß er auch
anfieng Gott hertzlich zu dancken / daß er
ihm ſo groſſe Gnade in dieſer herrlichen
Wiſſen-

Wiſſenſchafft hatte verliehen.　Es war
aber auch unter der Geſellſchafft ein arthiger Spottvogel/der ſahe/dʒ dieſer Schnei-
der-Poet/ einen eiſernen Ring am Finger
trug / welchen er vielleicht von einer Die-
bes-Ketten hatte machen laſſen/dann man
hält dafür/wann einer einen ſolchen Ring
im Finger habe/uñ werde in einen Thurn/
etwan fünffßig Ellen tieff unter der Erden
verſchloſſen/ er alsdann unſichtbar werde/
welches zimlicher maſſen glaubwürdig
ſcheinet.　Es fieng aber beſagter Poſſen-
reiſſer an den Poeten zu fragen / zu was
Ende er den eiſern Ring am Finger trüge?
Dieſer/der in ſeinem Sinne mehr / als ein
Kayſerlicher Poet war/gab troßig zur Ant-
wort/ daß er ihme deßwegen keine Rechen-
ſchafft hätte zu geben.　Oho/ſagte der an-
der/ nun mercke ich / was die Glocke ge-
ſchlagen/ohne Zweiffel habet ihr einen ſonderlichen Geiſt/ von denen/die man ſpiri-
tus familiares heiſſet / in dieſem Ringe/
der euch alles/was ihr nur zu wiſſen begeh-
ret/ zublaſet/ dann / wie wäre es müglich/
wann ihr keinen ſolchen Spiritum hättet/
daß ihr ſolche treffliche Verſe/ja auch A-
nagrammata oder Letterwechſel köntet

　　　　　　　　O　　　　ma-

machen? Der Poete entrüſtete ſich hierüber gantz hefftig / und betheurete gar hoch/
daß er von keinem Spiritu etwas wüſte/daß
er aber in dieſer Kunſt ſo fürtrefflich wäre/
das hätte er einer ſonderbaren himliſchen
Gnade zu dancken/ Gottes Geiſt würckete
ſo kräfftiglich in ihme/ daß er ja ſo leicht
könte Verß machen/ und zwar ſchier von
allen Dingen/als die Apoſtel am Pfingſt-
Tage / frembde / und ihnen vormahlen
gantz unbekante Sprachen reden/ das ſolte man ihm ſicherlich zutrauen. Etzliche
von der Geſellſchafft ſtelleten ſich/als wañ
ſie ihme Beyfall geben/die andere aber hielten gerade das Widerſpiel/und ſagten/der
Organiſt hätte recht geredet/in deme er ihn
beſchuldiget/daß er einen ſonderlichen Geiſt
im Ringe hätte/ dann / warumb ſolte er
ſonſt eben einen eiſernen / und nicht einen
güldenen Ring tragen? Endlich ward be-
ſchloſſen/ man ſolte herumb reimen / da
man dann bald vernehmen würde/ob auch
noch jemand mehr unter ihnen wäre/ der
ſo gute Verſe/als der Poet könte machen?
Der Poſſe gieng an/der Poet war der erſte/
der brachte einen gar kahlen Reim herfür/
den er erſtlich vor drey Tagen mit groſſer
Mühe

Mühe hatte gemachet/worüber sich gleichwol die gantze Gesellschafft verwunderte.
Darnach gieng es auff der Reige/ und
brachte ein jedweder die elendeste Saalba-
der herfür/ die sie nur konten erdencken/
sonderlich stellete sich des Poeten Gegen-
Part in seinem Reimen so läppisch und
albern an/daß sie alle genug zu lachen hat-
ten/ welches dem Poeten über die Masse
wohl gefiehl.   Endlich sagte der Organi-
ste/gleichsam mit Unwillen: Sie alle/und
der Poet hatten gut Lachen/wann er einen
solchen Magischen Ring/als jener am Finger hätte/ er wolte so gute Verse machen/
daß alle Welt dieselben loben solte. Hierauff ward beschlossen/daß der Poete seinem
Gegentheil das Ringlein solte an den Finger stecken/ damit man erfahren möchte/ob
dann so grosse Krafft in dem Ringlein
verborgen? Gesagt/ das war gethan/ der
Poet übergabe dem Organisten den Ring
mit sonderbahren Ceremonien / welcher/
als er ihn kaum über den Finger gestecket
hatte/ so herrlich anfieng zu reimen/ (wiewol alles nach recht gemeiner und Hans
Sachsen Arth) daß die gantze Gesellschafft
überlaut rieff: Nun könte man ja augen-

scheinlich spühren/daß der Ring eine über=
natürliche Würckung hätte/ dann/ da der
Organist zuvor nicht zwey Wörter hätte
können zusammen bringen/wie er dann al=
so gereimet hätte : Ich bin hier kein Poete
nicht/ Ich bin ja auch kein Lumpen=Kerl/
und sie genug darüber gelachet / daß er
nicht und Kerl zusammen reimen wollen/
so bald er nur den Ring angestecket / herrli=
che Verß gemachet/und seinen Fehler also
verbessert hätte :   Ich bin ja kein Poete
nicht/ Ich bin auch ja kein Bösewicht/an=
derer herrlicher Erfindungen zu geschwei=
gen/ die der Spiritus familiaris durch das
eiserne Ringlein hätte gewürcket.   In
Summa / es ward einhellig geschlossen;
Die überauß schöne Verse und Gedichte/
die der Herr Poete zu Papier gebracht/
wären nicht des Poeten hohem Verstan=
de / sondern einzig und allein der unver=
gleichlichen Tugend / des gleich jetztbe=
wehrten Ringleins zuzuschreiben.   Was
solte der gute Poete machen?   Er rieff
Himmel und Erden/Sonne und Mond/
Laub und Graß/die Vögel in der Lufft/ die
Thiere in den Feldern / ja die Fische in den
tieffesten Gründen zu Zeugen / daß ihme
Un=

Unrecht wiederführe/ja/ daß eine greuliche
Sünde begangen würde/ indeme man die
herrliche Gaben/die ihme der gütige Himmel ſo reichlich hätte mitgetheilet/ einem ſo
elenden Metall zuſchreiben dörffte/er wolle
es dem Apollo und ſeinen neun Muſen mit
heiſſen Thränen klagen/womit er von der
Geſellſchafft ſeinen Abſchied genommen/
nachgehends aber etliche tauſend Reimen
von ſeiner Unſchuld gemachet / auch den
Organiſten/der den Poſſen mit dem Ringe erdacht/ ſtarck angegriffen / und dem
Röſtigen von dieſem Handel ſo viele haſ-
ſerliche Poſſen und Gedichte zugeſendet/
daß er und andere/ ſich noch biß auff dieſe
Stunde bißweilen damit zu erluſtigen
pflegen.   Endlich iſt dieſer Wurm in einer Weltberühmten Stadt/vermittelſt einer ihm wohlanſtändigen Heyrath/ zu einem Teutſchen Schul-Dienſte befodert/
da er dann / nachdeme er einen mächtigen
Gravitätiſchen Bart wachſen laſſen/von
ſeiner Poetiſchen Raſerey gänßlich wiederumb ſol ſeyn befreyet.   Das iſt eine recht
arthige Hiſtorie/ſagte Phöbiſander/ auß
welcher auch zum Theil erhellet/ daß faſt
keine eintige Wiſſenſchafft noch Kunſt un-

ter der Sonnen/ in welcher mehr Juſſer
oder Böhnhaſen (wie ſie die Sachſen nen=
nen) zu finden/ als eben in der Poeſie oder
Dicht=Kunſt/ dann was kan doch unge=
reimters ſeyn/ als dz ein grober ungeſchick=
ter Kleiderflicker/ faſt mit Gewalt ein treff=
licher Poete wil genennet werden/ Wun=
der/ daß ſich nicht auch die Ratzenfanger/
Schornſteinfeger und Pühſterflicker / für
Poeten außgeben/ wiewol ich mich erinne=
re/ daß ich einen Schornſteinfeger geken=
net/ welcher / wann ein Miſſethäter ward
enthauptet / oder auffgehänget / alſobald
ein Lied auff ſolche klägliche Begebenheiten
pflag zu machen und drucken zu laſſen.
Man ſagt/ daß der Hochgelehrte Nieder=
ländiſche Poet / Daniel Heinſius / eins=
mahlen auß Leiden nach dem Haag ſey ge=
fahren/ hinter ihm auff dem Wagen ſaſ=
ſen zweene Handwercksleute / dieſelbe ge=
riethen mit einander in einen Hader/ der
endlich ſo hefftig ward / daß ſie einer den
andern für Schelme und Diebe ſchalten/
letztlich/ da ſie alle Schmähe Worte/ die ſie
nur erdencken können / außgeſchüttet hat=
ten/ ſagte einer : Du grober Eſel/ du biſt
tauſendmahl ärger als ein Schelm und
Dieb/

Dieb/ja/du biſt auch noch zehen mal ſchnö-
der als ein Poet/ über welche letzte Worte
der fürtreffliche Heinſius ſich dergeſtalt zer-
lachet/ daß er ſchier vom Wagen wäre ge-
fallen/ was düncket meine Herren bey dieſen Geſellen/ der muß ſehr viel auf die Poe-
ten/ welche er noch ärger als Schelmen uñ
Diebe ſchätzet/ gehalten haben? Das iſt
eben kein groſſes Wunder/ ſagte Herr Artiſander, daß ein Ochſe oder Eſel ein mehreres nicht geredet hat/ als ſein Verſtand
mit ſich bringt/ es giebet oder nimbt eine
ſolche Beſtialiſche Rede/ der Herrligkeit o-
der Fürtreffligkeit eines rechtſchaffenen
Poeten das allergeringſte nicht/ hat ſchon
ein ſolcher unvernünfftiger Lümmel/ ſo
ſpöttlich von Poeten geredet; So kenne ich
einen groſſen Potentaten/ der wol einer vö
den aller Verſtändigſten der gantzen Welt
zu nennen/ der alſo von den Poeten pfleget
zu urtheilen: Ein rechtſchaffener/ geſchickter und wolbegabter Poet/ iſt
nichts anders/ als ein Hochgelehr-
ter/ in allen nützlichē Wiſſenſchafften Hocherfahrner/ und GOTT
und der Welt zu dienen/ bequehmer

Mann/

Mann / den man auch wegen ſolcher fürtrefflichen Eigenſchafften /
hoch ſoll ehren / lieben / loben / und
reichlich belohnen. Das klinget ein
wenig anders / ihr meine hochwerthe Herren Geſellſchafftere / als die vorige Eſeli-
ſche Rede / und ſolcher Geſtalt haben ehemahlen / die groſſe Potentaten der Welt /
von den Poeten geurtheilet / und lieber /
woher iſt es wol kommen / daß vor Zeiten
die Poeten ſolche reiche und fürnehme Leute geweſen? Die Antwort auff dieſe Frage iſt leicht zu finden: Es wuſten ſolche
großmächtige Käyſere / Könige und Fürſten ſehr wohl / daß ſie gewaltige Helden /
aber doch dabey ſterbliche Menſchen waren / damit ſie aber auch nach dem Tode
leben möchten / ſo haben ſie dieſe Sinnreiche und Tugendhaffte Leute / als welcher
Kunſt und herrliche Schrifften ihnen die
Unſterbligkeit könten mittheilen / dermaſſen
mildiglich beſchencket / auch ſonſt ſehr hoch
gehalten. Hierzu komt auch dieſes / daß in
der Poeſie / alle andere gute Künſte und
Wiſſenſchafften verborgen liegen / daher
ein rechter Poet / faſt von allen Dingen / die
un-

unter der Sonnen befindlich / eine sattsa-
me Erkäntnüß muß haben. Man sehe
nur an die Sachen/ womit die Poeten für
andern sich bemühen/ als da sind die Taure
händel/ worunter die Grabschrifften/ To-
den-Lieder/ Tragœdien oder Trauer Spie-
le/ Jammer-Klagen/ Klag-Lieder und
Trost-Schrifften werden gezehlet. Eine
gute Grab-Schrifft/ läst sich zwar leicht
sagen/ aber sehr übel machen/ es ist gewißlich Kunst zu derselben vonnöthen. Die
Tragœdien oder Traur-Spiele betreffend/
so wird man unter tausend Gelehrten/
schwerlich einen einzigen finden / der sich
damit recht wisse zu behelffen. Wer Tragœdien schreiben wil / muß in Historien
oder Geschicht-Büchern so wol der Alten/
als Neuen/ trefflich seyn beschlagen/ er muß
die Welt- und Staats-Händel/ als worinn die eigentliche Politica bestehet/ gründlich wissen/ nicht aber allein wissen/ sondern
auch verstehen / dann/ in Tragœdien han-
delt man nicht von gemeinen Dingen/ sondern von den allerwichtigsten Reichs- und
Welt-Händeln/ da muß der Poet wissen/
wie einem Könige oder Fürsten zu muthe
sey/ so wol zu Krieges- als FriedensZeiten/

O v   wie

wie man Land und Leute regieren / bey dem
Regiment ſich erhalten / allen ſchädlichen
Rathſchlägen ſteuren/ was man für Grif-
fe müſſe gebrauchen / wann man ſich ins
Regiment dringen/ andere verjagen/ ja wol
gar auß dem Wege räumen wolle. Ja
Summa/ die Regier-Kunſt muß er ſo fer-
tig/ als ſeine Mutter-Sprache verſtehen.
Ein gutes Sterbe-Lied zu machen/ iſt nicht
eines jedwedern Thun / es gehöret ein un-
gemeiner Verſtand darzu/ welches ich auch
von den Klage-Liedern wil verſtanden haben / als welche mit ſo nachdrücklichen
Worten müſſen geſetzet werden / daß ſie
dem Leſer / oder Anhörer derſelben / die
Thränen auß den Augen können zwingen
oder dringen. Ich kenne einen Theolo-
gum, der ſeine Geiſtliche / ſonderlich aber
Sterbens-Lieder/ ſo beweglich hat geſetzet/
daß fromme Chriſten / die ſich in ihrem
Sterbe-Bette / ja in der letzten Stunde
dieſelben haben vorſingen/ oder vorbethen
laſſen/ gantz freudig und wohlgemuth dadurch geworden/ auch ſo gar/ daß ſie ange-
gen zu jauchtzen/ mitzuſingen/ in die Hän-
de zu klopffen/ zu jubiliren/ bißweilen auch
mit dieſen Worten laut zu ſchreyen : Ey
das

das sind schöne/ey das sind herrliche Wor-
te/die stärcken Hertz und Seele; tritt nur
herá du ohnmächtiger Todt/ ich wil durch
Hülffe und Beystand meines liebé H Errn
Jesu/dich ritterlich besiegen / Ey laßt uns
doch immer fort singen/die herrliche Trost-
Reden dieses erleuchteten Mannes können
mich doch gar zu freudig und getrost ma-
chen/ in Anhörung dieser süssen Lieder wil
ich unverzagt abdrücken / und zu meinem
Jesu fahren! Ferner gehören auch zu
der Poesie allerhand Lust-Händel/ als da
sind Hochzeit-Gedichte/ Reyse-Wünsche/
Liebes-Lieder / Geburts-Lieder / Trinck-
Lieder/ Freuden-Spiele oder Comœdien/
Triumph-Lieder und dergleichen. Es
werden zwar unzehlich viel Hochzeit-Ge-
dichte gemachet/unter viel tausenden aber
findet man selten ein eintziges/ das für ein
rechtschaffenes Hochzeit-Lied mag passirē/
es ist gemeiniglich lauter albern Zeug/und
wann die Phantasten ihre Venus und Cu-
pido nicht hätten/müsten sie mit ihren Erfindungen zurücke stehen / rechtgeschaffene
Poeten können alle Augenblick/nicht nur
neue / sondern auch sinnreiche Erfindungen haben / worzu aber vieler/ ja fast aller

O vj   Dinge

Dinge Wiſſenſchafft gehöret. Ich wil hie
nicht ſagen von den Comœdien oder Freudenſpielen / bey welcher Beſchreibung der
Poete faſt alles in allem ſeyn / und bald einen verlogenen Fuchsſchwäntzer / bald einen verſoffenen Schmarotzer / bald einen
betriglichen Kauffmann / bald einen groß-
ſprecheriſchen Soldaten / bald einen unge-
treuen Knecht / bald einen reichē Geitzhalß /
und in Summa / allerhand Arth Leute dergeſtalt fürzuſtellen wiſſen / daß alle Vernünfftige ſagen müſſen: Ey wie artig und
wol hat der Dichter eine jewede Perſon in
dieſem Spiele auffgeführet / es war doch alles ſehr wohl getroffen!

Schließlich verbleibe ich nochmahlen
dabey / daß die Poeſie oder Dichtkunſt alles vermag / was etwa von einem geſchick-
ten Menſchen kan geleiſtet werden. Sie
kan die allerernſthaffteſte Gemüther luſtig /
die traurige freudig / die ſauerſehende Ca-
tones verliebt / die Verzagte behertzt / die
Schläfferige munter / die Krancke geſund /
die Arme reich / die Thoren klug / ja / welches
das gröſſeſte / die Toden wiederumb lebendig machen / denn wann ich eines hocherfahrnen Poeten Lob-Gedichte / einem wol-
ver-

verdienten Manne nachgeſetzet / nur einmahl wiederumb durchleſe/ſo ſtehet derſelbe mit allen ſeinen Tugenden und herrlichen Eigenſchafften/gleichſam gantz lebendig wiederumb für mir/ und kan ich nicht
anders als deſſelben jederzeit höchſtrühm-
lichſt gedencken / dagegen leben auch vermittelſt der Poetiſchen Stachel-Schriff-
ten die Laſterhaffte nach ihrem Tode/ aber
zu ihrem unſterblichen Spott und Schanden. Wol an / ich ſchlieſſe nochmahlen
auß feſten Gründen / Daß die Poeſie oder
Dicht-Kunſt ſey und verbleibe die Alleredelſte Beluſtigung Kunſtliebender Gemüther. Wünſche demnach von Hertzen
dieſer fürtrefflichen Wiſſenſchafft und allen
den jenigen/die ihr getreulich obliegen/alles
gutes Aufnehmen/Leben und Segen.

Wie nun der Edle Artiſander ſolcher
Geſtalt ſeine Rede beſchloſſen/danckete ihm
die gantze Geſellſchafft freundlich/ und ver-
ſicherte ihn/daß alles das jenige/was er von
der Fürtreffligkeit der himmliſchen Poeſie
fürgebracht/ſie allerſeits ſehr wol hätte ver-
gnüget/Inſonderheit aber wünſchete der
Herr Ingeniander/daß die angehörte Red.
twas weitläufftiger hätte mögen auß

führet werden. Wir müſſen aber/ſagte er/
mit deme/was wir gehöret/auff dieſes mal
zu frieden ſeyn/ zumahlen wir auch wiſſen/
daß die uns zum Geſpräche beſtimete Zeit
mehrentheils verfloſſen/wir auch von unſerem Rüſtigen noch vernehmẽ müſſen/was
doch er für die alleredelſte Beluſtigung
Kunſtliebender Gemüther in der Welt hal-
te/ bitten demnach freundlich/ es wolle ſich
derſelbe belieben laſſen/ſeine Meynung und
Gedanckẽ über dieſer Frage uns zueröffnẽ/
und damit unſere heutiges Tages angeſtel-
lete (Zweifels frey) nützliche Unterredung
zu beſchlieſſen. Es erfordert dieſes meine Schuldigkeit/ſagte der Rüſtige / und/
zwar habe ich anfänglich groſſe Urſache/
unſerm Edlen Herrn Artilander freundlichſt zu dancken/daß er, die herrliche Wiſſenſchafft der Poeſie oder Dicht-Kunſt /
dergeſtalt erheben und herauß ſtreichen
wollen / wordurch er ſich alle rechtſchaf-
fenẽ Dichtern uñ Poeten höchlich hat verpflichtet. Dann/ man ſchimpffe endlich
auff die Poeten ſo viel man wolle / ſo kan
man doch den Ruhm/welchen unſer Herr
rtiſander ihnen mit Warheit hat beyge-

A.   / und den ſie mit höchſter Billigkeit
legen .   ver-

verdienen / ihnen nicht entziehen. Ich/
für mein Ha.. ubt/schäme mich des Poeti-
chen Namen. gantz und gar nicht/ vielmehr halte ich es / für eine gar hohe unsterb-
iche Gnade/daß d.. .e Allerdurchleuchtigste/
Allerunüberwindlich/ .. le Römische Kayser-
iche Majestät / mir die .. Poetische Lorbeer-
Krohne nebenst der Herr. .. igkeit des Adels
und der Waffen / schon vo... r mehr als 20.
Jahren / so allergnädigst ha.. übersenden
vollen/ muß demnach etlicher h.. offärtigen
Phantasten lachen/welche/demna.. h sie sich
inbilden / daß sie lauter Virgilien, .. ora-
ien und Juvenales sind / sich zu gut da..
schätzen / daß sie den Poetischen Lorbee.
Krantz solten annehmen/gerade/als wann
ie fürnehmer/besser und geschickter wären/
als der unvergleichlicher/ grosser und un-
terblicher Martin Opitz/der als ein hoch-
vernünfftiger Dichter-Held/es ebenmässig
ür die höchste Gnade und Ehre geschätzet/
daß er von Allerhöchstgedachter Kayserlichē
Majestät/mit der Poetischē Lorbeer Kron/
nebenst dem Adel ist beschencket und allergnädigst angesehen /dannenhero/ er auch
inter dē höchstlöblichen Fruchtbringenden

den Nahmen des Gekröhnten bi̇ …ß an ſein
Ende geführet/ wird auch / ƒ …o lange die
Welt ſtehet/ und man von ḋ …ieſem theuren
Mann etwas weiß zu ſage… …/ alſo genennet
werden/ laſſen wir demr …ach ſolche auffge-
blaſene Phantaſten fo… …oren/ die unter dem
Schein einer heuchl… …riſchen Demuth/ ihre
ſchändliche Hoffo… …rt gar zu klärlich an den
Tag geben. D… …aß ich aber zu meiner Rede
komme/ ſo erin… …nere ich mich anfänglich billich eines b… …kanten Verſes des Horatien,

Quæl… …   Pictoribus atq; Poëtis
tas, … …et audendi ſemper fuit æqua pote-
be… …vas iſt: Die Mahler und Poeten/ ha-
… …bey derſeits gleiche Macht oder Gewalt/
…es jenigen ſich zu unterſtehen/ oder das zu
erdichten / was ihnen nur etwa beliebig.
Dahero nennet man die Mahlerey oder
Schilder-Kunſt eine ſchweigende Poeſie/
die Dicht-Kunſt aber eine redende Schil-
derey/ daß alſo dieſe beyde herrliche Wiſſenſchafften einander gantz nahe verwandt
ſind.   Dann gleich wie die Poeten allerhand Geſchichte/ Mährlein und Fabeln
erdichten / eben alſo machen es auch die
Schilder/ ſie geſtalten von allerhand Sa-
chen/ Bilder/ Licht/ Glantz/ Schatten/ Hö-
hen/

en/Tieffen/und was nur ein Mensch kan
rsinnen.   Wann nun diese beyde herrli-
he Wissenschafften / als die Dicht- und
Mahler-Künste / eine so gar genaue Ver-
vandnüß untereinander haben/ und daß
unser wehrter Mit-Gesellschaffter/der Herz
Artisander,die Dicht-Kunst so trefflich er-
hoben/ ja dieselbe für Die alleredelste Belustigung kunstliebender Gemüther gehalten / für welches hohes Lob ihm billig ein
grosser Danck gebühret ; So wil ich zu
diesem mahle etwas weniges von der hoch-
rühmlichen Schilder-Kunst für den Tag
bringen/ umb zu behaubten/daß die Mahlerey oder Schilder-Kunst/ für die Alleredelste Belustigung kunstliebender Gemüther mit höhestem Fuge könne geschätzet
werden. Sage demnach anfänglich/daß
die Schilder-Kunst eine solche fürtreffliche
Wissenschafft sey / daß keine andere mit
derselben leicht zu vergleichen.   Dann/
wo hat man eine eintzige Kunst / die der
Natur so deutlich nachahmet/ja dieselbige
in vielen Stücken übertrifft / als eben die
Schilder-Kunst ? Dahero sie bey den Alten so hoch ist geschätzet worden/daß man
ihr den ersten und fürnehmsten Grad unter

ter den freyen Künſten hat zugetheilet/und
zwar/man muß ſich billich über dieſe herrliche Kunſt verwundern / dann ſie würcket
zu Zeiten ſolche Sachen/ welche man offt
ſchwehrlich kan begreiffen.   Man ſagt offt
von den Gaucklern/ daß ihre Künſte über-
natürlich ſind/angeſehen ſie den Leuten die
Augen können verblenden.   Dieſes kan
vielmehr von der Mahler- oder Schilder-
Kunſt geſaget werden.   O wie offt wird
das Geſichte durch dieſelbe geblendet oder
betrogen! Es iſt zwar die Bildhauerkunſt
auch eine herrliche und fürtreffliche Wiſſenſchafft / mit der Mahlerey aber iſt ſie
bey weitem nicht zu vergleichen / dann die
Schilder-Kunſt bildet uns für das Feur/
Strahlen/Glantz/Liecht/Donner/Blitz
der Sonnen Auff- und Niedergang / die
Morgenröthe/die Demmerung / den Ne-
bel/die menſchliche Affecten/ des Hertzens
Gedancken und Zuneigung des Gemü-
thes/ja faſt die Stimme und Sprache ſel-
ber/zu geſchweigen/ daß ſie durch erdichtete
Abmeſſung und Abzirckelung Sachen zu
wege bringet / daß ſie ſcheinen das jenige
zu ſeyn/was ſie nicht ſind/und die nicht ſo
ſind/als wann ſie es in der That und Warheit

heit wären. Es fällt mir ein/ was ich eins-
mahl beym Plinius geleſen/ daß/ wie auff
eine Zeit die Vögel ſehr ſtarck ſungen/ und
ein ſolches Geſchrey durch einander führe-
ten/ daß kein Menſch ſeine eigne Wort
hören konte/ habe man einen/ nach dem Leben gemahleten Drachen herzu gebracht/
wofür die Vögel dergeſtalt erſchrocken/
daß ſie augenblicklich ſtille geſchwiegen/ ja
gleichſam gantz und gar verſtummet.
Man darff ſich aber hierüber nicht ſo gar
ſehr verwundern/ daß die unvernünfftige
Vögel dermaſſen ſind betrogen/ da doch die
edle Schilder-Kunſt auch den vernünfftigen Menſchen/ ſo kräfftig die Augen kan
verkleiſtern/ daß ſie ein Gemählde/ für das
weſentliche Stücke desjenigen/ was es ab-
bildet/ anſehen. Mir ſelber iſt dieſes wi-
derfahren/ dann/ wie ich vor etlichen Jahren von einem vornehmen Schwediſchen
Obriſten/ der gleichwol ein Schotte von
Gebuhrt/ und dabenebenſt ein verſtändi-
ger/ Kunſtliebender Cavallier iſt/ beſter
Maſſen ward bewürthet/ zeigete er mir
viele herrliche Schildereyen/ derer er/ wie
ich ſelber/ ein groſſer Liebhaber iſt : Unter
andern führete er mich in einen ſchönen

langen Sahl / worinnen unterſchiedliche
kunſtreiche Schildereyen zu ſehen waren.
An der Wand hieng ein gar ſchönes Kon-
töhrichen/welches auffgeſchloſſen war/ darinn ſahe man eine Schreiblade/ Dint-
faß/Lineal/ Federn/ zuſammen gebundene
Brieffe/eine Sand-Uhre / kleine Gläſer
mit Schrauben/ Schreibmeſſer/ etliche
Stücklein Lack oder Siegelwachs/ worunter auch eines / das wie ein glüendes
Gold glänßete / und ſehr ſchön war anzu-
ſehen/ weßwegen ich hinzu gieng / dieſes
ſelßame Lack etwas eigentlicher zu betrach-
ten/ wie ich nun nach beſagtem Siegel-
wachs greiffe/ befinde ich/ daß daſſelbe nur
auff ein Brett war gemahlet/gleich wie alle
andere Sachen/als die Schreiblade/Glä-
ſer/Briefe/Federn/Sand-Uhr/ in Sum-
ma/ich ward ſo arthig betrogen/ daß ich
mich bey mir ſelber darüber beluſtigete/
und erfuhr ich hernach/ daß dieſes ſchöne
Stücklein auß der Pragiſchen Kunſtkam-
mer wäre herkommen. Noch für wenig
Tagen beſahe ich allhier in der Nachbarſchafft einen ſchönen Garten : Auff der
Ecke eines Blumen-Bettes ſaß eine groſſe
Katze/und/ dieweil mir dieſes Thier von
Na-

Natur zu wiedern ist / schlug ich mit meinem Stabe hinten auß / in Meinung der Katzen einen guten Streich zu versetzen / aber ich traff nichts als ein Stücklein vom Brett / worauff die Katze so natürlich war geschildert / daß einer solte geschwohren haben / es wäre eine lebendige Katze. So artig kan durch die hochgepriesene Schilder-Kunst auch ein vernünfftiger Mensch betrogen werden. Was Wunder ist es dann / daß die Vögel / die doch ohne Verstand sind / des Zeuxis gemahlete Wein-Trauben für natürliche angesehen? Unterdessen spühret man hierauß / was für unglaubliche Dinge die edle Mahler-Kunst kan außrichten und zuwege bringen. Ist demnach gantz und gar kein Wunder / daß nicht allein schlechte Leute / sondern auch grosse Herren / sich in dieser Kunst dermassen verliebet / daß sie auch offtmahlen ihre wichtigste Regiments-Geschäffte liegen lassen / und sich mit der Schilder-Kunst belustiget. Der gelehrte Niederländer / Daniel Eremita genañt / hat seine Reise / die er nebenst einem andern vom Groß-Hertzogen von Florentz verordneten Abgesandten in Teutschland an die Röm. Kayserl. Maj.

und

und die fürnehmſte Chur- und Fürſten des
Reichs thun/ und denſelben das Ableiben
des Groß-Fürſten Ferdinandi / und die
Nachfolgung in der Regierung ſeines
Sohns Ferdinandi Coſmi anmelden müſ-
ſen/ beſchrieben/ da er dann anfänglich er-
zehlet/ wie ſie erſtlich nach Prag kommen/
bey der Römiſchen Kayſerlichē Majeſtät/
Rudolph dem Andern / allerhöchſtſeligſter
Gedächtnüß/ ihr Gewerbe abzulegen. Unter andern beſchreibet er allerhöchſtgedach-
ten Kayſers Natur/ Sitten/ Zuneigung/
und zu was Dingen er die meiſte Belie-
bung habe getragen/ thut aber ſolches bißweilen mit ſo ſtachlichten Worten/ daß
mich düncket/ es ſey etwas gar zu viel / eine
ſo hohe Majeſtät dergeſtalt anzugreiffen/
jedoch verſchweiget er auch etliche Sachen
nicht/ die dieſem Potentaten zum unſterblichen Ruhm gereichen/ dann er gedencket
in ſolcher ſeiner Beſchreibung/ daß dieſer
Kayſer die Geheimnüſſe / ſo in natürlichen
Dingen verborgen/ zu erforſchen/ ſich trefflich habe bemühet/ ſey in den Chymiſchen
Kunſtſtücken hoch erfahren geweſen / habe
allerhand Uhrwerck ſelber können verferti-
gen/ ſonderlich ſchreibet er / wiewol etwas

ſta-

tadelhafft von dieſem Kayſer Rudolpho/
daß er der Mahlerey und Schilderkunſt ſo
gar ergeben geweſen/daß er nit allein die al-
erſchönſte und koſtbahreſte Stücke mit un-
glaubliche̅ Unkoſten auß aller Welt zuſammen bringen laſſen / ſondern er habe auch/
nit betrachtend ſein hohes Kayſerl. Ampt
und Anſehen/)gantze Tage/den beſten Mah-
ern und Künſtlern/die er ſtets zu Prage bey
ich am Hofe gehalten/ mit ſolcher unauß-
prechlicher Luſt und Begierde zugeſehen/
daß er ſchier darüber von Sinnen komen/
wie daſſelbe mit mehrerem in vorbeſagter
lateiniſcher Reyßbeſchreibung des Eremi-
en kan geleſen werden. Ob nun wol dieſer
Niederländer/ es für einen groſſen Fehler
ält/daß ein ſo mächtiger Kayſer die Schilder-Kunſt und alle berühmte Kunſt Mah-
er ſo hefftig geliebet; ſo bin ich doch einer
iel andern Meynung/ daña/ wie könte ein
Potentat/ der ſeine Königreiche löblich re-
ieret/Land und Leute für dem Türcken und
ndern Feinden Heldenmüthig beſchir-
met/ wie Kayſer Rudolph höchſtlöblichſt
ethañ/nächſt tägl. Ubung der wahre̅ Gott-
ligkeit/ſeine Zeit und Stunden beſſer an-
gen/als wañ er ſich mit den allerſchönſten
Kün-

Künſten unnd Wiſſenſchafften beluſtiget/
war es unter die Schilder-Kunſt nicht für
eine der ſchlechteſten und geringſten/ ſondern wol der allerfürnehmſten zu ſchätzen/
nicht allein wegen der ſchönen Stücke und
deroſelben lieblichen Anſehen/ ſondern vielmehr des ſonderbaren Nutzens halber/ den
man von ſolchen Schildereyen/ furnehm-
lich/ wann ſie uns geiſtliche Hiſtorien für-
bilden/ kan haben/ wiewol auch die weltli-
che Geſchichte uns offt viel gutes können
erinnern; Man lieſet von einem gar ſchö-
nen/ aber dabey ſehr unzüchtigem Weibes-
Bilde/ daß/ wie ſie einsmahlen ein über die
maſſen künſtliches Bildnüß der Römiſchen Lucretien/ die/ ihr darumb/ daß ſie von
von dem Printzen Tarquinio war genoth-
züchtiget/ ein Meſſer ins Hertz geſtoſſen/
habe angefangen bitterlich zu weinen/ und
zu ſagen: Ach wie lebe ich Unglückſelige!
Dieſer Lucretien Keuſchheit wird gerühmet ſo lange die Welt ſtehet/ meine Un-
zucht aber wird man ſchänden und ſchmä-
hen/ ſo lange man meinen Namen höret
nennen/ Ich wil in dieſer Stunde ablaſſen
und hinführo ein ehrbares Leben führen/
welches ſie auch thätlich ſoll erwieſen haben.

ben. Und/was düncket euch/ ihr Herren/
wer solle doch wol so harten und unbeweg-
lichen Hertzens seyn/ der ein wohlgemach-
tes Bildnüß unsers gecreutzigten / allerliebsten HErrn Jesu für sich sehe/ und dadurch nicht zu heiligen und gottseligen Gedancken bewogen würde? Ich habe / ein
zu Brüssel künstlich gemahletes Crucifix/
wie auch eine Darstellung des gebunde-
nen/gegeisselten/und mit Dornen gecrön-
ten HErrn Jesu für Pilato / in meinem
Beht-stübelein/ von welchen beyden Stücken ich mit Warheit kan sagen / daß sie
viel hundert mahl eine hertzliche Andacht
in mir erreget/und manchen Seufftzer auß
meiner Seelen getrieben/ kan demnach in
diesem Falle mit dem jenigen durchauß
nicht einig seyn/die keine gemahlte Bilder/
oder geistliche Schildereyen in den Got-
tes-Häusern wollen leyden / dann/so wenig ich es für recht halte / daß man solche
Bilder anbethe/oder ihnen göttliche Ehre erweise/so wenig kan ich es auch gut heis-
sen/daß man die erbauliche Schildereyen/
sie mögen nun mit / oder ohne Farben gemachet seyn/gäntzlich verwerffe / da wir
doch erfahren/ daß auch die Kinder durch

P   vi.l. ..l.l

vielfältiges Anſehen der Bilder/in Erkäntnüß der Bibliſchen Hiſtorien/offt ſo färtig worden/daß man ihnen mit Luſt muß
zuhören/und muß ich wol bekennen/ daß/
wann ich ſo viel und groſſen Reichthumb
hätte/als wenig ich denſelbē achte/ich wolte die allerbeſte und fürtrefflichſte Kunſt-
mahler/die in gantz Europa zu finden/ bey
mir haben/und ſie gantz reichlich beſolden.
Mein werther Herr Palatin/ſagte hierauf
Artifander, ob ich wol längſt ſchon gewuſt/
daß er ein groſſer Liebhaber der Schilder-
Kunſt iſt/auch die jenige die Profeſſion davon machen / ſehr hoch ſchätzet/ ſo vernehme ich doch nun erſtlich recht / daß er dieſe
Wiſſenſchafft unter ſeine fürnehmſte Ge-
müthes-Erluſtigung ſchätzet/zweiffelsohn
wird er in ſeiner Jugend Luſt darzu gehabt/
vielleicht auch ſelber etwas davon gelernet
haben? Ich bin nicht in Abrede/mein lieber
Herr Artifander, antwortete der Rüſtige/
daß ich in meiner Jugend manche liebe
Stunde mit dem Reiſſen oder Zeichnē/wie
es die Niederländer eigentlich nennen/habe
zugebracht/wie ich dann auch Zeit meines
geführten Amts in dieſer ſchönen Wiſſenſchafft die Feder offt angeſetzet/fürnehmlich
habe

habe ich in der Architectur oder Baukunst/
wie auch in der Fortificatoriâ oder Befesti-
gung-Kunst/ dann auch in den Chymi-
schen Geheimnüssen/ (welche durch Sinnreiche und sehr nachdenckliche Bilder gemeiniglich fürgestellet werden) viel Arbeit
verrichtet/wie solches bey etlichen Büchern
in Folio/ die mir in dem letzten / hochver-
derblichen Kriegeswesen hinweg geraubet/
und nachgehends bey einem annoch lebenden fürnehmen General gefunden wor-
den/zu sehen gewesen/welcher Verlust mich
mehr / als viel Gold und Geld hat ge-
schmertzet. Daß ich aber von dieser schönen Kunst etwas weniges gelernet / das
habe ich nächst Gott/ meinem lieben seligen
Vater zu dancken/ der mich und meinen
in Gott ruhenden Bruder/ der auch das
Kupfferstechen (fürwar eine herrliche und
fast unvergleichliche Kunst) muste lernen/
mit allem Fleisse dazu gehalten / wie ich
denn auch meine Söhne im Reissen und
Zeichnen ein wenig unterweisen lassen /
zumahlen ich dafur halte / daß einer
in vielen / sonderlich den Mathemati-
schen Wissenschafften wenig Gutes/ o-
der Nützliches könne außrichten/ wann er

P ij   die

die Zeichen= oder Reißkunst nicht verste=
het/und ist nicht allein dieselbe ein sehr schö=
ner Wolstand für die Männer und junge
Gesellen / sondern auch für Frauen und
Jungfrauen / wie ich dann unterschiedli=
ches / (mehrentheils hohen Standes)
Frauen=Zimmer gekennet / so in dieser
Kunst trefflich erfahren gewesen. Es ist
nicht so gar lange / daß eine Wohlge=
bohrne/ Hoch=Adeliche Jungfrau/ wel=
cher Herr Vatter ein Königlicher gehei=
mer Rath / und grosser weitberühmter
Staatsmann / und mein hoher Gönner
ist/mir einen Mohren und Mohrin/ die
sie mit eigner Hand sehr nett und sauber
auff Pergamen gerissen / hat geschencket/
und habe ich bey dieser fürtrefflichen Jung=
frauen/ J. M. E. M. welche ein rechter Tu=
gend=Spiegel ohne Heucheley kan genen=
net werden/ mehr dergleichen sehr nett ge=
machte Abrisse gesehen / wie sie dann auch
allerhand schöne Ubungen/ als frembde/
sonderlich die Frantzösische Sprache/ die
Music/ das Tantzen / allerhand künstliche
Arbeit zu machen mit Sticken/Nähen und
dergleichen/trefflich hat gelernet/daß man
sich darüber muß verwundern/ und dieser

von

und Seibe und Gemüthe schönen Damen Kunst hoch preisen/wie ich dann auch noch viel andere Stücklein / worunter auch ihres Herrn Vatters und Frau Mutter Abbildung oder Contrafaicte die sie ebenmässig mit eigner Hand gar arthig verfertiget und abgerissen/ gewesen/ dazumal gesehen/ und bin ich der gäntzlichen Meynung/daß/ daferne sie in dieser fürtrefflichen Wissenschafft / sich noch ferner also wird üben/ man ihres gleichen/ auch so viel das Reissen betrifft/ (anderer ihrer herrlichen uñ höchstrühmlichen Eigenschafften zugeschweigen) in Teutschland schwehrlich wird finden. Dieses ist gewißlich an diesem Orte ein fast rares Exempel/sagte hierauff Ingeniander, wiewol man auch sonst unter dem weiblichen Geschlechte nit wenige gefundē/die im Zeichnen und der Schilder-Kunst trefflich erfahren gewesen/unter welchen die Weltberühmte Uhtrechtische Jungfrau von Schuhrmann billig den Vorzug behält/ von welcher der Edler und Hochgelehrter Herr Johann von Beverwyck der Artzney Doctor, in seinem schönen Buch Van de excellentheit des Vrouvvlicken Geslachts bezeuget / daß sie nebenst unglaub-

P iij   lich

lich vielen andern Sprachen und Künſten/
auch im Zeichnen uñ Schildern fürtrefflich
ſey erfahren / er bezeuget ferner von dieſer
irrdiſchen Göttin/ daß ſie zeichne mit Pott-
loth/ mit der Feder / mit Crarion/ daß ſie
ſchildere in Miniatura oder mit Waſſer-
Farbe/ wie man dann etliche Stücklein von
ihr geſehen hat / derer ſich auch die aller-
kunſtreichſte Meiſter nicht hätten ſchämen
dürffen.　　Noch vieler andern Weibes-
Perſonen wird bey den Geſchicht-Schrei-
bern gedacht/ die nebenſt andern / auch die
Schilder-Kunſt gelernet und verſtanden/
als der Georgia Montana, die auß einem
alten Adelichen Geſchlecht auß Franckreich
gebohren/ und in der Philoſophiâ und guten Künſten trefflich erfahren geweſen/ dieſe hat gar ſchöne Emblemata oder Sinn-
Bilder abgeriſſen/ dieſelbe in Frantzöſiſcher
und Lateiniſcher Sprachen beſchrieben
und öffentlich außgehen laſſen / wodurch
ſie nicht wenig berühmet worden.　Alſo iſt
des fürtrefflichen Phyſici M. Segers zu
Antorff/ Jungfer Tochter/ Anna genant/
eine fürtreffliche Mahlerin geweſen.　In
derſelben Kunſt hat auch ſehr excelliret des
fürnehmen Mahlers zu Gent/ Lucas Hu-
rein-

rembauts Schwester/und ist sie absonderlich im Verjüngeren/und kleinen/subtilen
Dingen/ so wol im Illuminiren trefflich
gut gewesen/dahero auch König Henrich
der Achte in Engelland/ mit grossen Ge-
schencken und Bestallung sie zu sich holen lassen/ woselbst sie lange gelebet/ auch
reich und ehrlich verstorben.   Also ist J.
Margaretha/ Jacob Wendelmuths / eines Mahlers Tochter zu Pegau in Meis-
sen/in der Mahler-Kunst / sonderlich in
Contrafaicten / so gut gewesen/daß man
sich höchlich darüber verwundern müssen.   Des kunstreichen Mahlers/ Jo-
hannis von Hemsen Tochter / ist eine sehr
gelehrte Jungfrau / und in der Mahler-
Kunst so fürtrefflich gewesen/daß die Königin Maria von Ungarn sie mit sich in
Hispanien genommen/und sie daselbst eine
geraume Zeit ehrlich unterhalten. Levinia
Fontana/des berühmten Mahlers zu An-
torff/Simon von Brucks Tochter / ist in
der Schilder-Kunst so trefflich erfahren
gewesen / daß vorhöchstgedachter König
Henrich der Achte in Engelland/als ein ü-
berauß grosser und vernünfftiger Liebhaber dieser herrlichen Kunst/ sie an seinen

P iiij   Hoff

Hoff kohlen/und ihr eine ſtattliche Beſtallung machen laſſen. Sie iſt auch nach ſeinem Tode/ bey der Königin Eliſabeth in
höchſten Gnaden gehalten worden. Unter
andern hat ſie auch ein Kunſtſtücke gemah-
let/ welches in dem Königlichen Kloſter
Eſcurial in Hiſpanien zu ſehen/ und von allen Kunſtverſtändigen höchlich wird gelobet. Solte ich allhier etlicher Königlichen/
Chur und Fürſtlichen/ Gräfflichen/ Frey-
herrlichen und Adelichen Printzeſſinnen/
Fräulein und Jungfrauen erwähnen/ die
ſich in dieſer ſchönen Kunſt üben/auch zum
Theil gar arthige Sachen verfärtigen / es
würde mir viel ehender an der Zeit / als E-
xempeln ermanglen. Und eben der Meinung bin auch ich/antwortete der Rüſtige/
zumahlen mir unterſchiedliche/ hohen und
niedern Standes hochbegabte Weibes-
Perſonen bekandt ſind/ die nebenſt dem/
daß ſie in der Muſic oder Singe-Kunſt/
wie auch in der Poeſie oder Dicht-Kunſt
trefflich ſind beſchlagen / auch in der Mahler-Kunſt das jenige leiſten/ was man ihnen ſchwehrlich zugetrauet hätte/ und iſt
hiebey wohl zu mercken / daß dieſe drey/
nemlich die Singe-Kunſt/ Dichterey und
Mah-

Mahlerey sich gerne bey einander finden/
als Künste/die mit einander starck verschwe-
stert sind / wie sie dann nach der Außsage
unsers Hoch-Edlen Herrn Spielen-
den/ alle drey in ebenmässigen Bil-
dungs-Kräfften/und sonderlichen
Erfindungen/ die dem Verstande
durch das Gehör und Gesichte
fürgestellet werden/bestehen. Ich
für mein Theil / ob ich schon von meiner
Jugend auff/ein grosser Liebhaber aller guten Künste und nützlichen Wissenschafften
gewesen/ habe ich mir doch absonderlich
diese drey/ nemlich die Music/die Poesie
und die Schilder-Kunst/ (wovon wir zu
diesem Mahle unsere anmuthige Unterredung gehalten/) höchlich gefallen lassen/
also/ daß ich auch manche Lob-Rede von
diesen dreyen Künsten geschrieben. Als
ich vor etwan drey Jahren die Ehre und
das Glück hatte/ unsern werthen Artisander an meinem Orthe zu sehen und zu spre-
chen/ und derselbe mein Bildnüß/nur mit
weisser und schwartzer Kreiden / auff ein
blaues Papier/ so lebhafft darstellete/daß
die Anwesende gute Freunde sich gröslich

P v   dar-

darüber verwunderten/sonderlich/ d'eweil
er nur eine so kurtze Zeit / ja kaum zwo
Stunden dazu anwendete/auch innerhalb
solcher weniger Zeit einen guten Reyhen-
Trunck mit uns thäte/da habe ich nachgehends meinem werthen Herrn und hochgeliebten Artisander zu unverwelcklichen
Ehren/einen kleinen Lob-Spruch von der
Fürtrefflichkeit der edlen Mahlerey oder
Schilder-Kunst in gebundener Rede zu
Papier gebracht/worin ich mich zum Beschluß unterstehe zu beweisen / daß in dieser
Wissenschafft die Kunst die Natur weit ü-
bertreffe.   Ey sagte hierauff Ingeniander,
diese Lob-Rede möchte ich über alle Masse
gerne sehen und hören / fürnehmlich auch
darumb/ daß ich erfahren möchte/worinn
doch die Kunst der Natur zuvor gehe / welche Meynung den meisten unter den Gelehrten gantz unglaublich dörffte fürkom-
men/ der Herr Palatin theile uns doch diese Lob-Rede mit/ er wird mich und meine
Herren Mit-Gesellschafftere / die sonder
allen Zweiffel/ eben solche verlangentlich
begehren/ ihm höchlich dadurch verpflich-
ten.   Ob wol / sagte der Rüstige/ diese
meine gebundene Lob-Rede eben der Wür-

dig-

digkeit nicht seyn mag / daß sie geschickten
und wohlbegabten Leuten fürgebracht wer-
de/ die Zeit auch / welche zu unserem Gespräche verordnet / schier verflossen / zu deme
auch meine Leute mit der Mahlzeit nach
uns warten ; So wil ich ihnen doch auch
hierinnen zu Willen werden / dann es mir
unmüglich fällt / solchen lieben und hertzwerthen Freunden etwas zu versagen / werden sie demnach diese meine kurtze Rede
mit Gedult vernehmen / nach welcher En-
digung wir unser Gespräche beschliessen /
und uns im Namen Gottes miteinan-
ander zur Taffel verfügen
wollen.

P vj   Lob-

Lob-Rede

Der

Edlen Schilder-Kunft/

An den fürtrefflichen und weitberühmten Künftler/

Hn. Matthæus Merian/

Jn dem

Hochlöblichen Elbischen Schwa-
nen-Orden ARTISANDER
genannt.

Uff meine Feder/auff! nicht Kriege zu be-
schreiben/
Welch' uns die wahre Ruh' uñ alles Glück
vertreiben/
Man hat davon schon mehr gegeben an den
Tag/
Als mancher ohne Furcht und Sorge leben
mag.
Es sind fast zwantzig Jahr' und länger/als ich
lehrte/
Wie Krieg den besten Theil der Welt so gar ver-
kehrte/
Daß man diß Wunder-Thier biß auff den
Grund verflucht
Und nichts so hefftig/ als den werthen Frie-
den sucht.

Auff

Auf meine Feder/auf! Ich wil von Künst melde/
Von Künsten / welche sind die höchste Lust der
Helden/

Von Künsten/welcher Lob dann erstlich wird
vergehn/

Wann weder Sonn noch Mond am Himmel
mehr zu sehn.

Wie kan ich aber doch die Kunst zur Gnüg' erheben

Die Gott den Menschen schön für läger Zeit gegebn/
Versteh die Schilder-Kunst: Ich weiß ja
wer ich bin/

Und dieses Werck erheischt in Warheit solchen Sinn

Der wol geschliffen ist. Was sol ich aber machen?
Bin ich gleich noch so schlecht in dero gleichen
Sachen/

Nehm' ich doch jetzt zur Hand solch' eine
Wissenschafft/

An welcher ich mich fast von Jugend auff ver-
gafft.

Diß solt' und muß auch seyn/den Schilders und
Poeten

Sind Brüder der Natur/die das Vergessen töd-
ten/

Durch sie wird manches Ding erhalten der-
gestalt/

Daß das/was sterblich ist / wird schier unglaublich alt.

Ihr/mein Herr Merian/ Ihr hocherfahrner
Meister/

Ihr Pocher der Natur/ihr Printz der edln Geister/
P vij   Ihr

Ihr wiſſet gar zu wol / daß Eur' und meine
Kunſt

Sehr hart verſchweſtert ſind.   Herr / Euer
Lieb' und Gunſt /

Welch' ihr zu mir bißher ſo redlich habt getragen /

Die zwinget mich / diß Werck / (möcht' es euch
nur behagen)

Zu geben an den Tag : Es iſt zwar kurtz und
klein /

Soll dennoch unſer Lieb' ein wahrer Zeuge
ſeyn.

So bleibt es nun dabey / daß unſre Wiſſenſchafften /

Mein Edler Merian / auff einem Grunde hafften :

Dañ / was iſt ein Gemähld'? Ein ſchwei-
gendes Gedicht /

Was iſt doch ein Gedicht? Ein Bild / das
ſchweiget nicht.

Eur' außgeübte Fauſt läſt offt ein Bild uns ſehñ /
Dem gar nichts fehlet / als das Reden nur und
Gehen /

Das meyn' ich / heiſt wol recht die ſtille
Poeſie /

So ſchreib' ich ein Gedicht' und das zwar
ſonder Müh

Ein Bild / das reden kan und Eur Gemähld er-
klähren /

Dann kan ich euch und ihr des Wunſches mich
gewehren /

Ihr

Ihr machet offt ein Bild/ als lebt' es/ wann
man nun
Daſſelbe fragen würd' / als wol die Kinder
thun/
So ſcheint es eigentlich/ als wolt es gar nicht
geben
Ein Antwort/weil die Schaam ſteht gleichſam
faſt darneben/
Schamhafftigkeit allein verurſacht / daß es
ſchweigt/
Wiewol der zahrte Mund zur Antwort ſcheint
geneigt.
O wunderſahme Kunſt / vom Himmel uns ge-
ſchencket/
Die manchen edlen Geiſt mit Wolluſt gleichſam
träncket/
In dem ein ſolches Werck gar offt auß ihr ent-
ſteht /
Das ſich dem Himmel gleich und alles über-
geht.
Was Schätz' und Reichthum heiſt. Sind das
nicht groſſe Sachen/
Nur durch gewiſſe Züg und Strich ein Bild zu
machen /
Wovon man zweifflen muß / obs lebet oder
nicht /
Ein Bild/das Redend ſchweigt/uñ gleichſam
Schweigend ſpricht?
Einsmahls hab ich geſehn ein Bild von einer
Frauen /
Das niemand ſchier daſelbſt zur Gnüge kont
anſchauen/

Es

Es ſchien/ als wann es ſich bewegte fůr und
 fůr/

Ja/daß es wandlen wolt' und reden nach Ge-
 bůhr.

Stund dann die wehrte Frau dem Bild' auch
 ſelbſt zur Seiten /

Daß man ſie beyde ſah'/ abſonderlich von wei-
 ten/

So muſte man gar hoch betheuren/ daß doch
 nur

Die zwey/gantz einerley Geſtalt/ Thun und
 Figur/

Ey rieff man / ſchauet dort zwey ſchöne Schwe-
 ſtern ſtehen/

Die ſo gar åhnlich / daß dergleichen nie geſe-
 hen/

Wie hat ſie die Natur ſo trefflich gleich gemacht!

Jedoch / man ward zuletzt darůber außge-
 lacht/

Dann/wann man nåher gieng / auffs höfflichſt'
 abzulegen

Die ſchuldige Gebůhr/wie ſonſt Beſcheidne pflegen

Und beyden kůſſen wolt' ihr' Hand'/ erzeigten
 ſich

Nur eine/die da lebt' / in etwas danckbar-
 lich /

Das ander war ein Bild / den Stummen zuge-
 zehlet/

Dem nichts als nur die Sprach' und Leben hat
 gefehlet/

Und

Und wurden beyde doch verehret ins gemein/
Das laß mir vom Gemähld' ein edles Kunſt-
ſtück ſeyn?
Es hat der Zeuxis zwar/ die Vögel ſo betrogen/
Daß ſie mit groſſer Luſt den Trauben zugeflogen
Welch' er gemahlet hatt' / und ſchnappten
nach dem Tuch'/
Unwiſſend/daß es nur ein arthiger Betrug;
Doch dieſes iſt nur ſchlecht : Die Menſchen zu
betriegen/
Ja gar den Meiſter ſelbſt/das heiſt recht hoch ge-
ſtiegen/
So that Parrahſius/der vor ein Bild allein
Mahlt' einen Vorhang/der natürlich ſchien
zu ſeyn/
So gar/daß Zeuxis ſelbſt nach ſolchem hat ge-
griffen/
Worüber er mit Schimpff zuletzt ward außge-
pfiffen/
In dem' ein ſolcher Mann und Künſtler hat
geſehlt/
Dem ja die Schilder-Kunſt war gleichſam
gantz vermählt.
Ich hab' im Plinius einsmahlen auch geleſen/
Daß auff dem Schauplatz/wo die Spieler ſind
geweſen
Gemahlte Stangen man hat an der Wand
gezeigt
So kunſtreich/daß ſich auch das Feder-volck
geneigt
Und hingeflogen iſt/ auff ſelbigen zu ſitzen.
Was? Eine Stuhte nur gemahlet/kont' erhi-
tzen

Den

Den allerſtärckſten Hengſt / daß er gantz mu-
thig ſprang /

Und wolte mit dem Bild' jetzt gehen einen
Gang.

O Wunderſchöne Kunſt/die billig wird von alln
Sehr hoch geſchätzet/ja/ die Käyſern muß ge-
fallen/

Man frag' in Demuth nur das Hauß von
Oeſterreich/

Das Käyſerliche Hauß / das nur ihm ſelber
gleich/

Was gilts /.ob ſich da nicht die höchſterhabne
Helden

Die Götter dieſer Welt ſchier ſelber werden mel-
den/

Die ſich gar nicht geſcheut zu nehmen in die
Hand

Den Pinſel/der uns zeigt den trefflichen Verſtand

Der hohē Geiſter/die zugleich den Zepter führtē/
Auch mit den Farben wol ein weiſſes Tuch be-
rührten/

Das laß mir eine Kunſt für alle Künſte ſeyn/
Welch' auch bey Käyſern und bey Königen
gemein.

Ich weiß/was ich geſehn : Ich hab' in meiner
Jugend

Gekennet einen Held / von welches Witz und
Tugend

Man ſchreiben ſolt' ein Buch / das tauſend
Bogen groß/

(Wiewol den bleichen Neid gantz hefftig es
verdroß)

Der

Der vielen Künsten war mit solchem Ernst erge-
ben/

Daß er unmüglich font' ohn sie zu wissen leben/
Ein Königlicher Printz des Reiches Denne-
marck/

Ein grosser Held im Krieg'/auffrichtig/kühn
und starck

Printz Uhlrich/der sich wust' in alles wol zu
schicken

Den nichts so wohl als Kunst und Tugend font'
erquicken/

Ein vollenkommner Fürst/der trefflich wohl
studirt/

Der auch mit Wissenschafft der Sprachen
war geziehrt/

Ein tapffrer Herr im Feld / ein außerlesner Rit-
ter/

Der niemahls hat gescheut des Krieges Unge-
witter/

Ein frischer General/den Freund und Feind
zugleich/

Gepriesen/dann er war von Witz und Kühn-
heit reich.

Diß theure Fürsten-Blut hat dergestalt geliebet

Die werthe Schilder-Kunst / daß er sich hat
geübet/

In ihr von Jugend auff/ja das darinn ge-
than/

Was man mit grossem Ruhm mag bringen auf
die Bahn.

Er

Er wuſte ſelbſt ein Bild ſo zierlich abzureiſſen /
Daß man es kühnlich dorfft' ein trefflichs Kunſt-
ſtück heiſſen /

Es hatte Lebens-Arth / zumahlen er den
Grund

Und Regeln dieſer Kunſt recht meiſterlich ver-
ſtund.

Doch wuſt' er nicht allein ein ſchönes Bild zu
ſtellen ;

Er kont' auch manches mahl ein kluges Urtheil
fällen

Von frembder Arbeit / ob dieſelbe wohl gemacht /

Da ſein Bedencken Er / dermaſſen fürgebracht /

Daß auch ein Schilder / der ſein Leben ſchier
verſchliſſen

Bey ſolcher Arbeit / es nicht beſſer konte wiſſen /

Da (ſagt' er) iſt gefehlt / hier fällt das Bild zu
klein /

Dort komt es viel zu ſtarck / hie muß es heller
ſeyn.

Wann auch ein Künſtler Sein / des Printzen
Bild geſetzet

So fleiſſig auff ein Tuch / daß manchen es ergetzet /

So wuſte doch der Printz zu zeigen alſobald /
Worinn geirret war / auch wie man die Geſtalt

Sehr

Sehr leicht verbessern könt' / kurtz hievon zu
schreiben/

Dem Fürsten Uhlrich muſt' allzeit der Preiß ver-
bleiben/

O theurer Königs-Sohn! O groſſer Schil-
der-Held/

Verfluchet sey die Fauſt/ die dich riß' auß der
Welt!

Was mag man aber viel von dieses Klugheit
sagen

Welch' er im Schildern zeigt? Ich kan/ darff
ichs nur wagen/

Euch zeigen einen Held/ der Cron uñ Scepter
trägt/

Zu welches Füſſen sich das weite Norden
legt/

Der groſſe Friederich / der Dennemarck regie-
ret/

Der so mit Gottesfurcht und Klugheit iſt ge-
zieret/

Daß man in aller Welt von ihm zu sagen
weiß/

Und selbſt der bleiche Neid ihm gönnen muß
den Preiß/

Schaut! Dieser König/ der so trefflich iſt erfahren

In mancher Wiſſenſchafft/ hat schon vor vielen
Jahren

Die Schi der-Kunſt geliebt/ und urtheilt der-
geſtalt/

Von kluzer Mahler Hand und Arbeit / daß
man bald

Kan

Kan ſpühren/daß der Herr die werthe Kunſt verſtehet

Auß ihrem rechten Grund' und etwas weiter gehet

Als ein gemeiner Sinn: Auch hat er ſelbſt gemacht

So ſchöne Sachen / daß derſelben wird ge-
dacht/

Mit höchſtem Ruhm/ ſo lang' ein Künſtler lebt
auff Erden.

Wie kan die Schilder-Kunſt doch mehr geehret werden/

Als wann Monarchen ſich derſelben nehmen
an?

Da ſehet/was für Ruhm die Kunſt erwerben
kan!

Solt' ich die Fürſten all' in Teutſchland nur hie
nennen/

Die ſich für Gönner der ſo werthen Kunſt be-
kennen/

Ja ſelbſt drinn üben ſich/ ſo fürcht' ich / daß
es mir

Vielleicht ermanglen würd' an Dinten und
Papier.

Ihr / mein Herr Merian/ ihr hocherfahrner
Meiſter/

Ihr wiſſet/was es gibt für Kunſtgeübte Geiſter
Auch unter Prinßen/welch' euch trefflich-ſind
geneigt /

Wie daß Ihr' hohe Gunſt und milde Hand
bezeigt:

Es

Es ist noch nicht so lang'/ als ich von euch be-
　　kommen
Ein Stücklein/daß nachdem' ich auß d' Schrifft
　　vernommen
So drunter steht/gemacht von eines Fürsten
　　Hand/
Printz Ruprecht/der durch gantz Europen
　　ist bekant.

Maria Magdalen' ist dieses Bild zu schätzen/
Ein Stücklein / das mich kan so manches mahl
　　ergetzen
Als ich es nur betracht': Ey tapffrer Königs
　　Sohn/
Du Ritterlicher Held / dein Vatter trug die
　　Crohn'
Und du den Lorbeer-Krantz : Wie hoch ist doch
　　zu loben/
Ein Fürst/den beydes Witz und Tapfferkeit er-
　　hoben !
Du liebst ein gutes Buch und wohlgestaltes
　　Pferd/
Du führest mit Vernunfft die Feder und das
　　Schwert/
Du neuer Fabius/ du kanst Augustus gleichen/
So damahls nicht gewolt im Schildern jemand
　　weichen/
Der Fürsten kenn' ich mehr / sampt andern/
　　welcher Stand
Durch unser Teutsches Reich ist hoch und
　　wol bekant.
　　　　　　　　　　　　　　So

So recht ihr Helden/ daß Ihr ſelber Euch erge-
ßet

Mit dieſer Edlen Kunſt / die manchen hoch ge-
ſetzet/

Schaut! Ihre Lieblichkeit kan niemand rühmen gnug/

Sie macht die Blöde friſch/ ja wol die Dum-
men klug/

Ihr Nutz iſt trefflich groß : Die Schilder-Kunſt
erfreuet

Dem Menſchen ſein Geſicht'/ in dem ſie gleichſam ſtreuet

Ihr' helle Strahlen auß. Seh' ich die
Schönheit an

Womit ein ſolches Bild mich gleich bezau-
bern kan/

So dünckt mich/ daß ich bin auff ſonder' Arth
verliebet/

Zumahlen mir das Bild ein' hertzlich' Anmuth
giebet/

Je mehr ich es betracht'/ je ſtärcker zwingt es
mir

Den Sinn/ daß ich es ſtets muß ſchauen mit
Begier /

Ein arthiges Gemähld kan gleichſam Wunder
ſchaffen/

Kan ſchärffen den Verſtand und auſſer mir mich
raffen/

Mein auffgezogner Geiſt denckt einer ſolchen
Sach'

(Iſt ſie gleich nur gemahlt) doch allzeit reiff-
lich nach.

Es

Es kan mir trefflich die Gedächtnüß auch erfri-
　　　　　schen /
Wann die Geschichte sich so durcheinander mi-
　　　　　schen /
Da fällt mir dann zu Sinn' / und zwar auff ei-
　　　　　nen Tag /
Was längst bereits geschehn / und man kaum
　　　　　zehlen mag.
Wie löblich ists gethan / die Biblischen Ge-
　　　　　schichte
Durch Bilder jederman fein stellen fürs Gesichte
Wie sein Herr Vatter / mein Herr Merian
　　　　　mit Lust
Gantz rühmlich hat gethan / als jederman be-
　　　　　wust /
Fürwar ein herrlichs Werck ! O könt' ichs wie-
　　　　　der haben /
Wie würd' ich manches mahl mein Hertz damit
　　　　　erlaben /
Verdämte Krieger-Faust / die solches uner-
　　　　　laubt
Auß meinem Bücher-Schrein mir diebisch
　　　　　weg geraubt?
Die Schilder-Kunst kan mir auch das Ge-
　　　　　müth erquicken /
Im Fall ich / was so schön erfunden / mag erbli-
　　　　　cken /
Da spüret man / wie groß der Meister von
　　　　　Verstand
Unnd was uns geben kan ein außgeübte
　　　　　Hand.
Q　　　Die

Die Schilder-Kunst kan uns auch reitzen zu
der Tugend
Welch' überirrdisch heist / daß wir von zarter
Jugend
Derselben streben nach: Dann/wann wir für
uns sehn
Die tapffre Thaten / so von andern sind ge-
schehn/
So wird auch durch ein Bild uns das Gemüth
entzündet/
Das eintzig sich auff das/ was Lobens werth ist/
gründet/
Drauff achten wir nicht mehr Gefahr/Noth
Ungemach/
Wir folgen nun mit Lust den klugen Seelen
nach /
Wir wünschen/daß man auch durch Bilder mö-
ge lehren
Nach dieser Zeit die Welt/was uns zu Lob und
Ehren
Gereichen kan/zumahl die Schilder-Kunst so
werth/
Daß durch dieselbe man zu leben auch be-
gehrt.
Diß ist die schöne Kunst/ von Jungen und von
Alten/
Bey Fürsten/Helden und Gelehrten hoch gehal-
ten /
Dann / wer die Tugend liebt/ liebt auch die
Schilder-Kunst
Und überhäufft sie stets mit Gnaden/ Ehr'
und Gunst.

Von

Von dieser Wissenschafft kan man mit War-
heit sagen/
Daß mancher kan durch sie den höchsten Ruhm
erjagen.
Wann er zu schätzen weiß der Bilder Treff-
ligkeit
Als auch die Müntze/ die geprägt für langer
Zeit.
Von den Gebäuen kan er auch ein Urtheil fällen
Das sich wol hören läst: Er weiß uns darzu-
stellen
Die Höhe/Länge/Breit und Masse der Ge-
bäu/
Sie sind groß oder klein/ schwach/starck/ alt
oder neu/
Die Schilder-Kunst läst auch die Schönheit
unsrer Leiber
Gantz klar und deutlich sehn/ so Männer als der
Weiber
Da schauet man/ wie fein des Menschen An-
gesicht
Ist abgetheilt: Da steht der klaren Augen
Licht/
Da wird der Glieder Maß auffs zierlichste be-
trachtet/
Drumb glaub' ich daß ein Mensch der diese Kunst
verachtet/
Der kennet nicht einmahl sein' eigene Ge-
stalt/
Weiß nicht zu sagen/ob sie schön/jung oder
alt?

Q ij   Die

Die Schilder-Kunſt läſt uns nicht nur Geſtalten ſehen
Welch' unbeweglich ſind / und wie die Klötzer
ſtehen /
Sie zeigt auch offt ein Bild / wann man es
recht ſchaut an/
Das nach dem Leben komt und freudig lachen
kan.
Hingegen ſtellt ſie dar auch Bilder/welche wei-
nen/
So deutlich / daß ein Menſch warhafftig ſolte
meinen /
Daß tauſend Thränen auß den Augen gehn
herfür/
Ja ſeufftzen nur nach Troſt mit inniger Be-
gier.
Es ſind noch kaum zwey Jahr'/ als zu mir kam
gefahren
Ein Freund auß Preuſſen / da noch andre mehr
bey wahren/
Der zeigte mir ein Stück/ das mich gar ſehr
bewegt:
Man ſahe Chriſtum / wie der ward ins Grab
gelegt/
Von Nicodemus und von Joſeph/ welch' ihr
Leben
Sich nicht geſcheut/ für ihn gedultig hin zu
geben/
Maria ſtund dabey / ſo kläglich / daß ein
Mann/
Im Fall er ſonſt ein Chriſt/ſie nicht beſchauen
kan

Ohn

Ohn Trauren/dann es schien/ als wann sie ließ'
erschallen
Ein bittres Klag-Geschrey / ja tausend Zähren
fallen /
Der Leichnam Jesu war zu sehn so jämmer-
lich/
Daß Er zu weinen hat bewogen / nicht nur
mich
Besondern auch mein Kind / so dieses mit be-
trachtet/
Ein Kunststück/das so hoch von ihnen ward ge-
achtet/
Daß mans nicht schätzen kont'. O Kunst wie
steigst du doch
So hoch/daß die Natur von dir schier lernet
noch !
Offt hab' ich Bilder auch verwundrend angese-
hen/
Welch' uns beschauen/wo wir sitzen/gehn und
stehen/
Sie sind gerichtet schier auff alle Seiten
hinn/
Bald für/bald über sich/so/daß des Menschen
Sinn
Gleich halb bestürtzet wird / wann sie das Ant-
litz wenden/
Als lebt' und schwebt' es recht / an allem Orth
und Enden
Zu geben fleissig acht : Das thut ein todtes
Bild/
Mich wundert/ daß die Kunst nicht noch viel
höher gilt !

　　　　　　　O iij　　　　　Komm

Komm' her Natura/komm' und laß uns tauſend
Sachen

In deinem Schoſſe ſehn/ die Kunſt ſol dirs frey
machen

Die theure Schilder-Kunſt.   Du würckeſt
Nacht und Tag/

Was meinſt du / daß die Kunſt ſolch' auch
nicht bilden mag?

Wie deutlich kan ſie doch/das Licht' und Tunckle geben/

Den wunderſchönen Glantz auß finſtrer Lufft erheben /

Dann/Licht und Tunckel heiſt im Schildern
ja der Grund/

Wie daß der Künſtler Schaar von Anfang
her iſt kund.

Komm' her/Natura/komm' und laß uns Leiber
ſehen

Von Beinen/Adern/Fleiſch/worauß ſie ja be-
ſtehen

Und zugerichtet ſind/hie komt die Schilder-
Kunſt

Und macht dir ſolches nach/nicht nur als einer Dunſt/

Es muß die Lieblichkeit/ die ſonſt in Menſchen
Augen

Verborgen iſt / durch ſie zur Luſt und Anmuth
taugen/

Sie macht ein ſchönes Haar und Wunder-
zahrte Haut/

Durch ſie wird eine Stadt und trefflichs
Schloß erbaut/

Kunſt

Kunst führt die Mauren auff/ sie gründet Thürn'
und Zwinger/
Und sind sie gleich nicht starck / so scheint doch
nicht geringer
Ihr Ansehn/ als ein Werck/ das sonst/ wie
sichs gebührt/
Von Erden/Stein und Kalck ist prächtig auf-
geführt.
Komm' her/Natura/komm' und gib uns zu be-
trachten/
Was Menschen in der Welt so hoch und köst-
lich achten/
Die theure Schilder-Kunst/ die stets ist ohne
Ruh'
Und Ehre sucht/ die macht es eben so wie du:
Was rühmst du dich/Natur/daß du den Glantz
der Waffen
So bilden kanst? Die Kunst kans ja so lebhaft
schaffen
Und noch wol schöner fast. Schau dort nur
fleissig an/
In seinem Küraß den gemahlten Ritters-
mann/
Wie gläntzt das blaue Stahl! Hie muß Vul-
canus weichen/
Mit dieser Farb ist kaum ein Harnisch zu ver-
gleichen/
Und wann er noch so wol im Zeughauß' ist
polirt/
Hier spürt man/daß die Kunst das höchste Lob
weg führt!

Q iiij

Was

Was ſeh' ich aber dort für ſchöne Taſten han-
gen?

Es ſcheint/als wann ſich da Natur und Kunſt
vermengen:

Ey / ſchaut den hellen Tag / wie der drauff
bricht herfür

Und wie die Morgen-Röth' eröffnet ihm die
Thür'!

Hie ſeh' ich/wie die Nacht / da ſich gar nichts
beweget/

Ihr tunckel-braunes Kleid bereits hat angele-
get/

Dort hat es die Geſtalt/daß/wo der Himmel
nicht

Iſt hell'/ein Wetter auß den dicken Wolcken
bricht!

Ey ſchaut doch / wie der Blitz ſo ſtarck im Fin-
ſtern ſpielet/

Wie plötzlich er nach Oſt- und bald ins Weſten
zielet /

Wie grauſam daß es ſchlägt / wie ſehr der
Hagel kracht

Und wie der ſtarcke Sturm rumort die gantze
Nacht!

Was gläntzt dann dort herfür? Der Schilder
hat gemahlet

Ein' herrlich-ſchöne Stadt/die ſchier wie Troja prahlet/

Geht aber auff im Feur/die wirfft die Flam-
me ſchnell

Die Spitzen in den Sand/ die tunckle Nacht
wird hell'

Und

Und zwar von solcher Gluth/ welch' alles gantz
zertrennet/

Wiewol es manchen Tag erbärmlich hat ge-
brennet

Jedoch nur auff dem Tuch'.   Hie komt ein
Krieges-Heer

Mit Waffen/ Kraut und Loth beladen trefflich schwehr/

Das ziehet an den Feind :   Da geht es an ein
Schiessen/

An Hauen/ Stechen mit den Degen/ Pick' und
Spiessen/

Der Schilder hat es so natürlich hie gesetzt/
Als wär' ein mächtigs Heer zu Grunde schon
verletzt.

Ein' andre Taffel zeigt uns grosse Schiffes-
Hauffen/

Welch' auff dem wilden Meer gar starck zusammen lauffen

Und geben Feur auff Feur/ der Dampff erfüllt
die Lufft/

Das Meer macht gleichsam in den Wellen eine Klufft/

Welch' auch die stärckste Schiff uhrplötzlich kan
verschlingen/

So weiß diß Element der Menschen Grimm zu
zwingen/

Diß alles ist so klar auff einem Tuch zu sehn/
Als wär' es diese Stund'/ auch in der That
geschehn.

Komm' her/Natura/ komm' und zeig' uns ſolche Sachen/

Die dem Vermuthen nach / dir niemand nach
kan machen/

Du fehleſt aber weit: Merck' an des Schilders Fleiß/

Der mehr noch/ als du ſelbſt/ uns furzuſtellen
weiß:

Wann du den Frühling ſchaffſt/ kan man nicht
Sommer haben/

Ein jeder Theil des Jahrs hat ſeine ſondre Ga-
ben/

Dann/wann der Früchte-Herbſt nicht mehr
regieren kan/

So hebet ſich alsdann der kalte Winter an.

Der Schilder kan was mehr / auch gar viel höher ſteigen/

Und dir das gantze Jahr fein abgetheilet zeigen/

Auff dieſer Taffel iſt der Frühling abgemahlt/

Der mit dem Blumen-Heer auffs allerſchönſte prahlt.

Dort ſteht die Sommer-Luſt mit ſo viel edlen
Gaben/

Die wir durch Gottes Güt' alsdann zu nehmen
haben /

Hier zeigt man dir den Herbſt / der ſo viel
Früchte trägt/

Der Boden/ Keller / Stall uns gantz voll
Reichthum legt/

Der

Der Winter komt hernach / schaut die bereiffte
　　　　　Schlitten/
Die starck-beschneyte Bäum' und Eiß bezapffte
　　　　　Hütten/
Diß alles hat so schön der Schilder uns ge-
　　　　　zeigt/
Daß man allein darumb ihm solte seyn ge-
　　　　　neigt.
Was sagst du nun Natur? Schau hier vier
　　　　　Jahres Zeiten/
Die können dich zugleich bloß durch die Kunst
　　　　　bestreiten/
Vier ist ja mehr als Eins, Nun must du mir
　　　　　gestehn/
Daß du nicht mehr als Eins auff einmahl läs-
　　　　　sest sehn.
Was magst du denn Natur dich sonders noch
　　　　　viel rühmen?
Ich halt es mit Kunst / man darff hie nichts
　　　　　verblümen/
Was wahr ist / das ist wahr / der Schilder
　　　　　macht dir nach
Lufft / Himmel / Erde / Meer / Feur / Hölle /
　　　　　Weh' und Ach/
Er machet Berg' und Thal / Feld / Wälder/
　　　　　Garten / Wiesen/
Auch Flüß und was sonst mehr von jedem wird
　　　　　gepriesen?
Ja / was er selbst nur will und man erdencken
　　　　　mag/
Das bringt sein edler Geist fürtrefflich an den
　　　　　Tag.

　　　　　Q vj　　　　　Jb

Ich könt' hie noch viel mehr von ſolchen Wun-
der-Dingen

Und Herrligkeit der Kunſt / welch' unvergleich-
lich / ſingen /

Muß aber kurtz und ſchnell in dieſer Arbeit
ſeyn /

Mein Will iſt trefflich groß / iſt gleich die Rede klein.

Immittelſt richtet ihr / hochwerther Artiſander /
Und ſagts nur frey herauß / ob alles mit einander /

Was hie geſchrieben ſteht / nicht Grund und
Warheit hat /

Und ob ſichs nicht alſo läſt finden in der
That ?

Ich weiß / ihr gebt mir Recht / die Schilder-
Kunſt muß bleiben /

So lang' ein Dichter wird derſelben Lob beſchreiben /

Lebt / Edle Schilders / lebt / diß ſetz' ich euch
zur Ehr :

Ob alles gleich vergeht / Eur Lob ſtirbt
nimmermehr.

Dieſes war die Lob-Rede / welche der
Rüſtige zwar kürtzlich / jedoch nachdencklich / Der nie genug geprieſenen Schilder-
Kunſt / und deren fürtrefflichen Auß-Ar-
beitern dem Edlen Artiſander zu unſterblichen Ehren hatte geſetzet / welche die anwe-
ſen-

ſende Herren Geſellſchafftere ziemlicher
Maſſen hat vergnüget/wie ſolches der Herr
Ingeniander mit nachfolgenden Worten
bezeuget. Es ſolte hochwerther Herr Pa-
latin/uns gewißlich recht leyd ſeyn gewe-
ſen/wann wir dieſe arthige Lob-Rede/ der
anmuthigen Mahlerey oder Schilder-
Kunſt/ zum Beſchluß gegenwärtiger unſerer Unterredung nicht hätten anhören
und mit uns zu Hauſe nehmen ſollen/und
würden wir noch gröſſere Luſt davon gehabt haben/wann gedachte Lob-Rede noch
etwas weitläufftiger/ (wie ich wol weiß/
daß er gar es leicht hätte thun könen)wäre
außgeführet worden/dieweil ich aber ſpü-
re/ daß er uns nicht gar zu lange auffhal-
ten/ſondern/nachdeme wir von der Aller-
Edelſten Beluſtigung kunſtliebender Ge-
müther/nicht weniger nützlich / als ergetz-
lich/ uns miteinander unterredet/ zur A-
bendmahlzeit wil führen/ ſo müſſen wir
auch die Kürtze dieſer Lob-Rede uns beliebig ſeyn laſſen/ der guten Hoffnung/dieſel-
be ins künfftige/ bey beſſerer Zeit und Ge-
legenheit/uns außführlicher könne fürge-
ſtellet/und die edle Schilder-Kunſt immer
Q vij   mehr

mehr und mhr erhoben werden. Und ich /
ſagte Artiſander , habe die gröſſeſte Uhrſache / unſerm Herren Palatin gantz dienſt-
freundlichen Danck zu ſagen / demnach Er
dieſe Lob-Rede meiner Wenigkeit zu Ehren
gehalten / wohlwiſſend / wie hoch und hertzlich ich dieſer fürtrefflichen Kunſt / der Ich
(ohne einigen Ruhm allhie zu gedencken)
mit groſſer Mühe und Köſten / in Italien /
und andere weit abgelegene Lande bin nach-
gereyſet / bin ergeben / mich auch / ſelbe noch
ferner außzuüben / die gantze Zeit meines Lebens werde befleiſſen / verſichere inmittelſt
den Herrn Palatin, daß ich ihm hinwieder
alle Liebe / Freundſchafft und Gewogenheit
werde erweiſen.

In deme Herr Artiſander dieſes redete /
kam deß Rüſtigen Diener / die Taffel zu
decken und Speiſen auffzutragen / denn
es war beſchloſſen / daß ſie mit einander im
Garten eſſen wolten / der ſchönen Früh-
lings-und Abend-Luſt daſelbſt zu genieſſen /
wie ſie. dieſes vermerckten / ſtunden ſie
ſämtlich auff / ihrem Geſpräche ſeine End-
ſchafft zu geben / Herr Phœbiſander aber
der bathe / daß man ihn doch nur noch eine
Frage möchte thun laſſen / welches / nachdeme

me es ihme gar gern ward gewähret/ ſagte er: Ob wohl/ mein wehrter Herr Palatin,
bey gehaltener Lob-Rede ich viele Sachen
angemercket/ welche wohl einer guten Er-
klärung vonnöthen hätten/ ſo will ich doch/
demnach ich vermercke/ daß die Zeit ein
mehreres nicht will gönnen zum Beſchluß
nur noch dieſes fragen/ wie man doch ei-
gentlich/ dieſe nachfolgende Verſe müſſe
verſtehen:

Was gläntzt denn dort herfür? Der Schilder
hat gemahlet/
Ein herrlich ſchöne Stadt/ die ſchier wie Troja
prahlet/
Geht aber auff im Feur/ da wirfft die Flam-
me ſchnell
Die Spitzen in Sand/ die dunckle Nacht
wird hell
Und zwar von ſolcher Gluht/ welch alles gahr
zertrennet/
Wiewol es manchen Tag/ erbärmlich hat ge-
brennet
Jedoch nur auff dem Tuch.

Dieſes/ ſagte er Rüſtige/ muß von den
Feurgemählden verſtanden werden/ man
mahlet dieſelbe auff ein in Terpentin-Oehl
geträncktes Pergamehn/ und ſchildert entweder

weder eine in vollen Flammen ſtehende
Stadt / oder ein im Rauch auffgehendes
Schloß/oder ein brennendes Schiff/oder
ein gemachtes Feuerwerck / oder ſonſt et-
was/ das durch den Brand wird verzeh-
ret und zu Aſchen gemachet.   Dieſes Pergamen ſetzet man feſt in einen Rahmen /
welcher alſo gemacht iſt/ daß man ihn für
einen ſchwartz angeſtrichenen Kaſten / der
eben ſo hoch und breit / als das Pergamen
iſt/ kan ſtecken. Dieſer Kaſten hat oben ein
viereckichtes Luftloch/ etwan einer Hand
breit. So nehme ich nun den Kaſten/und
ſetze denſelben des Abends/oder bey Nacht-
Zeit / entweder in eine gantz tunckle Kam-
mer/ oder in einen langen bedeckten Gang
im Garten auff eine Taffel / ſtelle ein paar
brennender Lichte hinein / ſchiebe alsdann
das Gemählde für den Kaſten/und laſſe die
Zuſchauer etwas von ferne ſtehen / ſo ſiehet
man mit Verwunderung wie die gemahlte Häuſer/Städte/Schiffe / Facklen und
dergleichen / die Flammen / Funcken /
Rauch und was das Feur mehr pflegt zu
verurſachen/in die Höhe treiben/und ſcheinet es leibhafft/als wann beſagte Flammē/
Rauch und Funcken ſich bewegten / Bal-
cken/

cken/ Seule/ Spitzen/ Xercker/ Giebel und
Steine herunter fielen/ das machen die hinter dem Gemählde ſtehende Liechter / die
vermittelſt des Windes/ welcher oben durch
das Lufftloch wird hinein getrieben/ alſo
beweget werden/ welches mit ſonderbahrer
Luſt / von den Einfältigen aber auch wol
mit groſſer Verwunderung wird angeſehen.   Man muß aber ſolcher gemahleten
Taſten unterſchiedliche haben/ und wann
man etwas neues wil machen / ſo müſſen
die Zuſchauer ſo lange abtretten/ oder man
machet die Thür des Gemaches ſo lange
zu/ alsdann nimbt man das erſte Gemählde hinweg/ und ſteckt ein anders für den
Kaſten / welche ſchleunige Veränderung
den Zuſchauern gantz ſeltzam / ja recht
wunderlich fürkomt/ wie ich dann ſelber
vor etlichen Jahren unterſchiedlicher ſolcher Feuer-Gemählde hatte / wovon aber
die beſte und ſchönſte im jüngſten Kriege
muthwilliger Weiſe wurden zerriſſen/ habe nur zweene/ (deren eins/ der ſelige Frey-
herr von Mißlik / das andere ich ſelber ge-
mahlet/) annoch übrig/ die ich meinen lieb-
werthen Herren Geſellſchafftern/ nach gehaltener Mahlzeit im Tunckeln gar gerne
wil

will zeigen. Hiermit war die Taffel berei-
tet / und hielte der Rüstige / nach gethanem
Gebethe / mit seinen lieben Gästen in der
Lauber-Hütte eine lustige Abend-Mahl-
zeit/da denn fünff Nachtigallen / derer eine
recht auff der Lauber-Hütte / worunter sie
saffen das seinige mit Singen und Zwitzern
verrichtet/ihnen eine solche anmuthige Music macheten/daß ihnen die Speisen/welche
alle mit Blumen über und über waren be-
stecket/nebenst dem Geträncke/noch einmal
so wohl/als sonst schmecketen/und nachdeme sie recht vertraulich miteinander geges-
sen und getruncken / auch das fürnehmste
auß ihrem gehaltenen Gespräche wieder-
holet/ haben sie die vorerwehnte Feuer-Ge-
mäldte mit grosser Vergnügung gesehen/
worauff sie ihre Musicalische Instrumenta
mit lieblichem Gesange der Nachtigallen
vermählet / etliche schöne Stücke gespielet
und gesungen / und wie sie nun zum Beschluß ein sehr heiliges und erbauliches von
deß Rüstigen Lobe-Liedern gemachet, und
durch Instrumenta und Stimmen freudig
erschallen lassen, haben sie sich ein jedweder
nach seinem Schlaff-Gewache verfüget/
sich

sich göttlichem Gnaden-Schutze hertzlich
und andächtig befohlen / und so lange sein
sanfft und wohl geruhet / biß die liebliche
Sonnen-Strahlen sie ermuntert / daß sie
sich ungesäumt ankleiden / und der anmuthigen Garten- und Frühlings-Lust ferner / mit ihrer allerhöhesten Zu-
friedenheit konten genies-
sen.

E N D E.